Verlag Ferdinand Kamp Bochum

Gretel Küfer
Maria Benatzky

Textilgestaltung
Sekundarstufe

Faden Stoff Gewebe

Zu diesem Schülerbuch ist ein Lehrerkommentar erschienen.

Illustrationen: Dieter Gelsheimer

Ein großer Teil der Fotos wurde den Autorinnen freundlicherweise von der Stadtbildstelle Köln zur Verfügung gestellt.

Genehmigt für den Gebrauch in den Schulen der Länder:

Baden-Württemberg für Hauptschulen, Realschulen Amtsblatt Nr. 6, Seite 262 vom 15. 3. 1975
Bayern für Realschulen A/11 – 11/82 871 – 8. 7. 1974
Berlin II c B 8 – 23. 10. 1973
Bremen für Hauptschulen, Realschulen, Gymnasien 23-22-20 / 1-7 – 19. 11. 1973
Hessen (nicht genehmigungspflichtig)
Niedersachsen für Berufsschulen B 28/73 – 24. 9. 1973
Niedersachsen für Hauptschulen, Realschulen und Gymnasien A/192/73 – 21. 12. 1973
Nordrhein-Westfalen global genehmigt
Rheinland-Pfalz für Hauptschulen, Realschulen und Gymnasien IV A 2 / Tgb.-Nr. 2426 – 4. 12. 1973

ISBN: 3–592–**34080**–8

Herstellung: Verlag Ferdinand Kamp GmbH & Co, KG Bochum

9 8 7 6 5 / 81 80 70 70
Die jeweils letzte Zahl nennt die derzeitige Auflage und ihr Erscheinungsjahr.

Einführung

Zum Fach „Textilgestaltung"

Der frühere Handarbeits- oder Nadelarbeitsunterricht hat nicht nur einen neuen Namen bekommen. Es wurden auch neue Wege gesucht, die das Textile sowohl für Mädchen als auch für Jungen interessant machen.

Wir wollen durch spielerischen Umgang mit textilem Material, durch Experimentieren und Erkunden neue Wege zur Gestaltung finden.

In den Werkverfahren lernen wir die wichtigsten Techniken kennen und anwenden. Wir werden dabei fähig, sowohl die Schönheit als auch die Natürlichkeit des Textilen in unserer Umwelt sinnvoll und sachgemäß einzusetzen.

Wir bilden unseren Sinn für Farbe und Form aus und entwickeln die Fähigkeit zur Verwirklichung so, daß wir sie in den Bereichen

der Mode
der Raumgestaltung
der Arbeits- und Wirtschaftswelt

richtig anwenden können.

Dabei arbeiten wir nicht wie früher nur mit den herkömmlichen Materialien: Wir untersuchen und verwenden alles, was an Textilem in unserer Umwelt vorhanden ist.

Wir wollen die Arbeit mit Faden, Stoff und Gewebe neu erfassen und Anregungen zu zeitgemäßer Gestaltung und Formung finden. Nur so können wir fähig werden zu sachgemäßer Beurteilung und Kritik.

Eine alte Sage erzählt, wie ein Knäuel Faden schon in grauer Vorzeit bei den alten Griechen eine wichtige Rolle spielte.

König Minos aus Kreta verlangte von den Athenern einen grausamen Tribut, weil sein Sohn ermordet worden war. Sie mußten ihm alle neun Jahre sieben Jünglinge und Jungfrauen schicken. Diese wurden von Minos in sein Labyrinth (Irrgarten) eingeschlossen. Darin herrschte der gräßliche Minotaurus, ein Geschöpf halb Mensch, halb Tier. Die Opfer fanden nie aus dem Irrgarten hinaus und wurden von dem Untier getötet.

Als dieses Menschenopfer zum drittenmal gebracht werden sollte, fuhr der tapfere Jüngling Theseus mit den Ärmsten nach Kreta, um vielleicht den Fluch von seiner Heimat abzuwenden. Die reizende Tochter des Königs Minos, die gleich in Liebe zu ihm entbrannte, kam ihm zu Hilfe.

Sie gab ihm ein Knäuel aus rotem Faden und ein Schwert. Theseus knüpfte das Ende des Fadens am Eingang des Labyrinths fest, und während er mit den Jünglingen und Jungfrauen durch die Gänge des Irrgartens schritt, ließ er den Faden in seiner Hand ablaufen. Er tötete den schrecklichen Minotaurus mit dem Schwert und fand mit Hilfe des abgespulten Fadens wieder glücklich aus dem Labyrinth hinaus.

Vom Faden

Wir kennen den Faden in vielfältiger Gestalt:

als Garn zum Nähen und Sticken
als Wolle zum Häkeln, Stricken
und Weben
als Kordel zum Knüpfen und Knoten

Das Material des Fadens kann sein:

Wolle, Leinen, Baumwolle, Seide,
Hanf, Sisal, Bast und Kunstfaser

Wir finden den Faden:

in Strängen gebündelt
auf Knäuel gewickelt
auf Rollen gespult
auf Docken gerollt
auf Kärtchen gewickelt

Wir kennen Namen wie:

Nähgarn, Stickgarn, Häkelgarn,
Stopfwolle, Strickwolle, Webwolle,
Teppichwolle,
Bastdocken, Hanfdocken,
Kordelstränge, Sisalstränge u. a.

Auch in der Natur finden wir ähnliches Material wie:

Stroh, Binsen, Weidenruten, Schilf
u. a.

Trotz vieler Unterschiede haben all diese Formen des Fadens eine gemeinsame Eigenschaft:

Sie stellen sich als eine materiale Linie dar.

Was wir mit dem Faden gestalten und fertigen können, zeigen die folgenden Seiten.

Materialsammlung: Faden

Benennen		Erkennen	Verwenden		Behandeln
Material		Form	Farbe / Technik	Gegenstand	Pflege
Art	Name	Beschaffenheit	Fertigung	Anwendung	
Material-probe Markenbezeichnung (Banderole)	z. B.: Wolle Angora	weich, haarig . . .	weiß Häkeln, Stricken . . .	Mütze, Pullover . . .	Feinwaschmittel kalt bis handwarm

SAMMELN UND ORDNEN

Auftrag

1

Wir sammeln Fäden aller Art und ordnen sie:

a) **als Materialsammlung**

b) **in einer Arbeitsmappe**

Material

2

Fäden aus Wolle, Seide, Baumwolle, Leinen, Kunstfaser – Stränge aus Hanf, Bast, Sisal, Kokos, Haargarn, Jute – Naturprodukte wie Stroh, Maisblatt, Binsen, Schilf, Rohr – Restematerial jeglicher Art (zertrennte Wollsachen)

Geräte und Werkzeug:

a) Säcke, Kisten, Schachteln, Plastikbeutel

b) Zeichenkarton, Pappen, Klebstoff, Schere, Stecktafeln, Reißnägel

Verfahren

3

a) Die Materialsammlung wird uns für längere Zeit beschäftigen. Vieles brauchen wir nicht zu kaufen. Wir finden Fäden, Garne und Stränge in der Restekiste zu Hause, bei Verwandten und Bekannten. Wir sammeln bei Besuchen in Webereien, Werkstätten und Geschäften. Auch aufgeribbelte Wollsachen ergeben reizvolle Fäden. Bei unseren Spaziergängen und in den Ferien können wir uns nach interessantem Naturmaterial umschauen.

Damit wir unser Material immer übersichtlich bereit haben, können wir es auf verschiedene Weise ordnen und aufbewahren. Je nach dem Raum, der uns zur Verfügung steht, sammeln wir in Schubladen, Kästen mit Rollen, festen Kartons oder Beuteln. In Plastikbeuteln können wir übersichtlich nach Farben und Art des Materials sortieren.

Naturmaterial muß sorgfältig aufbewahrt werden, weil es leicht bricht.

Wir können aus dieser Materialsammlung für unsere Klasse eine Schautafel zusammenstellen. Auf einer Stecktafel führen wir alle Fäden in ihrer besonderen Materialeigenschaft auf (z. B. Wolle, Leinen, Seide usw.).

b) In unserer Arbeitsmappe ordnen wir das Material nach Art, Form und Farbe. Es empfiehlt sich, jeder Faser eine eigene Spalte einzurichten und neben den Fadenproben auch die Eigenschaften, die Verwendungsmöglichkeiten, die Behandlung und auch Firmenbezeichnungen anzugeben.

Hier könnten auch Banderolen eingekaufter Waren eingeklebt werden.

Auf diese Weise schaffen wir uns eine wertvolle Übersicht und eine lebendige Ergänzung der Materialkunde.

1

2

3 Gewickelte Tierform

FADENWICKELN

Auftrag

Fadenwickeln als Flächenübung

1. **rechteckige Fläche**
2. **quadratische Fläche**
3. **kreisförmige Fläche**

Beim Fadenwickeln sehen wir, wie sich eine Fläche gliedern kann:

1. durch die Struktur des Fadens
2. durch die Stärke des Fadens
3. durch die Farbe des Fadens

Material

Garne aller Art aus unserer Sammlung, sehr geeignet ist auch Stopfkärtchenwolle.

Werkzeug:

Karton, starke Pappe,
Holzbrettchen in den Grundformen
Quadrat, Kreis, Rechteck, Klebstoffe.

Verfahren

Wir bereiten die Kartons vor und schneiden die gewünschten Flächenformen aus:

1. Rechteck 5 x 15 cm
2. Quadrat 15 x 15 cm
3. Kreis 10 oder 15 cm Durchmesser

Das Quadrat und die Kreisformen werden an den Rändern mit einem starken Messer in regelmäßigen Abständen eingekerbt [*1, 2*]. Bei der Rechteckform ist die Einkerbung nicht notwendig, weil hier die Fäden in einer Richtung senkrecht um den Karton gewickelt werden.

1.

Wir arbeiten mit den unterschiedlichsten Fadenmaterialien und wickeln sie in guter Aufteilung dicht über den rechteckigen Karton. Dabei überlegen wir, wie die verschiedenen Strukturen der Fäden durch rhythmische Gliederung der Fläche wirksam werden.

2.

Beim Quadrat wickeln wir in zwei Richtungen senkrecht und waagerecht. Dabei bilden sich Überschneidungen, die Texturen.

3.

Bei der Kreisform wird der Faden in allen Richtungen über die Form gewickelt. Auch

4

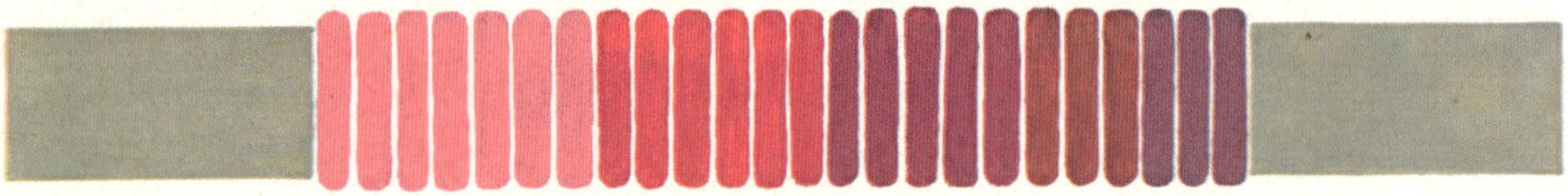

5

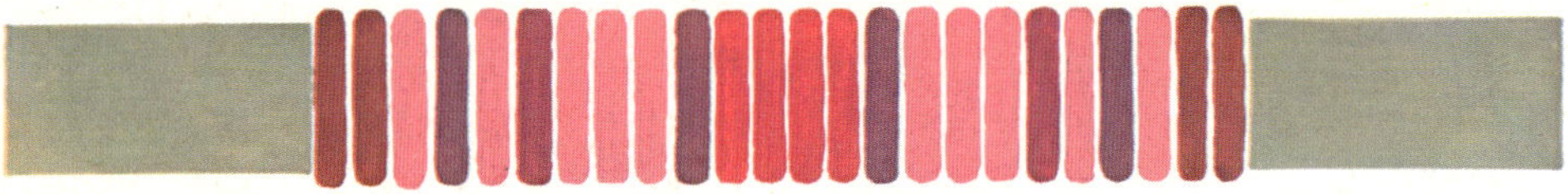

6

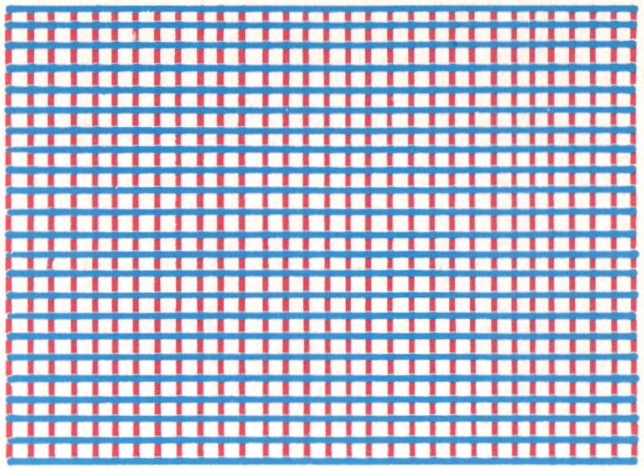

7

hierbei finden wir neue Muster durch Verdichten und Auflockern.

Anfangsfäden werden auf der Rückseite verknotet, die Enden können festgeklebt werden. Wir ändern durch Überwickeln, Verschieben und Aufschneiden und dürfen auch auf der Rückseite verkleben.

All diese Übungen sind Formspiele für spätere Arbeiten. Sie bilden ein gutes Anschauungsmaterial und ergeben gleichzeitig einen dekorativen Schmuck für unseren Klassenraum.

So wie wir mit den Strukturen der Fäden experimentiert haben, bietet sich erst recht die Farbe als Gestaltungselement an.

Farbtöne

In unserer Materialsammlung sind die einzelnen Farben in Plastikbeuteln übersichtlich geordnet. Wenn wir uns nun eine Farbe herausgreifen, stellen wir fest, daß der gleiche Farbton in jedem Material anders wirkt (Wolle, Baumwolle, Seide usw.).

Wir wollen diese Tonwerte der Farben ausnützen und gehen bei unseren Übungen in kleinen Schritten vor:

1. Wir wickeln auf ein rechteckiges Kärtchen z. B. die Rottöne in verschiedenen Materialien und ordnen sie zu einer gut gegliederten Fläche an [*4*].

   Ebenso können wir mit der Skala anderer Farben verfahren.

2. Wir wickeln auf ein Kärtchen Fäden gleicher Art und Stärke und ordnen dabei alle Töne einer Farbe von Hell nach Dunkel an [*5*]. Dabei wird uns der dunkelste Ton schwer erscheinen, der hellste dagegen leicht. Die Farben bilden Gewichte.

3. Wir verteilen die Tonwerte einer Farbe auf der Fläche und bemühen uns um eine ausgewogene Verteilung der Farbgewichte [*6*].

Mischwerte

Vom Malen mit dem Farbkasten her wissen wir, daß man Farben mischen kann. Wenn wir Fäden verschiedener Farben über Kreuz wickeln, entstehen ähnliche Mischwerte [*7*].

Wir üben nach dem Farbkreis:

rot und blau	ergibt	violett
blau und gelb	ergibt	grün
rot und gelb	ergibt	orange

Wir erfinden selbst interessante Mischwerte.

Farbkontraste

Farbtöne haben weiche Übergänge, Farbkontraste jedoch stehen hart nebeneinander [*8, 9*], z. B.

schwarz und weiß,
rot und blau,
blau und gelb.

Wir sehen die Wirkung der Farbkontraste und üben ihre Verteilung auf den Flächen.

8

9

10

11 Thema: Stadt

Buntheit

Natürlich können wir auch Wickelstreifen lustig bunt in allen Farben und Materialien zusammenstellen [*10*]. Ein solches Rechteck könnte dann gut Vorübung für Läufer, Taschen oder bunte Krawatten sein, die wir später weben, flechten oder sticken können.

Auftrag

1

Fadenwickeln

a) **in bildhafter Form**

b) **in plastisch-räumlicher Form**

Sterne, Stadt, Blumenbeete, Mobile, Weihnachtskugeln, Quasten und Troddeln, Marionetten und Puppen

Material

2

Wickelkärtchen aus den vorhergehenden Übungen, Wolle, Schnur, Perlen, Nylonfäden, Kordeln, Hanfstränge, Luftballons, Kleister, Spray, Lack, Draht.

Verfahren

3

a) in bildhafter Form

Wir legen die gewickelten Kärtchen zusammen und stellen fest, daß daraus reizvolle bildhafte Flächen entstehen können [*11*]. Dabei ist vor allem das Zusammenspiel der verschiedenen Formen (Quadrat, Rechteck, Kreis) und das Verteilen der Farbe wichtig. Wir stecken die Felder auf einer Grundfläche fest (Stecktafel, Karton, Stoffgrund).

Sehr schön sehen große und kleine Kreisformen auf einer Fläche bunt zusammengestellt aus. So ein bunter Teppich wirkt an der Wand wie ein lustiges Blumenbeet.

Zwirnkärtchen oder gezackte Kreisformen mit gelben Fäden umwickelt, stellen wir zu einem „Sternenhimmel" zusammen. Als Druck werden solche Sternformen zu einem interessanten Weihnachtsschmuck.

12

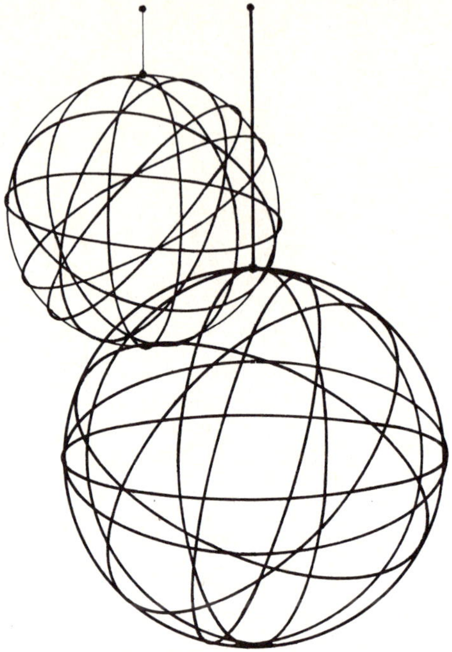

13

14

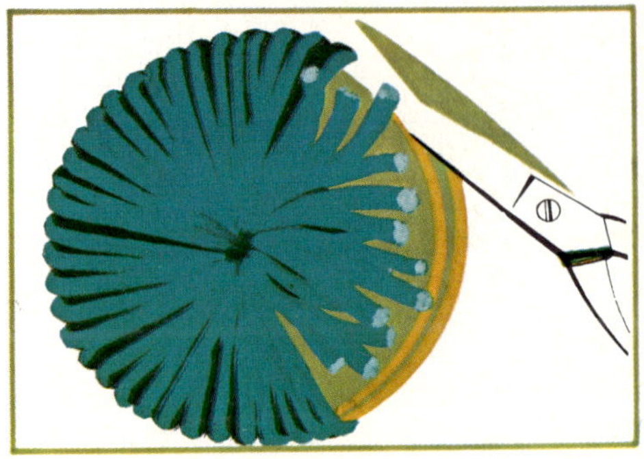

15

Weiße Fäden, auf schwarzem Karton im Kontrast rhythmisch angeordnet, können als Kärtchen in verschiedensten Formen zu einer „Stadt“ zusammengestellt werden.

Aus all diesen Übungen werden uns ständig neue Ideen und Möglichkeiten zuwachsen. Wir sollten uns keinesfalls nur an die vorgeschlagenen Themen binden.

b) in plastisch-räumlicher Form

Mobile

Umwickelte Kreisscheiben mit einer Öffnung in der Mitte können wir auf einer Schnur auffädeln [*12*]. Die Durchmesser der Scheiben sollten unterschiedlich sein, damit die Außenform plastisch erscheint. Beim Auffädeln wird zwischen jede Scheibe eine dicke Holzperle eingefügt. Dieses Gehänge wird sich drehen und bewegen und dabei dauernd Farbe und Form in veränderter Weise zeigen.

Weihnachtskugeln

Dazu brauchen wir als Grundform aufgeblasene Luftballons (für Weihnachtskugeln kleinere Größen, für Lampen voll aufgeblasene Rundformen). Der Luftballon wird gut abgebunden und an einer festen Schnur so aufgehängt, daß man gut damit arbeiten kann.

Je nach der Größe des Ballons wählen wir Garnmaterial aus. Dabei können wir vom dünnen Nähgarn bis zur kräftigen Hanfkordel alle Schnüre verwenden.

Ein möglichst langer Faden wird gut mit Kleister (Leim) bestrichen und möglichst rasch um den Ballon gewickelt. Fadenenden und -anfänge werden immer festgeklebt. Man sollte recht dicht netzartig umwickeln, damit die Kugel stabil wird. Beim Trocknen verbindet sich der Kleister mit der Schnur und wird hart. Der Luftballon schrumpft ein, zurück bleibt die transparente Kugelform [*13*]. Die erste Kugel wird oft nicht ganz gelingen, aber mit einiger Übung kommen wir sicher zu schönen Erfolgen.

Je nach Verwendung wird das Fadengebilde eingefärbt: Weihnachtsschmuck mit Gold oder Silber aus der Spraydose, Lampen mit farblosem oder weißem Lack.

16

17

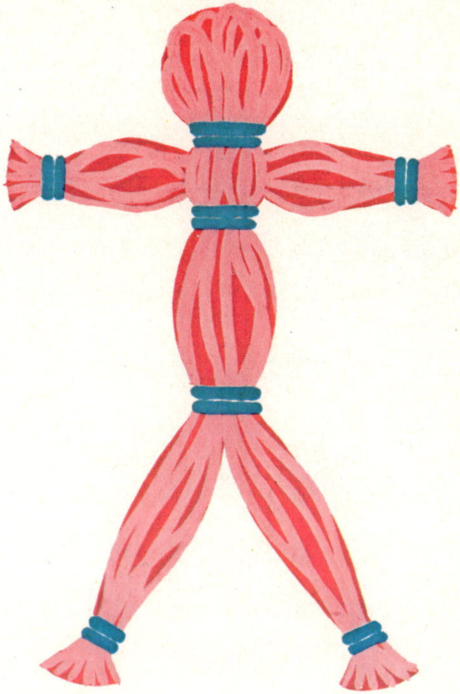

18

Quasten und Troddeln

Wir brauchen sicher gelegentlich eine kleine Quaste als Abschluß einer Schnur. Wir können sie selbst herstellen. Dazu legen wir zwei gleiche Pappscheiben aufeinander und bewickeln sie recht dicht [*14*]. Wir schneiden die Ränder auf [*15*], führen einen Faden zwischen die beiden Scheiben und binden ihn fest zusammen. Die entstandene Kugelform beschneiden wir gleichmäßig mit einer Schere [*16*].

Mehrere große und kleine bunte Kugeln können wir auch zu einem dekorativen Gehänge zusammenstellen.

Wenn wir ein rechteckiges Kärtchen umwickeln, aufschneiden und oben abbinden, entstehen Troddeln [*17*]. In der modernen Raumgestaltung werden solche Troddeln gern als schmückende Abschlüsse an Decken, Teppichen und Läufern verwendet.

Puppen und Marionetten

Wir haben in der Grundschule aus der Form der Troddel kleine Wollpüppchen gearbeitet [*18*]. Durch Umwickeln der Stränge, durch Abbinden der großen Form, durch Ausschmücken mit Fransen, Zöpfen und Perlen werden die Troddeln plastisch verformt und phantasievoll ausgeschmückt. Besonders reizvolle Ergebnisse erzielen wir mit größeren Formen aus stärkerem Material wie Kordeln aus Hanf, Sisal und Stroh. Auch das Kombinieren nicht alltäglicher Materialien führt zu stärkerer Wirkung der Puppen- oder Tierformen. Als Marionetten haben sie besondere Spielwirkung. Sie werden an dünnen Nylonfäden aufgehängt und lassen sich leicht spielen (Seite 21, Bild 39).

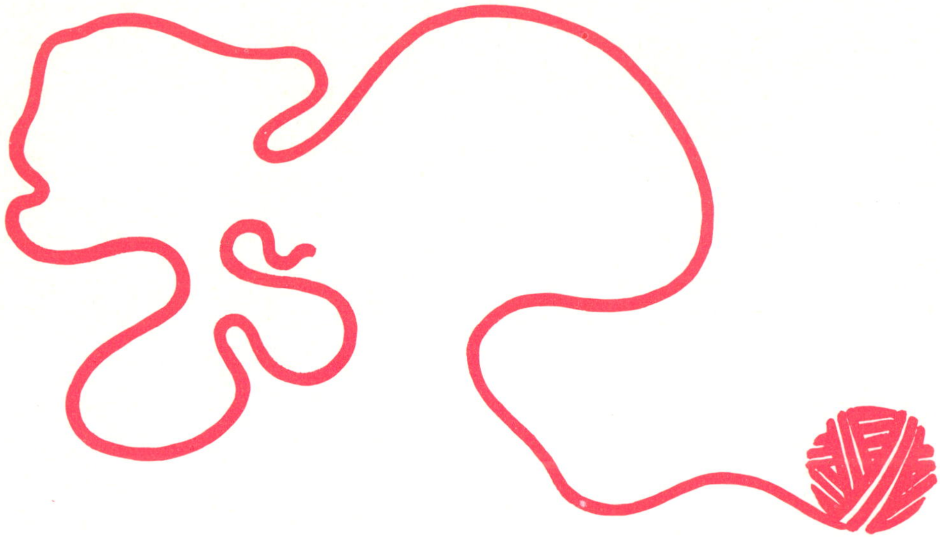

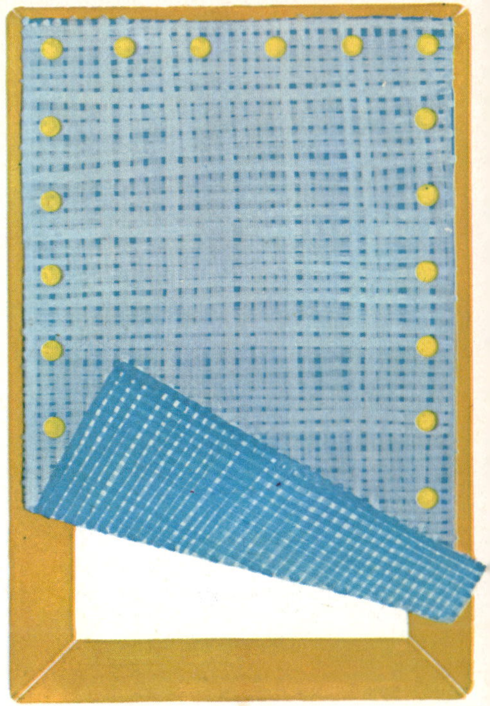

19

FADENLEGEN

Auftrag

1. **Collage (Klebebild)**
2. **Textile Aufnäharbeit**
3. **Druckstock mit Kordelornament**

Der gelegte Faden verläuft in welligen, kurvigen und spiralförmigen Linien.

Vögel, Fische, Schmetterlinge, Blumen und Bäume, ornamentale Formen

Material

Garne, Kordeln, Schnur in Wolle, Leinen, Hanf, Sisal, Bast

Grundstoff in Rupfen oder Formleinen

Werkzeug:

Keilrahmen, Reißnägel, dicke Nadeln mit stumpfer Spitze, eventuell Karton und Klebstoff, Kleister

Verfahren

Collage oder Klebebild

Ehe wir uns mit dem Thema beschäftigen, spielen wir mit verschiedenen Fäden aus unserer Sammlung. Dabei entdecken wir, daß der Faden, den wir vom hochgehobenen Knäuel frei auf die Unterfläche fallen lassen, dort schöne kurvige Zeichnungen und Formen ergibt. Die verschiedenen Materialarten ergeben auch besondere Linienformen:

Weiches Material wie Wolle läßt sich in jede Form biegen, spröde Kordeln und Schnüre bewegen sich lieber in Wellen als in Kreisen.

20

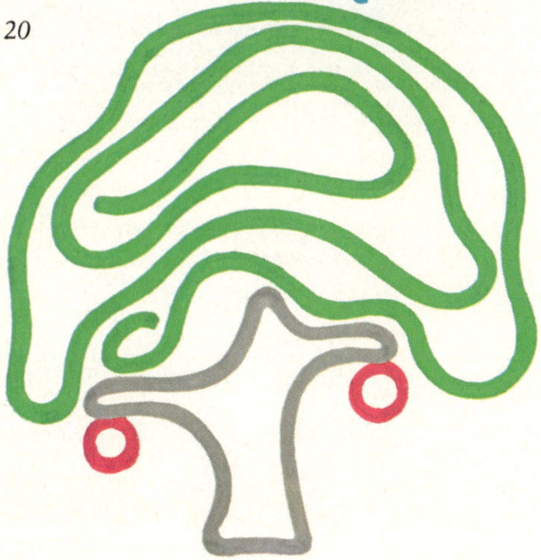

21

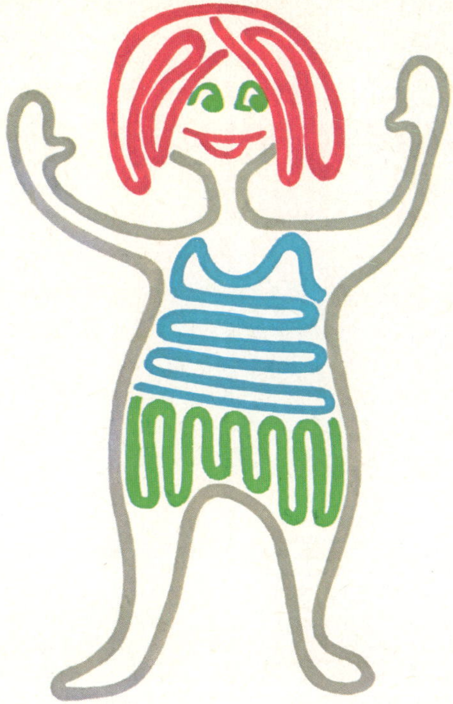

22

23

Durch Anfeuchten der Fäden erreichen wir auch hier die gewünschte Beweglichkeit.

Wir kleben nun mit den verschiedensten Fäden ein Bild auf Karton. Je nach der Farbe des Kartons werden auch die Farben des Fadenbildes zusammengestellt. Gemäß einem der vorgeschlagenen Themen legen wir die Grundform und kleben den Faden vorsichtig auf dem Karton fest. Je nach der Art des Motivs werden die Innenflächen in Farbe und Form ausgelegt.

Textile Aufnäharbeit

Für eine Aufnäharbeit benötigen wir einen gespannten Stoffgrund. Dazu eignen sich einfache Keilrahmen aus Holz (30 x 40 cm), über die der Stoff mit Reißnägeln straff befestigt wird [*19*].

Nun legen wir das Fadenbild, wie wir es bei der Collage versucht haben. Wir wählen ein passendes Thema und lassen unsere Phantasie spielen [*20–22*]. Bei gleichem Thema kann so jedes Bild eine persönliche Note bekommen. Die Fäden werden jedoch nicht mit Klebstoff, sondern mit einfachen Stichen befestigt (stumpfe Sticknadeln und dünnere Fäden). Bei der Arbeit an unserem Bild sollten wir mit dem Material erfinderisch umgehen:

> Wir nähen mit andersfarbigen Fäden auf,
>
> wir verwenden Knoten
> oder schmückende Stiche,
>
> wir zupfen Fransen aus,
>
> wir legen gezupfte Fäden ein,
>
> wir verwenden gehäkelte Schnüre.

Wenn das Fadenbild uns in Farbe und Form gelungen erscheint, lösen wir es vom Rahmen. Bei einem textilen Bild ist es nicht notwendig, die Fäden auf der Rückseite gründlich zu versäubern. Wir können die Arbeit links abfüttern oder um einen Karton kleben. Die rückwärtige Seite kann auch mit aufgelöstem Tapetenkleister, Bügelstärke oder Stoffspray verstärkt werden, um der Sache mehr Halt zu geben.

Die angegebenen bildnerischen Themen können auch gut zu einer Gemeinschaftsarbeit zusammengestellt werden (Wandteppich).

Druckstock mit Kordelornament

Den Druckstock oder das Model arbeiten wir aus Holz oder aus einem großen Korken [*23*].

Er sollte so hoch sein, daß wir ihn bequem mit den Fingern umfassen können (Fläche etwa 8 x 10 cm).

Die Oberfläche wird mit Leim oder Klebstoff bestrichen. Die Kordeln feuchten wir leicht an und legen sie vorsichtig auf das Model in die gewünschte Form. Wir benützen dazu einen Stift oder eine Nadel.

Durch den Leim wird die Kordel sehr schmiegsam, und es ist möglich, die Biegungen ganz regelmäßig dicht nebeneinanderzufügen. Es entstehen so sehr schöne Felder und Flächen, die zu Mustern (Ornamenten), Tier- und Menschengestalten geformt werden können.

24

25

26

27

28

FADENZEICHNEN FADENSPANNEN

Auftrag

1. **Fadenzeichnen auf Karton**
2. **Fadenspannen auf textilem Grund**

Geometrische Formen, Fadenbilder
(Gemeinschaftsarbeit)

Der gespannte Faden bildet eine gerade Linie. Von Punkt zu Punkt kann er die Fläche in jeder Richtung verspannen.

Material

Garne aller Art

Stoffgrund:

Rupfen, Leinengewebe, Tuche, Futterstoff

Werkzeug:

Karton, Keilrahmen, Reißnägel, Klebstoff, Schere, Nadeln, Leim

29

30

31

Verfahren

Fadenzeichnen auf Karton

Wir wählen schwarze Fäden zu weißem Karton (25 x 25 cm) und weiße Fäden zu schwarzem Karton.

Der Faden sollte nicht zu dick sein. Er wird in Armeslänge geschnitten und am Ende verknotet, damit er gleich zu Anfang straff von Punkt zu Punkt verspannt werden kann. Wir beobachten dabei die Wirkung der geraden Linie auf der Fläche. Durch Wechseln der Richtung verändert sich die Gestalt der Linien. Wir probieren verschiedene Möglichkeiten aus. – Wir spannen Fäden:

a) schraffierend [*24, 25, 27, 28*]:

in einer Richtung: senkrecht, waagerecht, diagonal – in alle Richtungen: von einem Punkt ausstrahlend

b) überschneidend [*29, 30*]:

senkrecht, waagerecht, diagonal in alle Richtungen, sternförmig in freiem Linienspiel

c) begrenzend [*26–31*]:

Die Linie bildet Konturen, sie umschreibt eine Flächenform [*26*]. Die Flächenformen überschneiden sich [*31*].

Die interessante graphische Wirkung der Übungen wird auf der Steckwand besonders deutlich. Besonders gut gelungene Zeichnungen können im Wechselrahmen aufgehängt werden.

Wir wollen nun wissen, wie sich der gespannte Faden farbig auf Stoffgrund ausnimmt.

Fadenspannen auf textilem Grund

Der Grundstoff wird mit Reißzwecken stramm auf einen Keilrahmen aufgesteckt. Wir wählen die Fäden nach Material und Farbe passend zu unserem Grundstoff aus. Wenn wir die Fäden auf den Stoff spannen, dürfen sie am Ende verknotet sein. Die Rückseite eines Fadenbildes braucht im Gegensatz zur Stickerei nicht beachtet zu werden. Die Endfäden werden leicht verstopft, die Rückseite wird später geleimt oder gefüttert.

32

33

Unsere Aufmerksamkeit gilt vor allem der Bildfläche, die von den Rahmenleisten umgrenzt ist. Wir achten beim Spannen darauf, daß die Fläche gut ausgewogen ist. Wir brauchen keine Vorlage, sondern entwickeln unser Motiv direkt aus dem Spannvorgang. Wir zeichnen mit unseren Fäden. Sind wir mit einer Linie nicht zufrieden, können wir leicht auftrennen und verbessern. Wir sollten erst die großen Umrisse aufzeichnen und dann die Felder der Flächen ausfüllen. Überlange Fäden können wir zum Schluß unmerklich anheften.

Einige Vorschläge zu passenden Themen geben Anregung:

Häuser, Städte, Burgen

Sie lassen sich leicht auf geometrischen Grundformen aufbauen. Überschneidungen ergeben gute Raumwirkung. Fenster, Türen, Zäune und Kamine können das Bild beleben. Die Kontrastfarben schwarz und weiß eignen sich genauso gut wie bunte Farben.

Sterne und Blüten aus der Kreisform

Auf einen Grundstoff aus Leinen zeichnen wir die Umrisse eines Kreises auf. Mit passendem Leinen- oder Baumwollgarn spannen wir die Fäden von der Kreislinie zur Mitte oder sternförmig über die Mitte hinweg. Von einigen Punkten aus können wir mehrere Linien ausstrahlen lassen. Durch Befestigungsstiche und Bündeln mehrerer Spannfäden wird aus dem Kreismotiv eine Blüte oder ein Stern [*32*]. Wir entdecken Ähnlichkeiten mit Kristallen und dem Wachstum verschiedener Blüten.

Bäume, Gewächse

Wer im Winter einmal einen kahlen Baum beobachtet hat, kann seine Vorstellung leicht mit Fäden nachzeichnen [*34*]. Auch Gräser, Farne und Sträucher können mit einfarbigen oder bunten Fäden zu einem Fadenbild gespannt werden. Wieder wird zuerst die große Form gespannt. Kleine Spannstiche und Befestigungen ergeben reizvolle Strukturen.

Tier- und Menschengestalten

Wichtig ist dabei vor allem, daß wir uns die geplante Gestalt deutlich mit ihren charakteristischen Merkmalen vorstellen können: z. B. Vogel (Flügel, Schwanz, Schnabel, Kamm usw.) [*33*]. Es ist nicht notwendig, naturgetreu nachzuahmen; unsere Phantasie kann mit den Fäden neue Formen erfinden. Dabei schafft jeder sein eigenes Bild und braucht keine Vorlage.

Dieses Spannverfahren ist eine wichtige Vorübung zum Bildsticken.

34 Fadenzeichnen, Studienarbeit

In allen Kulturen der Menschheitsgeschichte ist die Technik des Knotens als älteste Materialverbindung bekannt.

Der Knoten findet Verwendung zum Binden, Festbinden und Anbinden. So wurden die Pfosten der Zelte mit Strängen verknotet. Bei der Seefahrt spielt der Knoten seit Menschengedenken eine große Rolle. Segel, Netze, Leinen werden mit bestimmten Knoten, den „Seemannsknoten", verbunden. Die Geschwindigkeit des Schiffes wird noch heute in „Knoten" gemessen.

In den völkerkundlichen Museen finden wir Knüpfschnüre und Knüpfarbeiten von einmaliger Schönheit. Bei den alten Nomadenvölkern wurden die Herden mit Knoten gezählt. Um den Reichtum des Besitzers zu bekunden, hängte man diese vielgestaltigen Knüpfschnüre in den Behausungen auf. Bis zur vorigen Generation war die Knotenzählung noch in vielen Gegenden Afrikas üblich.

Aus den asiatischen Religionen kennen wir Knoten- und Perlschnüre als Gebetsketten. Auch der Rosenkranz stammt daher.

In Altperu gab es die Knotenschrift, Quippa genannt. An farbigen Schnüren konnten Zeit und Mengen gezählt werden. Es gab gesonderte Quippas für den Kalender, für die Volkszählung, für die Steuern.

In Japan gibt es eine Knotenform als Symbol der unlösbaren Ehe. Ein weißes, über Kreuz verknotetes Band wird bei der Hochzeitszeremonie überreicht und soll wie unser Ehering die unlösbare Verbindung anzeigen.

Der Knoten spielt auch eine große Rolle beim Teppichknüpfen. Sowohl die Teppiche des Orients als auch die asiatischen Teppiche sind geknüpft.

35 Knüpfstudie

KNOTEN KNÜPFEN

Auftrag

1

a) **linear:**

1. **Knotenschnüre**
2. **Gürtel**

b) **linear-plastisch:**
Fadenmarionette

Der Knoten bewirkt eine plastische Veränderung der Fadenlinie.

Material

2

Fäden, Garne, Wolle aller Art, insbesondere aber Kordeln aus Sisal, Hanf, Haargarn, Bast, Leinen

Gold- und Silberschnüre, Samt- und Seidenbänder, Lederstreifen, – dazu Holzkugeln, Perlen, Früchte wie: Kastanien, Eicheln, bunte Bohnen, Kerne von Äpfeln, Gurken, Melonen

Werkzeug:

Haken, Schraubzwingen, Stab, Nadeln, Schere, Gardinenringe, Nylonschnur

Verfahren

3

Wir suchen aus unserer Sammlung geeignetes Material und probieren verschiedene Knoten mit den verschiedensten Fäden aus. Wir erkunden, welches Material sich geschmeidig knotet, welches spröde ist. Auch spröde Kordeln können beim Knoten eigenwillige Formen bilden. Wir vergleichen die Formen in den verschiedenen Materialarten. Nun üben wir die Knoten, die uns noch unbekannt sind, mit geschmeidigem Kordel-

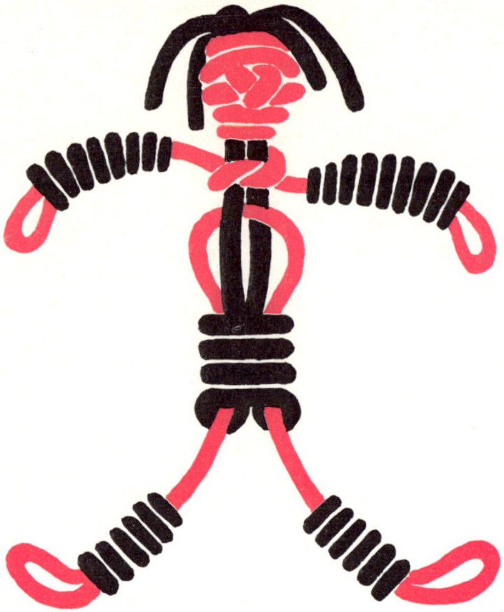

36

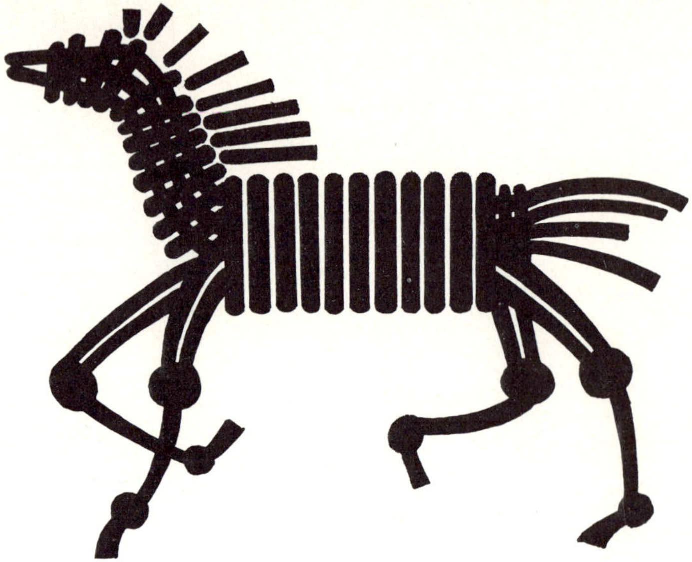

37

material (Arbeitsbogen 1). Ist uns ein Knoten gelungen und kennen wir seine Form, so können wir ihn abschneiden und als Muster in unsere Arbeitsmappe einkleben.

Knotenschnüre

Aus jedem dieser Knoten können wir lange Schnüre anfertigen. Sie könnten als Henkel für eine Tasche, als Pferdeleinchen, als Haarband oder als Klingelschnur Verwendung finden. Je nach Verwendung der Schnüre können wir dicht oder locker knoten; es können auch verschiedene Knotenformen miteinander variiert werden.

Wir hängen je nach Materialstärke zwei, vier oder sechs Fäden im Fadenbruch über einem Haken auf. Für eine Schnur von 1 m Länge benötigen wir einen 5 m langen Kordelstrang.

Gürtel

Geknüpfte Gürtel sind ein interessantes modisches Beiwerk. Passend zur Kleidung wählen wir unser Material aus: Hanf, Leinen, Bast, Bänder oder Leinenstreifen. Für das festliche Kleid am Abend können wir einen Gürtel aus Gold- und Silberkordeln, Samt- oder Seidenschnüren in Verbindung mit Perlen, Metalldraht und Schnallen knüpfen. Die gewünschte Breite des Gürtels entsteht aus der entsprechenden Anzahl der Knüpffäden (Probe). Wir können strenge und sportliche Gürtel arbeiten, verspielte oder dekorative. Wichtig ist ein passender Abschluß als Knoten, Franse, Ring oder Schnalle.

Wir erfinden Muster:

aus dem Verknoten vieler Fäden auf einen Punkt,

aus dem Auseinanderknoten in Einzelformen,

aus der Verbindung mehrerer Knotenarten,

aus Dichtigkeit oder Lockerheit.

Fadenmarionette — Schattenspielfigur

Wir erleben die plastische Veränderung der Fadenlinie und die vielfältigen Verwandlungsformen des Knotens am besten bei der Herstellung einer Fadenmarionette.

Schon als kleine Mädchen haben wir Püppchen aus Wolle abgebunden und dabei eigene Formen gefunden. Die Fadenmarionette sollte ganz auf die spielerische Bewegung ausgerichtet sein.

Wir probieren die Wirkung der Formen als Schatten beim Schein einer Lampe oder einer Kerze aus. Geknotete Fäden in allen Materialien lassen wir vor der weißen Wand spielen und sehen dabei Hexen, Gespenster, geisterhafte Tiere und spinnenfeine Elfen. Erst nach diesen Erkundungen entscheiden wir uns für eine Phantasiefigur *[36–38]*. Natürlich können wir auch gemeinsam mit der Klasse ein Spiel erfinden; und jeder stellt dazu seine Figur her.

Aber auch ohne Bühne und Schattenspieltheater haben wir Freude an dem beweglichen Spiel unserer Marionette.

38

39

Wir fangen mit dem Kopf an. Er wird aus dem Fadenbruch der Schnüre gebildet. Der Bruch wird zusammengebunden, dick geknotet oder mehrmals dick umschlungen, bis die richtige Kopfgröße zustande gekommen ist. Manchmal bildet sich dabei von selbst eine Nase, ein Kinn oder eine Schnauze. Die Schlaufen des Bruches können aufgeschnitten werden und bilden dann die Haare oder Mähne. Unterhalb des Kopfes knüpfen wir um den Körperstrang kreuzförmig einen Querstrang ein, der zu Armen, Gelenken, Händen, Fingern, Tatzen usw. ausgeknotet werden kann. Alle Knotenarten sind erlaubt, auch das Anknüpfen neuer Fäden.

Wir brauchen uns auch nicht an normale Körpermaße zu halten. Im Spiel können überlange Gliedmaßen besonders aufregend sein. Wir probieren auch hier wieder mit Licht und Schatten.

Der Körper kann großformig geknüpft sein, er kann umwickelt, geflochten, umschnürt werden, er kann aber auch aufgefasert sein oder als roher Strang stehenbleiben. Die Beine bilden wir wieder durch Aufteilen des Körperstranges oder durch Einknüpfen eines neuen Stranges. Er wird ähnlich wie die Arme zu Gliedmaßen, Füßen, Zehen, Tatzen usw. ausgestaltet. Auf die Glieder können auch Perlen und Fruchtkerne aufgezogen werden, doch sollten sie immer beweglich schlenkern können.

Bei Tierformen können wir die Beine vierfach, sechsfach, je nach der Art des Fabeltieres, einflechten. Geknotete Fransen werden zur Mähne, zum Schwanz oder Fell. Man darf auch mit farbigen Fäden die Formen unterstreichen.

Die Aufhängung erfolgt ganz einfach an drei Fäden [*39*]. Am mittleren Faden hängt der Kopf, am rechten und linken Faden die Arme. Die beiden äußeren Fäden können bewegt werden.

Wir probieren die für uns entsprechende Länge der Aufhängung (Nylonschnur oder starker Zwirn) aus. Eine Holzleiste können wir im Werkunterricht bohren und die Fäden einziehen. Der mittlere Faden wird festgeknotet, die beiden Führungsfäden an Gardinenringen angebracht. Die Ringe können beim Spiel gut gefaßt werden.

Wir haben während der Arbeit die Bewegungsform unserer Marionette beobachtet und üben jetzt das Spiel zum Text oder zur Musik. Wir lassen die Figuren schlenkern, schleichen, hüpfen und tanzen, greifen, liegen und aufstehen.

ARBEITSBOGEN Knoten knüpfen

1. Doppelknoten

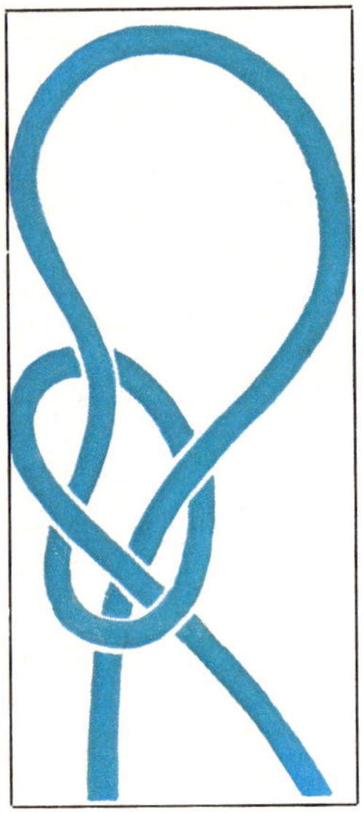

2. Weberknoten

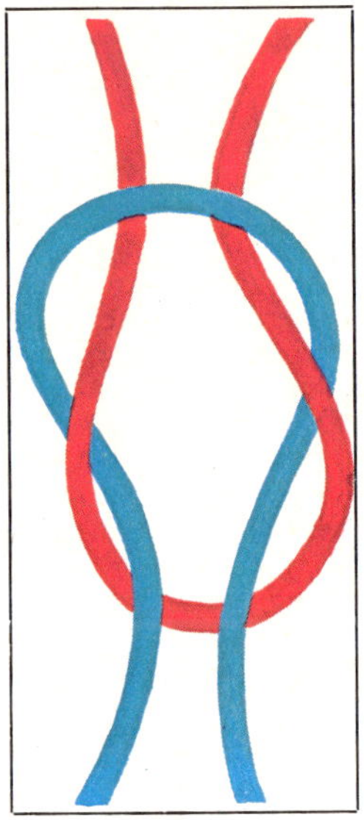

3. Fransenknoten

4. Schlingenknoten

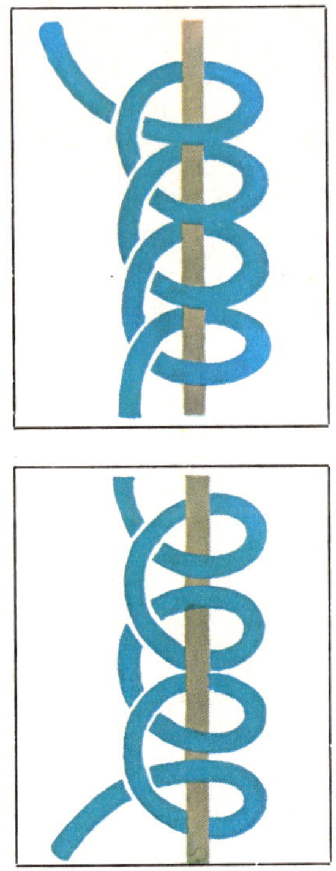

5. Kettenknoten

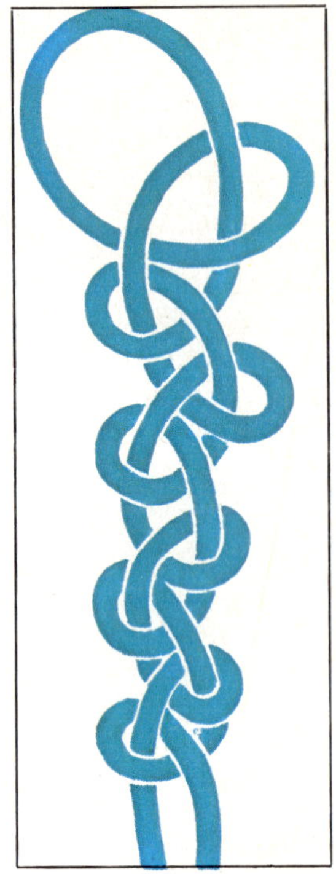

6. Isabellenknoten

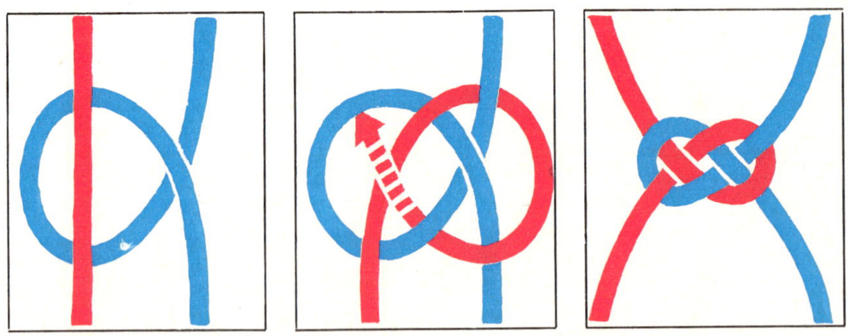

7. Einhängen der Knotenfäden

8. Flacher Doppelknoten

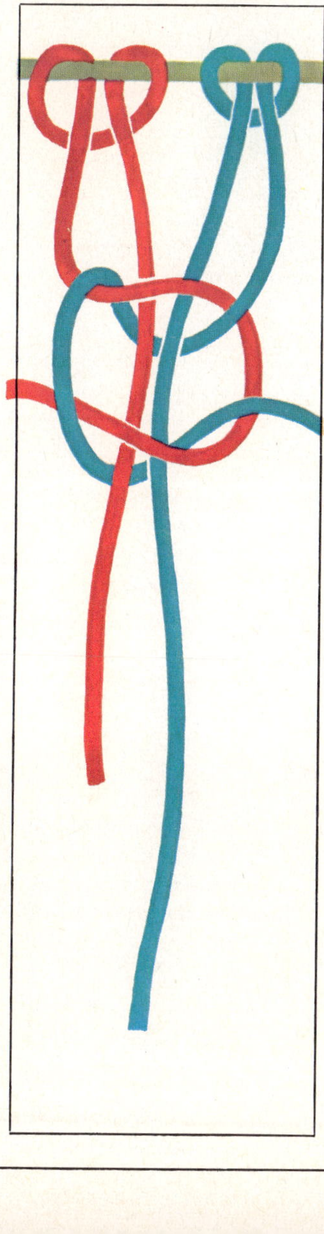

9. Flachknotenreihe

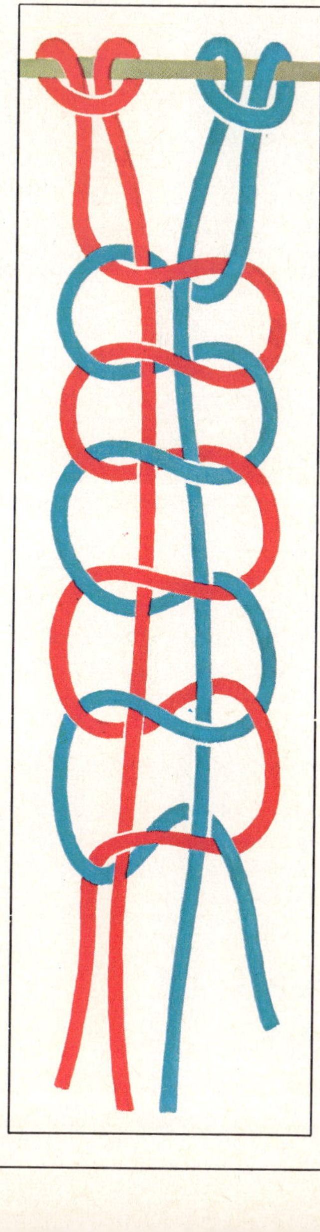

10. Muster aus versetzten Knotenreihen

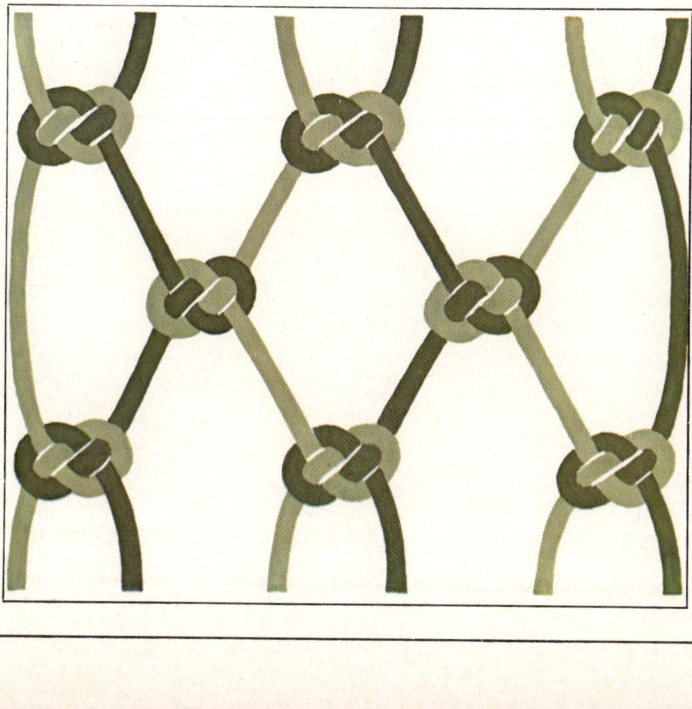

40 Knoten und Knüpfen im Holzreifen, Studienarbeit

Auftrag

1

Geknüpfte Flächen:
Freie Formspiele – Rechteck oder Kreis als Raumschmuck – Läufer, Tücher, Schals, Weste nach Schnittform

Geknüpfte Hüllen:
Taschen, Beutel, Lampen, Hängematten

Knotenverbindungen ergeben Flächen und räumliche Gebilde. Die Muster aus linearen und plastischen Elementen haben transparente Wirkung.

Material

2

Garne und Schnüre je nach Verwendungszweck aus:
Wolle, Leinen, Baumwolle, Bast, Sisal, Hanf, Mohair, Kunstfaser, Metall, Seide usw.
passende Bügel und Verschlüsse, Lampengestell

Werkzeug:
Stab, Holzring, Reifen, 2 Schraubzwingen

Verfahren

3

Mit ein wenig Übung und Handgeschicklichkeit können wir nun schon Flächen knüpfen. An einigen Beispielen zeigen wir Möglichkeiten der Anwendung von Knüpftechniken:

Läufer

Wir messen Länge und Breite des geplanten Läufers.
Wir bedenken den Verwendungszweck und wählen das entsprechende Material. Wir arbeiten ein Probestück und stellen fest, welche Breite wir mit der Anzahl und der Stärke unserer Fäden erreichen. Nun richten wir die Knüpfkette und wickeln so viele Runden, wie wir sie für unseren Läufer benötigen. Die Länge der Knüpffäden soll die fünffache Länge des Gegenstandes betragen (z. B. Matte 30 cm → 150 cm Länge).

Zwischen zwei Schraubzwingen spannen wir eine starke Schnur in der Breite des Läufers und hängen daran die Knüpffäden auf. Die Kette kann aber auch über einer entsprechenden Leiste aufgehängt werden (s. Arbeitsbogen S. 23).

Leinenläufer, die für den Tisch gedacht sind, sollten flache Knotungen haben. Die Verteilung verschiedener Knotenmuster richtet sich nach der Grundform der Fläche (Papiermuster).

Tücher, Schals

Im gleichen Verfahren wie vorher, können wir auch rechteckige Schals und dreieckige Umschlagtücher knüpfen. Entscheidend ist bei all diesen Gegenständen die Auswahl

41

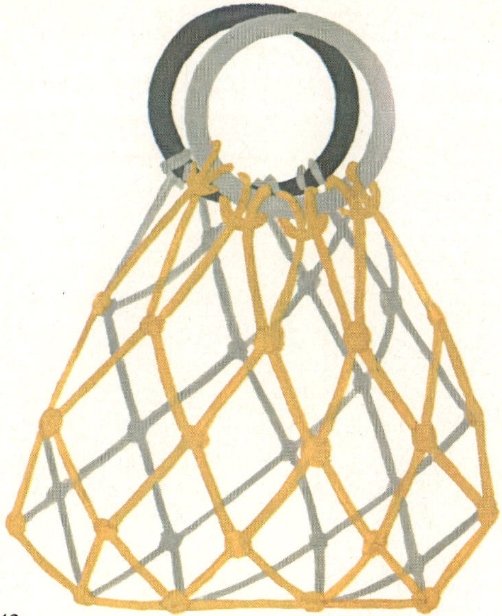

42

43

des Materials. Es sollte weich und schmiegsam sein und zur Kleidung passen. Hier ist die Musterung schlicht. Am besten eignen sich netzförmige Knotungen aus dem Flachknoten. Die Abschlüsse erhalten dekorative Fransen.

Weste

Die Form der Weste wird nach einem einfachen Grundschnitt geknüpft. Je nach modischer Aktualität wählen wir auch das Material zum Knüpfen aus. Die Farbe wird auf die Kleidung abgestimmt. Westen können zu Hosen und Röcken eine reizvolle modische Ergänzung ergeben. Die Abschlüsse können wir sogar als Fransen stehenlassen.

Freie Formspiele

Knüpfmuster mit ihrer dekorativen Wirkung von Knoten und ornamentalen Linien können frei gestaltet werden. Dabei kann die Form des Rechtecks auch aufgelöst und den Rundungen der Knüpfarbeit angepaßt werden. Durch Perleinzug und Verwendung von Früchten werden andere plastische Effekte mit verwandt. Besonders dekorativ wirkt eine solche Knüpfarbeit in einem Reifen aus Holz oder Metall [*40*].

Diese Arbeiten wirken besonders als transparenter Raumschmuck.

Durch Rundknüpfen entstehen Hüllen zu Taschen und Beuteln [*42, 43*].

Für Taschen eignen sich alle netzartigen Verknotungen. Sie können aus rechteckigen Matten zusammengenäht werden. Einfacher ist jedoch das Rundknüpfen.

Wir hängen die Knüpffäden über einen Ring oder über eine Schnur, die um Stuhlbeine oder zwei Schraubzwingen gespannt ist [*41*]. Der Durchmesser der Rundung entspricht der Öffnung der Tasche. Wir hängen so viele Fäden ein, daß die Rundung gut verknüpft werden kann. Wir probieren das Muster und die Dichte des Netzes vorher aus. Die Enden der Tasche können wir als Fransen abknüpfen oder verknotet nach links einziehen. Die Tasche kann auch gefüttert werden, doch sollte das Futter das Knüpfmaterial harmonisch ergänzen.

Bade- und Einkaufstaschen füttern wir zweckmäßigerweise mit abwaschbarem Material.

Abendtaschen aus Metallkordeln oder Seidenschnüren füttern wir passend zum Kleid. Taschenabschlüsse können wir passend zur Knüpfarbeit selbst herstellen oder im Handel erwerben.

Lampen

Leinengarn oder Hanf, aber auch Bastfäden, können über einen nicht zu kleinen Metallständer (im Handel zu kaufen) geknüpft werden. Wir wählen das Material passend zum Raum aus und achten auf die Lichtdurchlässigkeit. Die Abschlüsse werden schlicht verknotet.

44

Hängematten

Zu dieser Arbeit müssen wir schon recht viel Fingerfertigkeit und Ausdauer mitbringen. Sie ist auch weniger für die Schule gedacht, sondern kann eine lohnende Freizeitbeschäftigung sein. Die Matte ist ein entsprechend großes Rechteck, das aus Sisal in einem Knotenmuster gefertigt wird. Durch Einzug eines festen Taues erhalten wir eine stabile Aufhängung.

Auftrag

1

Knüpfen

1. **als Gewebeabschluß**
2. **als Besatz**
3. **als Perücke**

Fransenknüpfen an Decken, Läufern, Schals, Ponchos, an modischem Beiwerk

Der Knoten bündelt die Gewebefäden und befestigt die Fransen.

Material

2

Gewebe aus Wolle, Leinen, Seide, Bast, Hanf, Kunstfaser

Besatz:
Fäden aus Wolle, Seide, Baumwolle, Hanf, Bast, Lederstreifen

Werkzeug:
Nadel, Schere, Häkelnadel

Verfahren

3

Gewebeabschluß

Geknüpfte Fransen bilden einen besonders schönen Gewebeabschluß. Es eignen sich alle Gewebe, deren Randfäden lang genug und fest sind. Wir können das Gewebe mit einer einfachen Knotenreihe abschließen [*44*]. Eine dekorative Fransenborte erreichen wir durch mehrfaches diagonales Verknüpfen der Bündel. Der Effekt kann durch Flechten und Einfügen von Perlen noch gesteigert werden [*46*].

45

46

Die Länge der Fransen und die Dicke der Knoten stimmen wir auf die Art des Gewebes und die Maße des Gegenstandes ab. Zur besseren Hantierung befestigen wir die Arbeit auf dem Tisch oder beschweren sie mit einem Gegenstand.

Besatz

Sehr modisch sind Fransen als Besatz. Man kann sie als Meterware fertig kaufen, doch nicht immer finden wir das Richtige als Abschluß. Wir können Fransenbündel direkt in Gewebe einziehen [*45*]. Dazu benutzen wir entweder eine Teppichnadel oder eine Häkelnadel. Wir können aber auch einen Saum dicht umstecken oder umhäkeln und mit Fransenknoten abschließen. Auch fremdes Material kann Saumabschlüsse zieren, z. B.:

lange Seidenfransen einen Schal,

Lederfransen einen Fellmantel
oder ein Karnevalskostüm,

dicke Wollfransen einen Poncho, eine Tagesdecke, einen Truhenläufer.

Wichtiger noch als die verschiedenen Knotungen ist bei dieser Arbeit die Abstimmung von Material und Farbe.

Perücke

Das Einknüpfen von Fransen wenden wir vor allem bei der Herstellung von Perücken an. Wenn wir Puppen arbeiten, knoten wir Haare ein, und zu unseren Kostümen für Theaterspiel und Karneval können wir uns die schönsten Perücken schnell selbst herstellen.

Auch hier sind Farbe und Material ausschlaggebend. Wir knüpfen die Perücke für eine Hexe z. B. aus grünem Bast. Hanfstränge geben schöne Struwwelpeterköpfe, aufgeribbelte Wolle aus Pullovern ergibt die schönsten Kräusellöckchen.

So wird die Perücke geknüpft: In ein Netz aus Stramin oder in eine gehäkelte Mütze oder in die Maschen einer Strumpfferse ziehen wir mit der Teppich- oder Häkelnadel dicht an dicht Fäden ein. Wir können nachträglich knüpfen, dann stehen die Haare schön ab. Oder wir bilden wie beim Teppichknüpfen einen kurzgeschnittenen Flor (Teppichknüpfen, Seite 31).

47
Knüpfteppich, Motiv: Edelsteine
(Schülerarbeit, 8. Schuljahr)

Auftrag

1

Knoten in einen Knüpfgrund

Teppichknüpfen

Gemeinschaftsarbeit aus Feldern 15 x 15 cm

Die Fäden des Knüpfknotens bilden als Schlingen oder Flor eine dichte weiche Oberfläche.

Material

2

Teppichwolle, aber auch Wollreste aller Art und Farbe

Knüpfgrund: Smyrnastoff, Stramin, Rupfen

48

49

Werkzeug:

Knüpfhaken, Häkelnadel, Knüpfnadel bzw. Teppichnadel, Knüpfstab, Holzleiste, Schere, Papier, Lineal, Zirkel

Verfahren

Beim Teppichknüpfen werden kurze Fäden dicht in einen Grundstoff eingeknüpft. Dabei ist der Knoten nur auf der linken Seite sichtbar; die Oberfläche erscheint als dichter Flor, der von den hochstehenden Fadenbündeln gebildet wird.

Es gibt verschiedene Knotenarten und verschiedene Knüpfmöglichkeiten. Von den alten Orientteppichen her kennen wir den Smyrnaknoten und den Perserknoten. Aus Finnland kommt der Ryaknoten. Er bildet einen langen, hängenden Flor und hat einen breiteren Zwischenschuß. Wir üben auf einem Probestück alle Knotenarten und probieren die entsprechenden Werkzeuge aus (s. Arbeitsbogen S. 31).

1. Einknüpfen mit dem Knüpfhaken
2. Einknüpfen mit der Häkelnadel
3. Einknüpfen mit der Teppichnadel

Wir drehen unser Musterstück auf die linke Seite und stellen fest, daß jeder Knoten einen Punkt darstellt; je nach Stärke des Materials ist er dicker oder dünner. Eine Regel bei alten echten Teppichen lautet: „Je feiner der Flor, je dichter die Knoten, um so kostbarer der Teppich." Wir arbeiten mit größeren Knoten und gröberem Einzug, damit unsere Arbeit übersichtlich und leichter wird.

Wir bilden Muster:

mit der Farbe des Materials,
mit der Anzahl der Knoten,
mit dem Maß der Flächenfelder.

Unser Knüpffeld soll 15 x 15 cm groß sein. Wir entwerfen ein Muster auf Papier, um uns über die Flächenaufteilung klar zu werden. Diese Gestaltungsübung können wir gut mit farbigem Transparentpapier ausführen. Wir schneiden geometrische Grundformen aus, die alle auf das Grundmaß abgestimmt sein sollten. Diese Formen legen wir auf einer farbigen Fläche (Quadrat 15 x 15 cm) aus und verschieben sie, bis interessante Überschneidungen und eine harmonische Gliederung der Fläche zustande kommen [*48, 49*]. Wir kleben das Muster auf und knüpfen danach in farbiger Wolle. Natürlich sollten die Farben gut aufeinander abgestimmt werden. Wir können den Aufbau der Flächen beim Knüpfen auf Grund unserer Erfahrungen mit dem Material noch verändern.

Den Entwurf könnten wir auch auf Kästchenpapier aufzeichnen. Dabei bauen wir die Farbfelder mit Buntstiften auf, indem wir ähnlich wie beim Kreuzstich die Kästchen ausfüllen. Wir achten darauf, daß die Gliederung der Flächen nicht zu kleinlich wird.

50 Gemeinschaftsarbeit (8. Schuljahr)

Wir bereiten den Knüpfgrund vor:

Der fertiggekaufte Knüpfgrund (Smyrnastoff oder fester Stramin) hat eine farbige Flächeneinteilung. Wollen wir in Rupfen knüpfen, können wir durch Auszug eines oder zweier Fäden in beiden Richtungen entsprechend gliedern.

Wir schneiden unser Feld so aus, daß rundum eine Randleiste von 5 cm stehenbleibt. Die Kanten werden mit einem Stich umsteckt, damit sie befestigt sind und bei der Arbeit nicht ausfransen.

Wir bereiten die Wollfäden vor:

Im Handel gibt es zwar fertiggeschnittene Docken Teppichgarn zu kaufen, doch sind sie erheblich teurer als unsere Reste, und für unsere Übung sind längere Fransen auch wesentlich handlicher. So können wir auch unterschiedliche Fadenstärken verwenden. Wir stellen für jede Farbe ein Kästchen oder eine Pappschachtel bereit. Über eine 4–5 cm breite Holzleiste (Lineal) wickeln wir den Faden vom Knäuel ab. Dann schneiden wir an der Unterkante mit einem scharfen Messer oder einer spitzen, scharfen Schere auf. Die abfallenden Bündel sortieren wir in die vorbereiteten Kästen. Leichte Schattierungen innerhalb einer Farbeinheit können auch miteinander gemischt werden, wenn das Nachbarfeld eine klare Farbe hat.

Nun können wir mit dem Knüpfen beginnen. Wir nehmen das Knüpfgerät, mit dem wir am besten hantieren können und das am besten zu unserem Material paßt.

Das Muster wird bei dieser Arbeit von der Mitte aus aufgebaut. Wir beobachten immer wieder die Wirkung der Flächengliederung im Flor. Durch Auftrennen können auch nötige Korrekturen vorgenommen werden. So gehen Entwurf und Ausführung sinnvoll Hand in Hand.

Ist die Arbeit fertig, wird der Flor geschnitten. Bei Rya bleiben die Fransen lang hängen. Smyrnaknoten können gleichmäßig beschnittenen Flor bilden, man darf aber auch die Flächen wie ein Relief höher oder niedriger ausschneiden. Doch müssen dazu die Knotenfäden lang genug sein.

Wir stellen die Felder zu einer Gemeinschaftsarbeit zusammen: Wenn die Farben unserer kleinen Quadrate gut aufeinander abgestimmt sind, können wir aus vielen Stücken einen großen Teppich arbeiten. Sind Farben und Muster gut ausgewogen, nähen wir die einzelnen Stücke von links Reihe um Reihe dicht neben dem Flor zusammen. Der Teppich kann auf der Rückseite verleimt und gefüttert werden [*50*].

Smyrnaknoten

Einzug mit der Häkelnadel

Perserknoten

Knüpfen um einen Knüpfstab
in Webkette

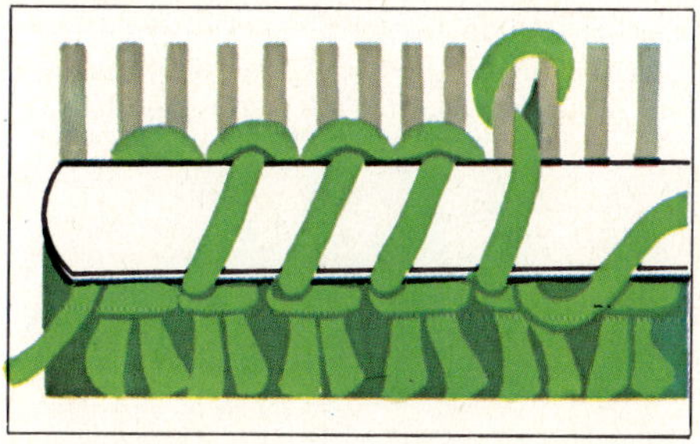

Einzug mit der Teppichnadel

Einzug mit der Teppichnadel
über Knüpfstab

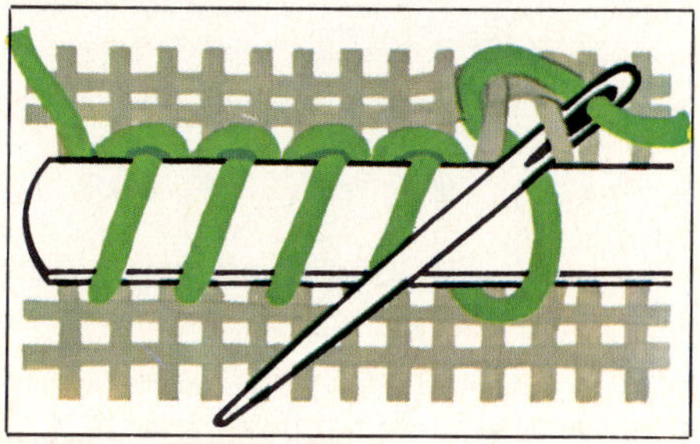

häkeln

Das Häkeln kann kulturgeschichtlich nicht so weit zurückverfolgt werden wie die anderen Wirktechniken Stricken und Knüpfen. Erst mit Ausgang des Mittelalters gewann diese Technik größere Bedeutung. Kostbare Muster von Häkelspitzen finden wir auf alten Gemälden und in den Sammlungen der Museen.

In der späteren Renaissance wurden Tücher, Kragen, Hemden und priesterliche Gewänder mit herrlichen Häkelspitzen verziert. In einigen europäischen Ländern wurde die Kunst des Häkelns besonders geübt. Irische Häkelspitzen und die Spitzen aus der Bretagne und aus Österreich gelangten zu Weltruhm.

Noch in den ersten Jahrzehnten dieses Jahrhunderts schmückten die jungen Mädchen der Bauern- und Bürgerfamilien ihre Wäscheaussteuer mit reichen Häkelspitzen und Häkeleinsätzen. Gehäkelte Tischdecken, Kissen, Topflappen und Kinderkleidung kamen in Mode. Die Beliebtheit der gehäkelten Masche hat bis heute nicht nachgelassen. Dem Wandel der Mode entsprechend ist der „Häkellook" aktuell geworden. Man häkelt Kleider und Pullover, Mützen und Schals, Taschen und modisches Zubehör in allen Farben und Materialien.

Der gehäkelte Faden

Ein unendlicher Faden wird durch Zusammenschlingen zur Masche. Die Verbindung der Maschen mit der Häkelnadel ergibt ein Maschengebilde verschiedenster Formen voller Elastizität und Luftdurchlässigkeit.

Häkeln ist eine sehr leicht zu erlernende Technik. Wir haben sie schon in der Grundschule geübt. Das Wort „häkeln" kommt vom „Haken". Unser Werkzeug, die Häkelnadel, hat in manchen Gegenden heute noch den Namen „Häkelhaken".

Auch ohne Häkelnadel können wir mit dem gekrümmten Finger den Faden zu einer Schlinge „durchhakeln" oder häkeln. Das Fingerhäkeln ist ein ausgezeichnetes Geschicklichkeitsspiel.

Wir können alle Fadenmaterialien verhäkeln. Je nach der Stärke des Fadens benötigen wir die entsprechende Häkelnadel. Es gibt Nadeln aus Horn, Metall, Kunststoff und Holz in den verschiedensten Längen und Stärken.

Vor jeder Arbeit müssen wir Garnmaterial und Häkelhaken aufeinander abstimmen, damit uns das Häkeln auch gut gelingt (Häkelprobe!).

Ehe wir darangehen, Muster zu erfinden und Gegenstände zu erarbeiten, wollen wir unsere Hände üben und Material und Werkzeug ausprobieren.

Da die gehäkelten Gegenstände meist ein Teil der jeweiligen Mode sind, werden Material und Form immer wieder neue Gestaltung verlangen. Wir beschränken deshalb unsere Beispiele hauptsächlich auf den Bereich der Puppengarderobe. Wir können sie jedoch jederzeit auf die Schnittformen der Kinder- und Erwachsenengarderobe abwandeln (Schnittmusterbogen!).

Außerdem finden wir stets reiche Informationen und Anregungen in Modeheften, Zeitschriften, in Fachbüchern und auf Werkbogen.

Häkelprobe:

Wir probieren aus, welche Nadel zum Material und zum Muster paßt. Dazu muß vor einer größeren Arbeit eine Probe von mindestens 10 cm im Quadrat erarbeitet werden. Nur so können wir die Maschenzahl und die Menge des Materials berechnen. Diese Probe wird auf den Schnitt gelegt und danach der genaue Maschenaufschlag berechnet.

Die Häkelproben heften wir als Muster in unsere Arbeitsmappen.

Garnhäkelnadeln

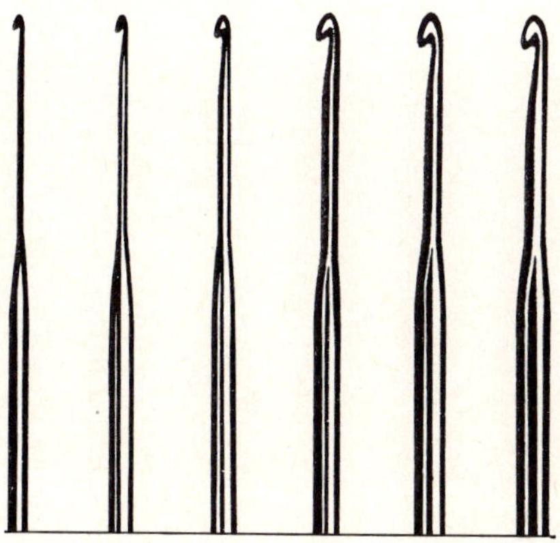

0,60 0,75 1,00 1,25 1,50 1,75

Wollhäkelnadeln

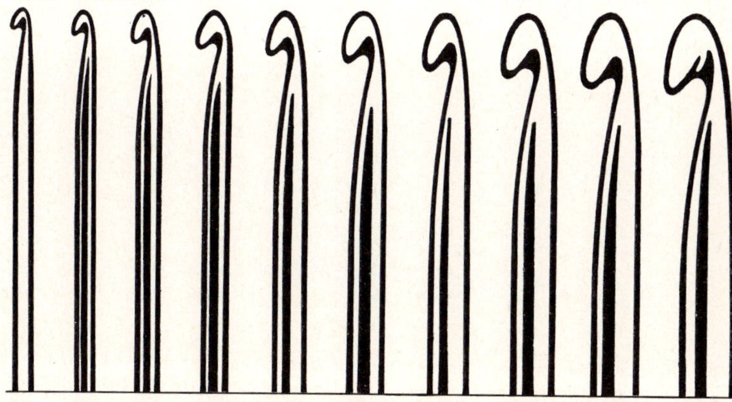

2,0 2,5 3,0 3,5 4,0 4,5 5,0 5,5 6,0 7,0

Was wir vom Häkeln wissen sollten

Schnurhäkeln – Fingerhäkeln

Dicke Schnüre von ziemlicher Länge werden doppelt genommen. Am Fadenbruch wird eine Schlinge gebildet. Der linke Zeigefinger wird durch die Schlinge gesteckt, Daumen und Mittelfinger der linken Hand halten den Knoten fest. (1)

Der rechte Zeigefinger zieht den Faden durch die Schlinge. (2)

Nun halten Daumen und Mittelfinger der rechten Hand den Knoten, damit wir den linken Faden festziehen können. (3)

Jetzt werden in ständigem Wechsel von der rechten zur linken Hand die Maschen gebildet.

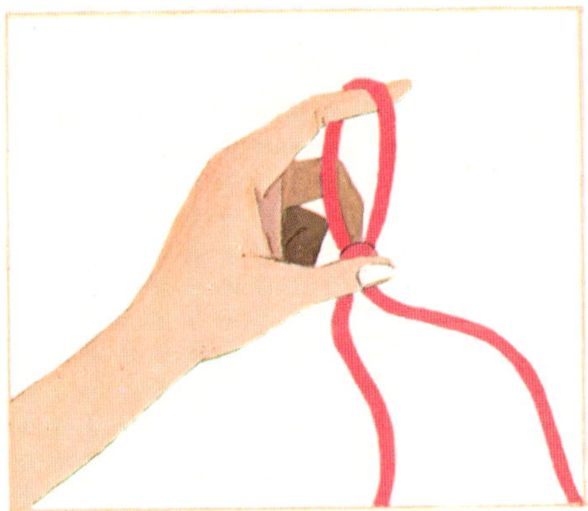

1

3

2

Die Maschen

Luftmasche

Der Faden wird um die Nadel geschlagen. (1)

Die Nadel holt den Faden durch die Schlinge.

Die Schlinge wird zur Masche festgezogen. (2)

Wir arbeiten eine Luftmaschenkette. (3)

Feste Masche

In eine Masche der Luftmaschenkette sticht die Häkelnadel von vorn nach hinten und zieht den Arbeitsfaden durch. (1)

Es wird nochmals umgeschlagen und der Faden durch diese zwei Maschenglieder gezogen. (2)

Stäbchen

Halbes Stäbchen

Der Faden wird um die Nadel geschlagen. Es folgt der Einstich in das unten liegende Maschenglied. Es wird von neuem umgeschlagen, wir ziehen die Nadel durch die Einstichmasche, schlagen wieder um und ziehen den Umschlag durch die drei Maschenglieder.

Stäbchen

Der Faden wird um die Nadel geschlungen. Wir stechen in das untere Maschenglied ein, schlagen den Faden um die Nadel und ziehen ihn durch die Einstichmasche. Wir schlagen wieder um, ziehen durch zwei Maschenglieder und nach einem weiteren Umschlag durch die beiden letzten Maschenglieder.

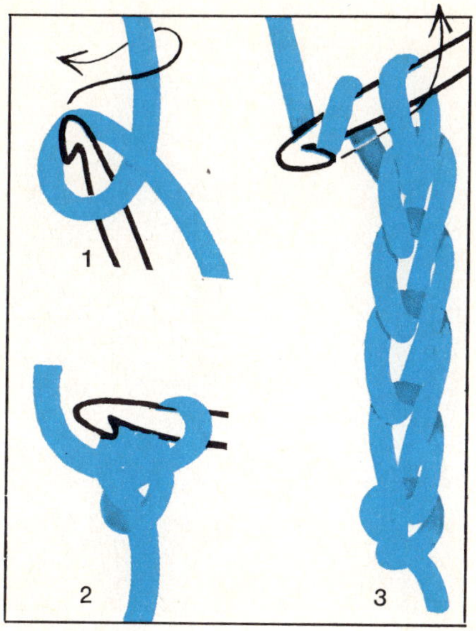

Luftmasche

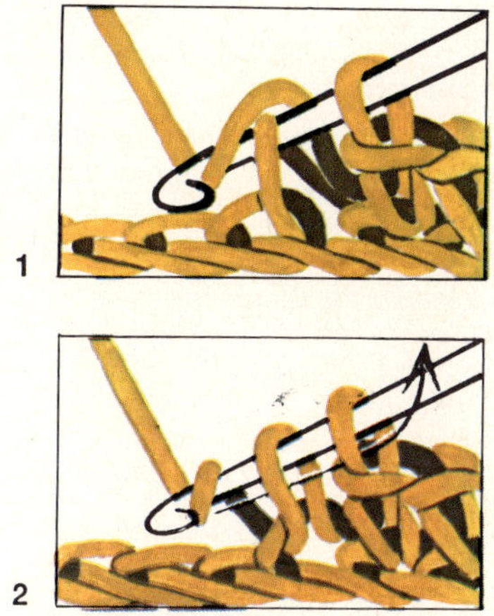

Feste Masche

Handstellung mit Häkelnadel

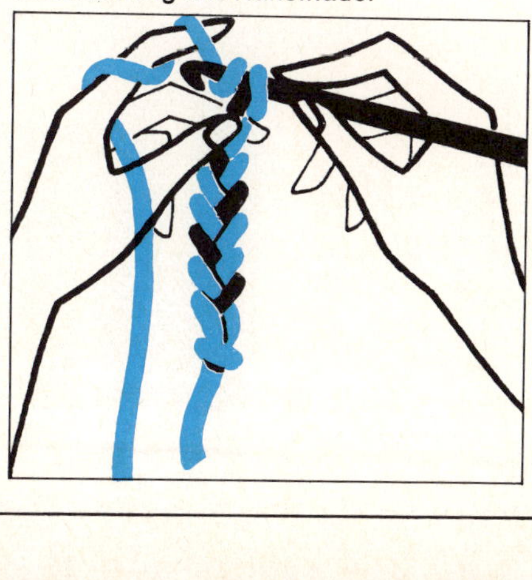

Stäbchen

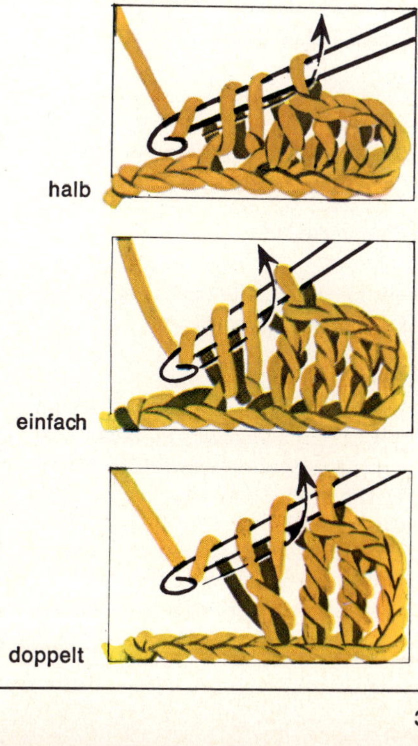

Doppelstäbchen

Beim Doppelstäbchen wird vor dem Einstich doppelt umgeschlagen. Wir häkeln wie beim Stäbchen, müssen nur wegen des doppelten Umschlags eine Bewegung mehr machen.

Beim Häkeln entstehen Muster:

1. durch die Art des Einstiches
2. durch Maschenwechsel
3. durch Arbeiten von Durchbrüchen
4. durch Wechsel der Farben
5. durch Verschiedenheit des Materials

Einige Beispiele:

Rosenstich

Der Rosenstich ist eine feste Masche, die durch die untenliegende Masche durchgeführt wird.

Rippenmuster

Wir stechen beim Hin-und-her-Häkeln nur in das hintere Maschenglied ein. Es entstehen Rippen.

Noppenmuster

Wir arbeiten einen glatten Grund aus festen Maschen. In regelmäßigem Muster können wir über 2 oder 3 Reihen 5–8 Stäbchen in die gleiche Einstichstelle häkeln. Dabei faßt erst das letzte Stäbchen die übrigen als Noppe zusammen. Bei den vorhergehenden wurde der letzte Durchzug unterlassen.

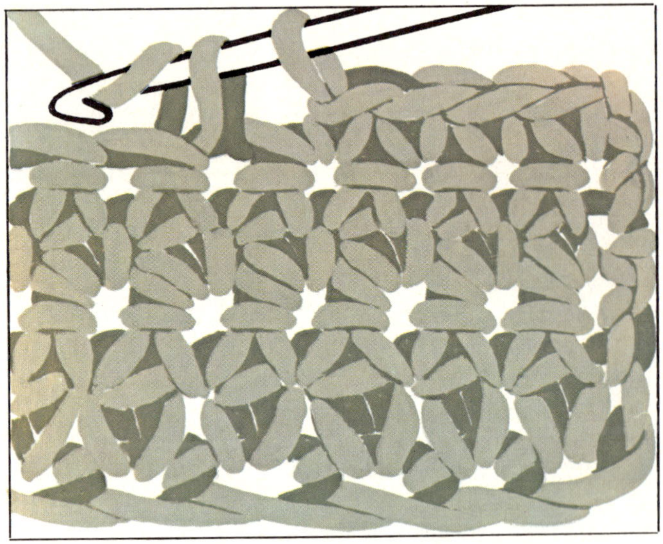

Rosenstich

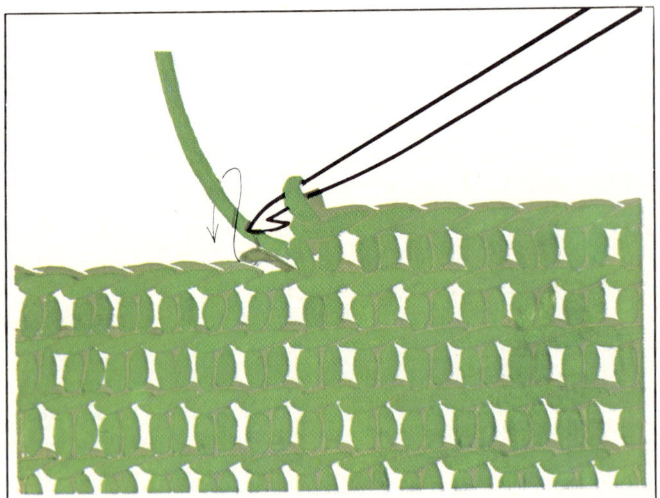

Rippenmuster

Muschelmuster

Wir häkeln eine Luftmaschenkette. In jede dritte Luftmasche wird abwechselnd eine feste Masche und ein Stäbchenbündel von fünf Stäbchen gearbeitet. In der folgenden Reihe arbeiten wir die Stäbchen in die feste Masche und die feste Masche in das mittlere Stäbchen.

Wir bekommen bei einem Häkelmuster spitzenartigen Charakter, wenn wir durch Luftmaschenbogen und durchbrochene Stellen auflockern.

Mausezähnchen (Pikots)

Wir arbeiten eine feste Masche in den Grund. Darauf folgen 3 oder 4 Luftmaschen, wobei in die erste wieder eine feste Masche gearbeitet wird. Mit einer festen Masche wird weitergearbeitet. Dabei werden jedoch in der Vorreihe einige Maschen übersprungen. Dieses Muster kann auch gut in einen Stoffrand gearbeitet werden.

Knopfloch

Für ein Knopfloch werden statt der festen Maschen 4 Luftmaschen gehäkelt und die festen Maschen übersprungen. In der folgenden Reihe werden wieder feste Maschen darübergehäkelt.

Muschelmuster

Mausezähnchen (Pikots)

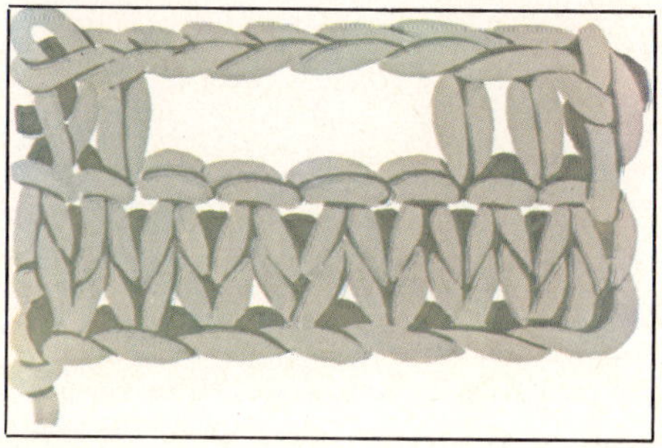

Knopfloch

51

Auftrag

1

Häkeln zu linearen Schnüren: Fingerhäkeln

Pferdeleinchen, Taschengriffe, Haarband, Durchzugschnüre, Borte für ein Chanelkostüm, Aufnähschmuck an Weste oder Poncho, Matte aus festen Schnüren

Beim Häkeln wird die endlose Fadenlinie durch Schlingen erweitert.

Material

2

Wolle aller Art, Garne aus Leinen, Sisal, Bast, Baumwolle, Kunstfaser, Seide

Verfahren

3

An einem Probefaden üben wir das Häkeln der Doppelschnur. Diese Arbeit ist eine gute Geschicklichkeitsübung. Mit beiden Händen lernen wir ohne Gerät greifen und hantieren.

Wir suchen das Material passend zu dem geplanten Werkstück aus. Die Länge der Häkelfäden beträgt die vierfache Länge der fertiggestellten Schnur. Zu kurze Fäden können während der Arbeit unsichtbar angeknüpft werden.

Wir legen den vorbereiteten Häkelstrang oder die Kordel auf Fadenbruch und häkeln von der Mitte aus mit beiden Händen. Die Enden der Schnüre werden geknotet oder umwickelt (Arbeitsbogen Seite 34).

Für Gürtel schaffen wir einen entsprechenden Abschluß durch Schlaufen und Knoten oder Ringe und Schnallen. Borten für Kostüme oder Kinderkleider werden passend zum Material des Gewebes gefertigt. Da unsere Häkelschnur sehr elastisch ist, eignet sie sich gut zur Aufnäharbeit. Die Schnüre werden unsichtbar aufgenäht. Kordelapplikation an Westen und Ponchos kann in ornamentaler Form oder als Randschmuck sehr dekorativ sein.

Mit Schnüren aus festem Material wie Hanf, Bast und Sisal können wir runde und ovale Matten herstellen [*51*]. Dabei werden die linearen Häkelschnüre spiralig zusammengedreht und unsichtbar vernäht. Große und kleine Rundflächen können zu einer größeren Matte zusammengestellt werden (Gemeinschaftsarbeit!).

52

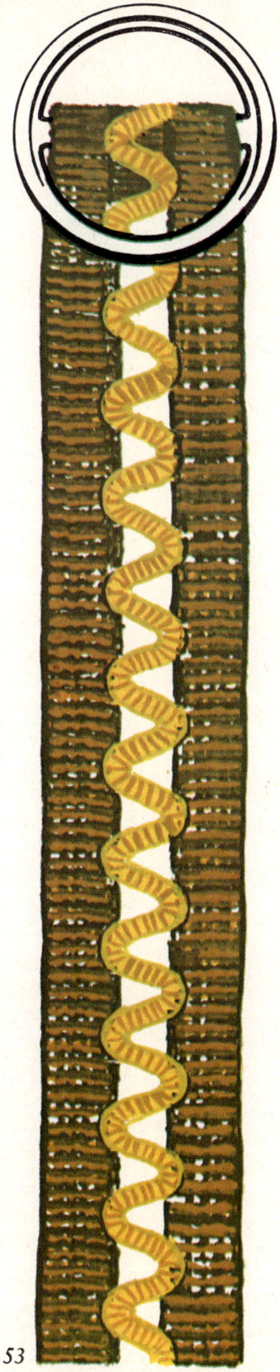

53

HÄKELN

Auftrag

1

Häkeln zu Flächen

Krawatte, Schal, Gürtel, Häkelfelder für Matten, Decken, Teppiche

Aus Maschen und Häkelreihen werden Flächen aufgebaut. Muster entstehen aus Farb- und Maschenwechsel.

Material

2

Krawatte: Wolle, Leinengarn, Effektgarn

Schal: Wolle, modische Effektgarne

Gürtel: Sisal, Leinengarn, Bast, Baumwolle

Matten: Bast

Decken und Teppiche: Wollreste, Stoffstreifen, Baumwolle

Werkzeug:

Passende Häkelnadeln

54

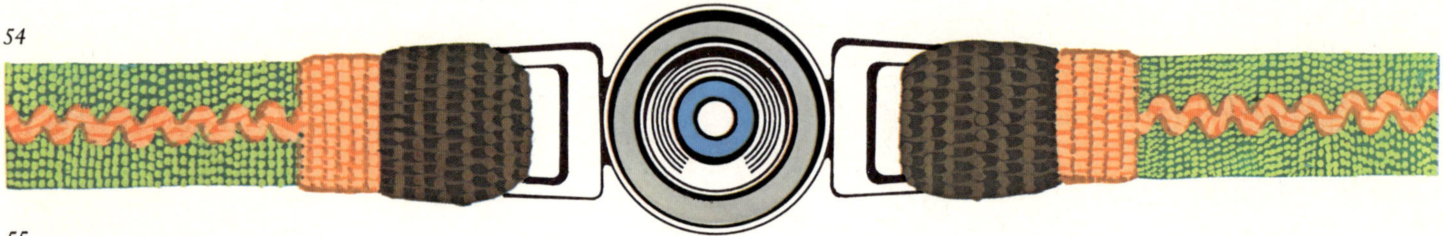

55

Verfahren

Wir wählen das geeignete Werkzeug zu unserem Material.

Wir probieren an einer Häkelprobe die Muster aus.

Diese können entstehen:

aus dem Wechsel der Farbe (Streifen),

aus dem Wechsel der Stiche (Struktur),

aus der Wirkung des Materials (Farbe und Struktur).

Wir bilden die Flächen aus Maschenreihen in einfachen Häkelstichen (feste Maschen und Stäbchen). Den entsprechenden Maschenanschlag für die Breite erfahren wir mit der Häkelprobe.

Krawatte

Wir bilden ein langes rechteckiges Band aus kurzen Maschenreihen (Elastizität!) [*52*].

Gürtel

Wir häkeln den Gürtel aus langen Reihen, damit er sich nicht zu sehr ausdehnen kann. Die Breite richtet sich nach den Körpermaßen und der Kleidung [*53, 54*].

Topflappen

Wir verwenden kräftige Baumwolle und leuchtende Farben passend zur Küche. Zum Schutz vor Verbrennungen ist es wichtig, eine dichte Fläche aus festen Maschen zu arbeiten [*55*].

Häkelfelder

Im gleichen Verfahren wie bei den Topf lappen können wir aus Bast Matten häkeln. Aus bunten Wollresten oder Stoffstreifen stellen wir Quadrate zu Decken oder Teppichen zusammen [*59*].

Schals

Es ist ein großer Unterschied, ob wir einen dicken Sportschal zum passenden Skidreß oder ein duftiges Gebilde zum Abend- oder Sommerkleid häkeln wollen.

Wir wählen das Material entsprechend aus. Die Breite richtet sich nach den Körperproportionen. Auch beim Schal arbeiten wir in kurzen Querreihen wegen der notwendigen Elastizität.

56

57

58

Auftrag

1

Häkeln zu Flächenformen:
rund, oval, viereckig, sternförmig

Freie Formen zur Applikation, Topflappen, Schnitteile für Puppenkleidung

Wir verändern die Flächenformen durch Zu- und Abnehmen.

Material

2

Topflappen: Baumwolle

Sternformen zur Applikation: Garne aller Art
Puppenkleidung: Woll- und Baumwollfäden

Werkzeug:

entsprechende Häkelnadeln

Verfahren

3

Topflappen

Beim runden Topflappen beginnen wir von der Mitte aus mit einem Luftmaschenkreis und häkeln in einer Spirale weiter. Damit die Form flach bleibt, nehmen wir in jeder Runde einige Maschen zu. Die Rundform kann unifarben gehäkelt oder in farbigen Ringen aufgebaut werden [*56*].

Auch ein Quadrat kann vom Mittelpunkt aus aufgebaut werden (Arbeitsbogen Häkeln IV). Dabei wird in jeder Reihe an 4 Ecken zugenommen (dreimaliger Einstich!).

Der ovale Topflappen wird nach einer Schnittform in Reihen gehäkelt, wobei die Form durch Zu- und Abnehmen an beiden Rändern erweitert und verengt wird.

Auf die gleiche Weise können Tier- und Blattformen entstehen [*57*]. Auch Dreiecke werden im gleichen Verfahren gehäkelt und mit verschiedenen Farben zusammengestellt (Arbeitsbogen Häkeln IV).

Freie Formen zur Applikation

Sternformen können wir auf verschiedenste Weise als Schmuck für Gürtel, Westen und Kinderkleidung verwenden. Wir gehen wieder vom Luftmaschenring aus und umstecken ihn mit festen Maschen, Stäbchen, Luftmaschenbogen und Zäckchen. Mit diesen kleinen Übungen ist es möglich, die reizvollsten Muster zu erfinden [*58*].

Puppenkleidung: Kleid, Hose, Jacke

Nach dem Schnittmuster (Arbeitsbogen Häkeln IV) schneiden wir das Modell und ändern es nach den Maßen unserer Puppe ab. Wir wählen das Garnmaterial aus und probieren geeignete Häkelmuster (Häkelprobe!).
Nach dem Papiermuster häkeln wir die Form des Kleidungsstückes mit Zu- und Abnehmen. Wir kontrollieren durch öfteres Auflegen des Häkelstückes auf das Schnittmuster.
Die fertigen Einzelteile werden feucht gebügelt und von links zusammengenäht.
Schnüre können Verschlüsse und Schmuck, Knöpfe und Schlingen sein.

59 Form und Farbe in Häkelflächen
Gemeinschaftsarbeit (7. Schuljahr)

Arbeitsanleitungen zu den Häkelmodellen

Krawatte

30 Reihen Stäbchen über 10 Luftmaschen
10 Reihen Stäbchen mit 8 Maschen
60 Reihen Stäbchen mit 6 Maschen

Streifenschal in 2 Farben

Wir benötigen je 40 g in 2 hübschen Farben und die dazu passende Häkelnadel.

Anschlag = 32 Maschen

25 Stäbchen werden abwechselnd je 2 Runden in den beiden Farben gehäkelt (30 x 4 Runden).

Der Schal wird ringsum mit einer Reihe fester Maschen berandet (ca. 96 cm lang).

Gürtel

Eine lange Luftmaschenkette (ca. 200 Maschen) wird in einigen Reihen mit festen Maschen, Stäbchen oder in einem einfachen Muster bearbeitet. Als Verschluß nehmen wir eine hübsche Schnalle oder ein Steckschloß.

Runder Topflappen

4 Luftmaschen zu einem Kreis häkeln. In die Maschenglieder rundum feste Maschen arbeiten, bis die richtige Größe erreicht ist. Damit die Fläche glatt wird, nehmen wir in jeder Runde 3–4 Maschen zu, indem wir zweimal in ein Maschenglied stechen. Mindestens 2 verschiedene Farben in kochfester Baumwolle wählen!

Quadratischer Topflappen

Wir nehmen wieder dicke Baumwolle und eine Nadel Nr. 3. Nach 25 Maschen Anschlag arbeiten wir 25 Reihen feste Maschen, um möglichst ein Quadrat zu erhalten (Wendemasche = 1 Luftmasche). Verschiedene Farben und eine gute Flächeneinteilung machen unsere Arbeit erst reizvoll.

Gürtel mit sternförmigen Mustern

Auf helle oder dunkle Sisalborten werden in den entsprechenden Farben (passend zum Kleid) die verschiedensten Stern- und Ringformen aufgenäht.

Häkelanleitungen

Sternform: 6 Luftmaschen, 1 Kettmasche zur Rundung schließen. 12 feste Maschen in diesen Ring häkeln. Pikot (Zäckchen): 1 feste Masche, 3 Luftmaschen, in die erste Luftmasche 1 feste Masche. Dieses Muster wird wiederholt.

Quadratform: 6 Luftmaschen, 1 Kettmasche zur Rundung schließen. 12 feste Maschen in diesen Ring. 2 feste Maschen, in die dritte Masche 1 Pikot, abwechselnd, bis der Rand geschlossen ist.

Rundform, einfarbig: 6 Luftmaschen mit 1 Kettmasche zur Rundung schließen. 12 feste Maschen und anschließend 12 Stäbchen.

Rundform, zweifarbig: 6 Luftmaschen mit 1 Kettmasche zur Rundung schließen. 12 feste Maschen in den Ring häkeln. Mit einer zweiten Farbe nochmals einen Ring fester Maschen häkeln.

Zunehmen

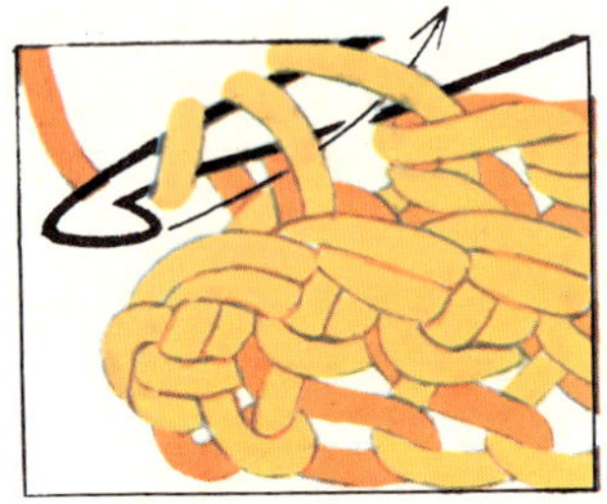

Abnehmen

Luftmaschenring

Formhäkeln

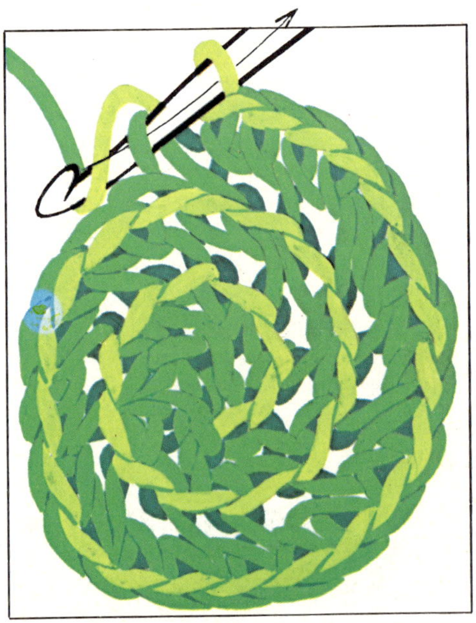

Aufbau einer Kreisfläche

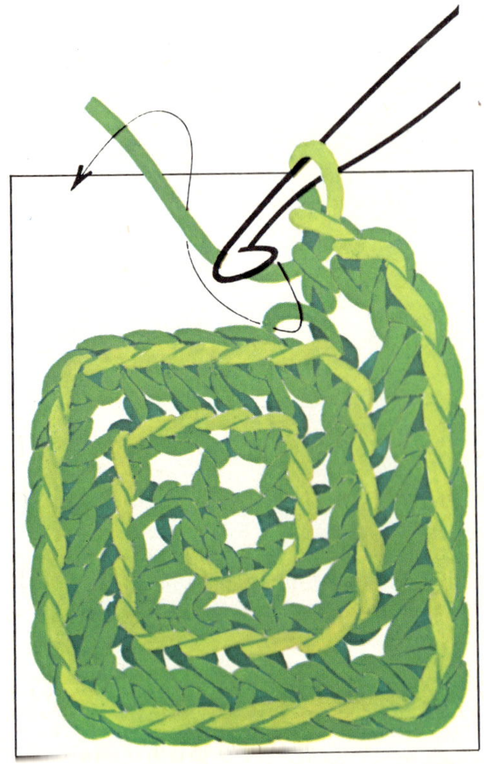

Aufbau eines Quadrats

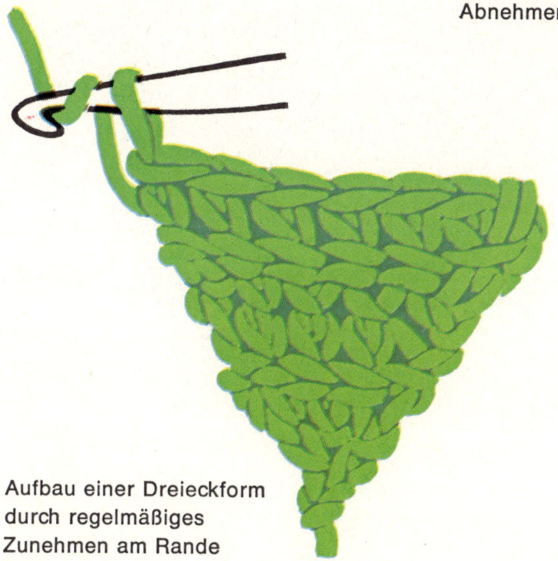

Aufbau einer Dreieckform
durch regelmäßiges
Zunehmen am Rande

Aufbau der Form zum Viereck
durch regelmäßiges
Abnehmen am Rande

Rundform aus Maschenmustern

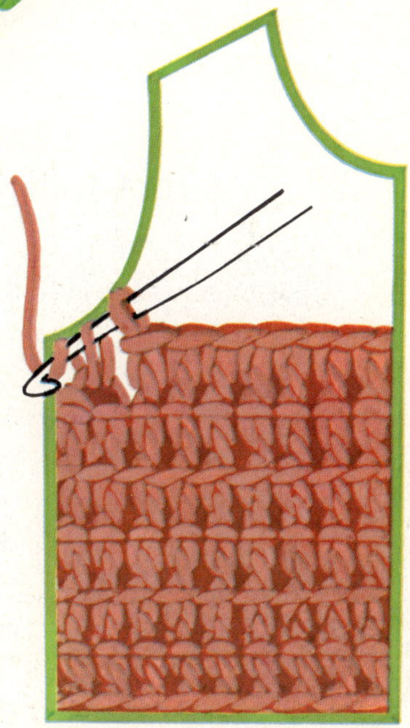

Formhäkeln nach Schnittmuster

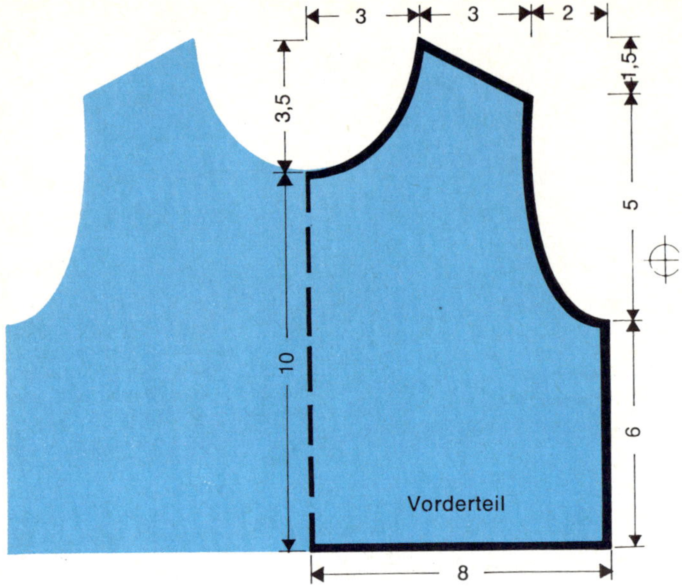

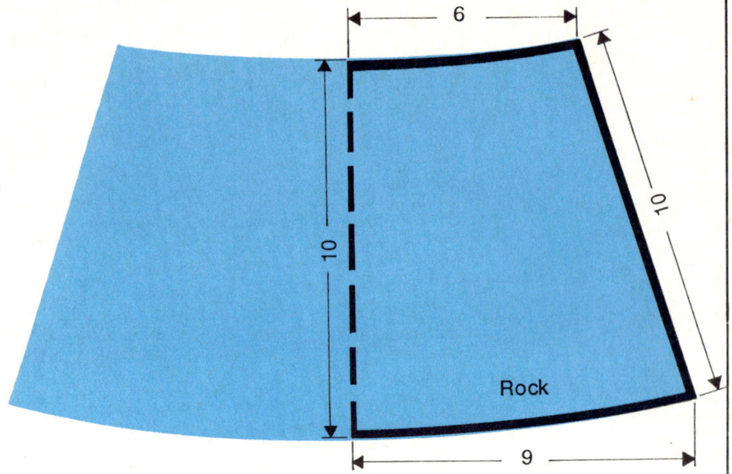

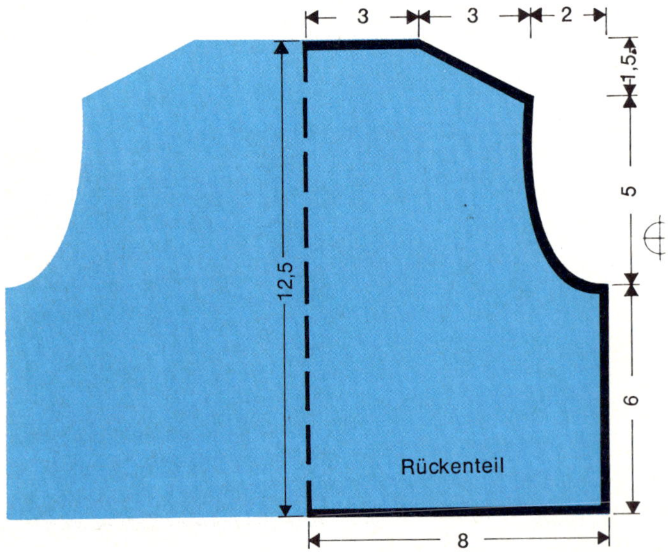

Schnitt für Puppenweste und Puppenrock
(Puppengröße 48 cm)
Maßstab 1 : 2

Arbeitsanleitung für Puppenweste und quergestreiftes Röckchen

Material:

Wollreste in Blau, Rot und Weiß
Häkelnadel Nr. 3

Maße:

Fertige Rocklänge	11 cm
Rockweite	40 cm
Westenhöhe	12 cm
Bundweite der Weste	27 cm

Arbeitsprobe:

5 Büschelmaschen und 6 R. = 5 cm^2

Grundmuster:

Büschelmaschen mit drei Umschlägen (1 Büschelmasche = einen Umschlag auf die Nadel nehmen, in die darunter liegende Masche einstechen, Schlinge holen, etwa 1 cm hochziehen, das gleiche noch zweimal wiederholen, bis 7 Schlingen auf der Nadel liegen, die dann mit einem Umschlag zusammen abgemascht werden).

Ausführung:

52 Luftmaschen werden für die Weste angeschlagen
1. R. feste Maschen,
2. R. Stäbchen,
3. R. im Grundmuster,
4., 5., 6. R. wie 3. Reihe, dabei an den Rändern zur Bildung des V-förmigen Ausschnittes immer eine Büschelmasche abnehmen.

Ab 7. Reihe werden Rückenteil und Vorderteile zur Bildung des Armausschnitts gesondert gehäkelt.

Das Rückenteil wird über die 11 mittleren Büschelmaschen 4 Reihen hochgehäkelt.

Für die Schulterschrägung häkelt man noch eine Reihe rechts und links vom Halsausschnitt über jeweils 4 Büschelmaschen. Die beiden Vorderteile werden ebenso wie das Rückenteil um 4 Reihen verlängert und in der vorderen Mitte so abgenommen, daß die Schultern auch mit 4 Büschelmaschen abgekettet werden.

Nach dem Zusammennähen der Schulternähte wird die Weste mit 2 Reihen fester Maschen umhäkelt.

Die Schnittformen von Rock und Weste können nach einer Häkelprobe in jeder Musterung formgetreu gehäkelt werden.

Puppe mit Rock und Weste

60

61

Auftrag

1

Rundhäkeln zu körperhaften Formen

**Puppen- und Tierformen,
Mütze und Kinderkleidung**

Eine ringförmig geschlossene Luftmaschenkette wird in einem spiraligen Maschenaufbau zur körperhaften Hülle.

Material

2

Für Puppen- und Tierformen:

Farbige Restwolle, Baumwolle, Kordeln

Für Mütze und Kinderkleidung:

Wolle und Effektgarne, Dralon

Verfahren

3

Puppen und Tiere

An einer Handpuppe können wir spielerisch den Aufbau einer gehäkelten Hülle erlernen. Dabei dürfen wir Wollreste und bunte Garne phantasievoll zusammenstellen.

Wir häkeln die Luftmaschenkette so breit, daß wir in den geschlossenen Ring mit der Hand bequem hineinschlüpfen können. Wir häkeln rundum hoch bis zu den Armlöchern (Daumenhöhe unserer Hand). Wir lassen Schlitze für unsere Finger offen. Nach einigen gehäkelten Reihen wird der Ring wieder geschlossen. Zum Hals hin wird gemindert, für den Kopf erweitern wir die Spirale wieder. In die Schlitze werden die Arme rund eingehäkelt [*61*].

Wir können den Kopf und die Hände rund schließen, wir können aber auch ein Hütchen oder Ohren gleich mitformen.

Die fertige Form wird durch Einknüpfen von Haaren, durch Aufnähen von Augen und Mund (Nase, Schnurrbart, Ohren) zur Spielfigur.

Wenn wir Beine ansetzen und die Form mit Füllmaterial plastisch ausstopfen (Diolen-Fill oder zerschnittene Strümpfe), können auch Puppen und Tiere in der gleichen Art entstehen. Hier arbeiten wir nicht nach Vorlagen und Schnitten, sondern versuchen bei der Zusammenstellung von Muster und Farbe möglichst erfinderisch zu sein [*60, 62*].

Mütze

Wir arbeiten die Mütze passend zu unserer Kleidung, z. B. eine Garnitur: Mütze, Schal, Krawatte.

Die Mütze ist in der Formgebung stark von der Mode abhängig. Eine zeitlose Form ist die rund gehäkelte Mütze. Wir beginnen in der Mitte mit einem Ring aus 4 Luftmaschen. Dann häkeln wir in festen Maschen oder in einem einfachen Muster die Rundform. Dabei müssen wir in jeder Runde sternförmig

62

63

zunehmen. Durch flaches Auflegen auf den Tisch prüfen wir die richtige Form. Der Durchmesser des Kreises muß ungefähr die Hälfte der Kopfweite ausmachen (bei Kopfweite von 54 cm = 26 cm Durchmesser).

Wenn die Kreisscheibe das richtige Maß erreicht hat, müssen wir in der gleichen Weise abnehmen, bis die richtige Kopfweite erreicht ist.

Diese Art des runden Formhäkelns kann für verschiedene Gegenstände abgewandelt werden, z. B. Eierwärmer, Kaffeewärmer, Beutel.

Rundgehäkelter Rock

Diese Technik eignet sich auch für einen gehäkelten Rock.

Wir beschaffen uns zuerst einen Schnitt nach unseren Maßen. Es kann sowohl die Glockenform wie auch die leicht ausgestellte Form sein. Bei der Häkelprobe erkunden wir die Maschenzahl zum Aufschlag des Luftmaschenringes. Wir häkeln in der Rundung und nehmen allmählich ab, bis wir die Taillenweite erreicht haben. Für den Reißverschluß muß ein kleiner Schlitz offen bleiben.

Eine gute Vorübung für diesen Rock ist das Häkeln eines Puppenrockes, an dem wir Muster und Farben ausprobieren können. Wir haben verschiedene Möglichkeiten, den Rock auszugestalten:

unifarben mit hübschen Mustern,
mit bunten Streifen,
durch Wechsel der Oberflächenstruktur mit Effektgarnen.

Die Taille kann durch ein gehäkeltes oder gestricktes Bündchen geformt und durch ein eingenähtes Band verstärkt werden.

Gehäkelte Baskenmütze aus dicker Wolle

Materialverbrauch 100–150 g je nach Wollstärke

Häkelnadel: Nr. 7

Die Mütze wird mit doppeltem Faden gehäkelt. 4 Luftmaschen anschlagen und zu einem Ring schließen. In festen Maschen einen Teller häkeln von etwa 25 cm Durchmesser, gleich 13 Runden, gleich 78 feste Maschen.

Die nächste Runde wird ohne Zunehmen gehäkelt. In den folgenden 7 Runden werden gleichmäßig verteilt je 5 feste Maschen abgenommen, gleich 43 feste Maschen. Danach werden noch 2 Runden ohne Abnehmen gehäkelt.

Nach Belieben kann ein Pompon gefertigt und aufgenäht werden [*63*].

STRICKEN

Die älteste Maschentechnik ist das Stricken. Man glaubt mit Sicherheit, daß schon im Altertum gestrickt wurde, weil auf Bilddarstellungen griechischer Vasen und ägyptischer Wandbilder strumpfartige Gebilde zu sehen sind. Das Wort „stricken" ist althochdeutsch und bedeutet „verknüpfen". Ein sehr bekanntes Bild aus dem Buxtehuder Altar von Meister Bertram (um 1400) zeigt die Madonna, die mit vier Stricknadeln ein Kleidchen strickt. Vom 13. Jahrhundert an wurde das Stricken besonders in Italien und Spanien äußerst kunstvoll ausgeführt. Vor allem wurde feines Strumpfwerk für die Fürsten und Adligen angefertigt.

In den übrigen Ländern wurden besonders in den Bauernhäusern gestrickte Strümpfe und Jacken als Beiwerk zu den Landestrachten in den verschiedensten Mustern hergestellt. Selbstgesponnene Schafwolle diente als Material.

In der Zeit des Biedermeier (19. Jahrhundert) kamen gestrickte Decken aus feinstem Material in Mode. Das Stricken wurde eine beliebte Handarbeit über alle Jahrhunderte hinweg bis heute. Jede Spielart der Mode brachte hier neue Strickideen. Kleider, Pullover, Westen, Mützen, Schals, Handschuhe, Strümpfe aus Strick wurden zum festen Bestandteil der Garderobe.

Selbstverständlich hat auch das Industriezeitalter diese beliebte Maschentechnik aufgegriffen. Nachdem William Lee schon 1589 eine mechanische Strickmaschine erfunden hatte, begann im 19. Jahrhundert die maschinelle Fertigung von Strickerzeugnissen. Wegen der hohen Elastizität, der Anpassungsfähigkeit und Luftdurchlässigkeit erfreuen sich die maschinell gearbeiteten Strickwaren immer größerer Beliebtheit, zumal die Preise wegen der Serienfertigung niedriger werden. Die Entwicklung ist so weit vorgeschritten, daß sogar Anzug- und Mantelstoffe aus Strickwaren produziert werden.

Trotz des großen Konsumangebots an Fertigprodukten ist das Handstricken nicht aus der Mode gekommen. Nach statistischen Angaben stricken 80 Prozent aller Frauen der Bundesrepublik.

64

65 66

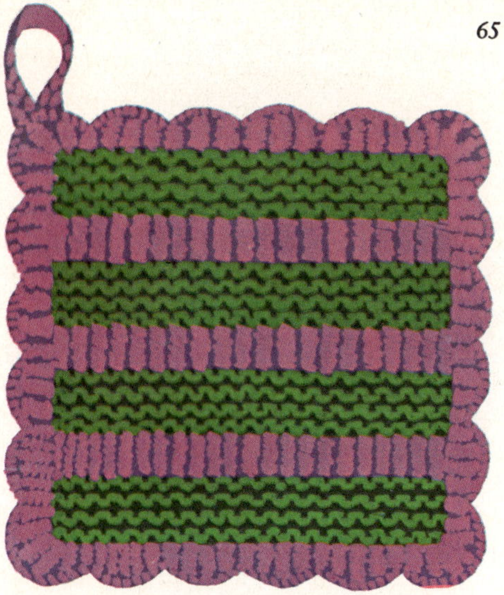

67

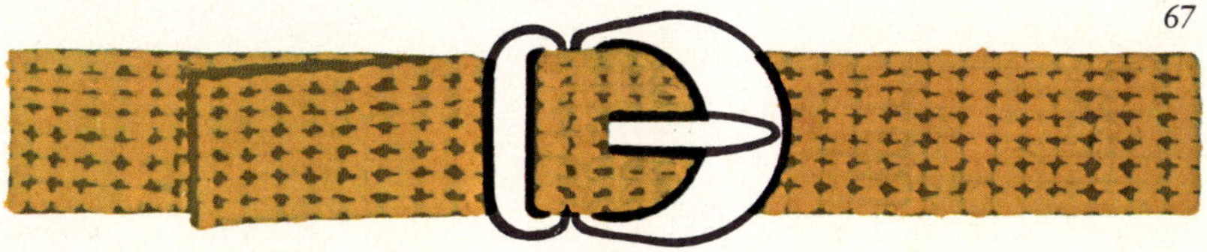

Der gestrickte Faden

Das Grundelement ist auch hier wie beim Häkeln die Masche. Ein praktisch endloser Faden wird fortlaufend verschlungen. Das Verschlingen geschieht mit 2 oder mehr Stricknadeln.

Je nach Art des Strickens verwenden wir:
eine Rundnadel zur Rundform,
2 Nadeln zur Fläche,
4–5 Nadeln zum Schlauch oder zur Hülle.

Das Stricken haben wir schon in der Grundschule in einfachen Maschen und Formen geübt. Wir können mit jedem Fadenmaterial stricken. Die Auswahl der passenden Nadeln richtet sich sowohl nach der Fadenbeschaffenheit als auch nach der Art des Strickwerkes. Farben und Materialien wählen wir nach der modischen Aktualität und der Zweckmäßigkeit des geplanten Gegenstandes.

Die Anwendungsbereiche des Strickens sind denen des Häkelns sehr verwandt. Die Mode bevorzugt mal die eine, mal die andere Technik.

Auftrag

1

Stricken von Flächen:

Topflappen, Krawatte und Gürtel, Dreiecktuch, Puppen und Tiere

Mit 2 Nadeln werden Maschen zu Flächen aufgebaut. Durch Ab- und Zunehmen wird die Form verändert.

Material

2

Wolle und Garne aller Art

jeweils 2 dem Garn entsprechende Stricknadeln

Verfahren

3

Topflappen

Hier wollen wir nicht nur die Stricktechnik üben, sondern durch Auswahl der Farbe und Flächeneinteilung ein dekoratives Stück für unsere Küche schaffen [*65*].

Krawatte

Sie ist als modische Ergänzung auf die Kleidung abzustimmen. Noppenwolle und Effektgarne sind dafür besonders geeignet [*66*].

Schal

Das Material für einen Schal soll weich und angenehm zu tragen sein. Neben dem Längsschal ist auch ein gestricktes Dreiecktuch sehr beliebt. Es kann als Kopftuch und auch vergrößert als Schultertuch benützt werden. Wir können es mit farbigen Streifen, Loch-

68

69

70

reihen und Strukturen interessant gestalten. Die Form ist ein gleichschenkliges Dreieck und wird von der Breitseite zur Spitze hin durch Abnehmen gebildet.

Gürtel

Im Gegensatz zum Schal wählen wir für einen Gürtel festes, sogar hartes Material (Kordeln und Leinengarn) [*67*]. Wir schlagen die Maschen nach der Breite des Werkstückes auf. Nach dem Arbeiten der Strickprobe stricken wir das gewählte Muster. Wir bilden den Reihenwechsel entweder durch eine Rand- oder durch eine Wendemasche. Die Flächen werden durch Abketten geschlossen. Die einzelnen Arbeitsschritte können wir auf dem Werkbogen ablesen.

Puppendecke oder Reisedecke

Gleichgroße quadratische Felder können zu einer Puppendecke oder je nach Größe zu einer Reisedecke zusammengefügt werden. Die Verbindung geschieht durch Nähen oder durch Häkelreihen [*64*].

Puppen und Tiere

Wie bei der gehäkelten Puppenkleidung arbeiten wir hier nach Schnittmustern. Dabei legen wir einfache Formen (Quadrat, Rechteck, Kreis) zugrunde (Schnittbogen für Puppen und Tiere). Wichtig ist, daß wir das Charakteristische des Tieres und der Puppe durch Farben und Material und durch besondere Schmuckelemente herausstellen (Röckchen, Haare, Schwanz, Augen).

Die gestrickten Schnitteile werden zusammengenäht und mit Füllmaterial ausgestopft (Diolen-Fill oder Textilabfall). Gestrickte Puppenkleidung wird wie beim Häkeln nach Schnittmustern gearbeitet.

Ebenso können wir alle modischen Strickwaren wie Pullover, Westen und Kleider nach Schnitten und Arbeitsbogen herstellen. Wir orientieren uns am besten an den aktuellen Mode- und Strickheften, die die Modelle mit der Mode laufend wechseln.

71

Schnittmuster zu den Modellen für Tiere und Puppen

Schnitt für Bärchen [*68*]

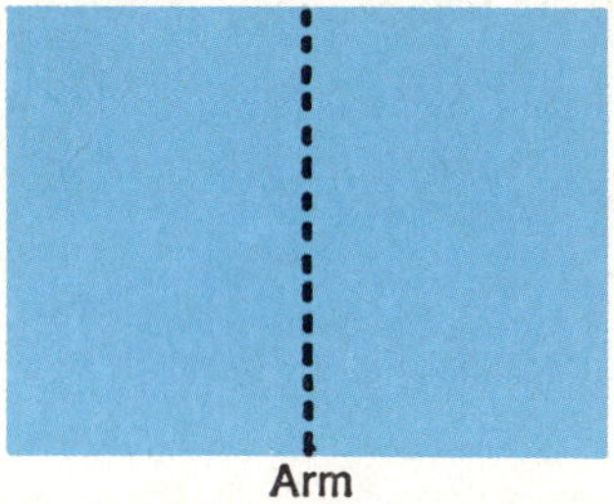

(doppelt stricken!)

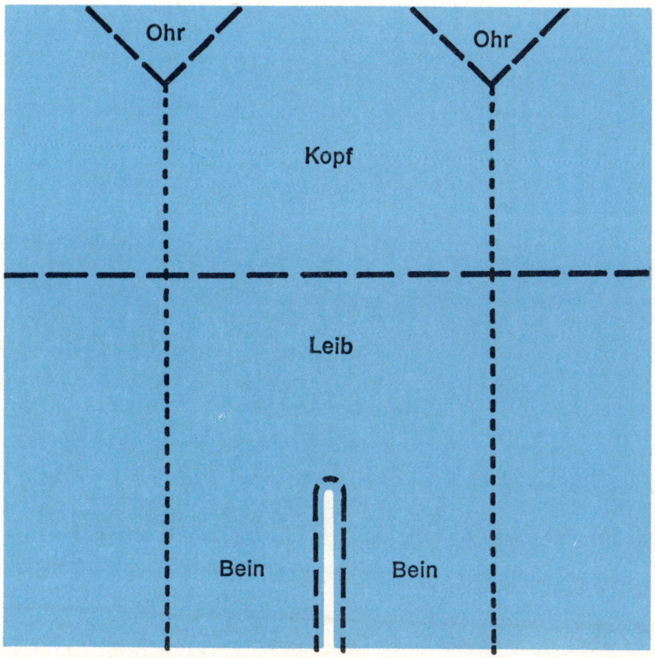

Schnitt für gestrickte Puppe [*69, 70, 71*]

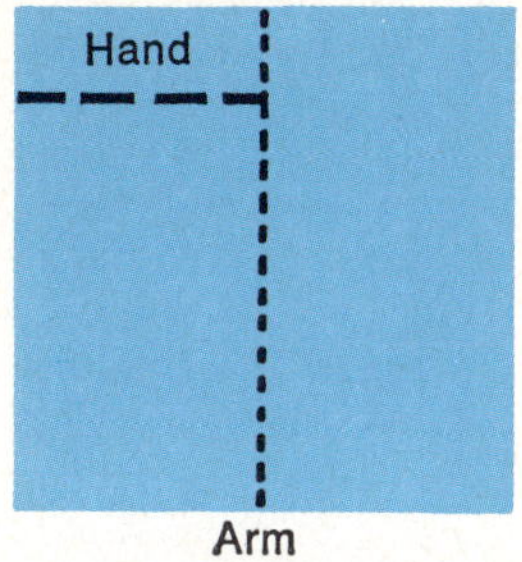

(doppelt stricken!)

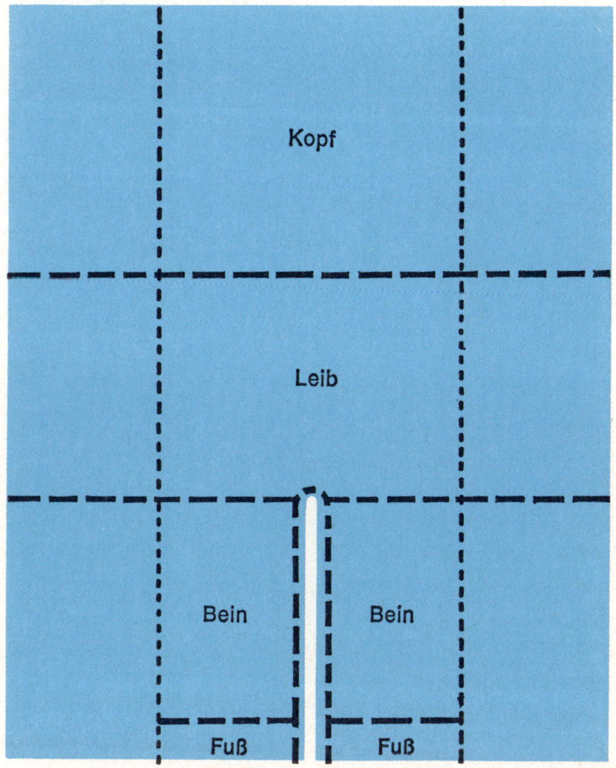

Was wir vom Stricken wissen sollten

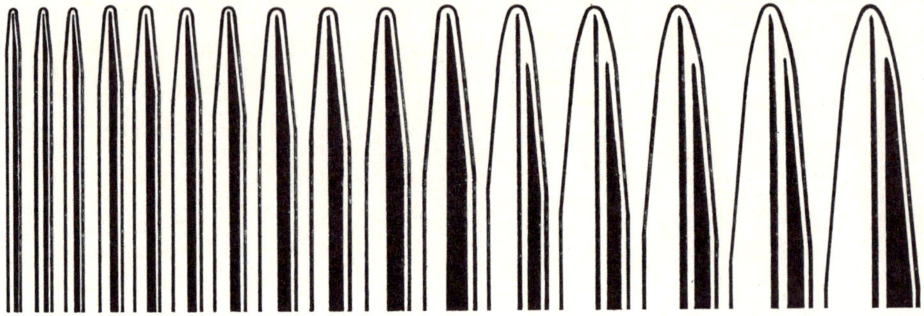

Die Stricknadeln:

Es gibt Nadelstärken von 1,5 bis 12 mm Durchmesser.

Das Strickwerkzeug

Für jedes Strickwerk benötigen wir die entsprechenden Stricknadeln.

2 Nadeln zum Flächenstricken,

1 Rundnadel zum Hüllenstricken, z. B. Rock,

4 Nadeln und 1 Nadel zum Hüllenstricken, z. B. Strumpf, Handschuh.

Stricknadeln und Strickgarn müssen aufeinander abgestimmt sein:

Die Stärke der Nadeln richtet sich nach

Musterbildung,

Verwendungszweck,

Stärke der Wolle.

Die Strickprobe

a) Wir probieren das Verhältnis zwischen Nadeln und Material aus.

b) Wir probieren die entsprechenden Muster aus.

c) Wir arbeiten eine Maschenprobe von 10 x 10 cm, wonach wir die Maschenzahl für unseren Schnitt berechnen können.

Diese Strickprobe heften wir als Arbeitsprobe in unserer Mappe ab.

Die Maschen

Anschlagmasche

Die Anschlagmasche wird aus 2 Fäden gebildet, dem Strickfaden und dem Anschlagfaden.

Wir messen den Anschlagfaden ab, gut 1 cm pro Masche.

Wir bilden eine Daumenschlinge. (1)

Wir stechen in diese ein, holen den Faden vom Zeigefinger und ziehen ihn durch die Daumenschlinge. (2)

Wir lassen die Daumenschlinge los und ziehen die Masche fest.

Man braucht so viele Anschlagmaschen, wie Maschen zur Strickerei erforderlich sind. (3)

Rechte Masche

Die linke Hand hält beim Stricken die Maschennadel, die rechte führt die Arbeitsnadel. Die Bewegungen zum Bilden der rechten Masche sind: Einstechen, Faden holen, Durchziehen und Abheben. (4)

Linke Masche

Der Arbeitsfaden wird vor die Nadel gelegt. Es wird eingestochen von rechts nach links, umgeschlagen, der Faden von unten nach oben durchgezogen und die neue Masche von der linken Nadel auf die rechte gehoben. (5)

Abketten

Die 1. und 2. Masche einer Reihe werden abgestrickt. Dann zieht man die erstgestrickte über die zweite. So geht es laufend weiter. (6)

Randmaschen

Für die Kettrandmasche stricken wir am Anfang jeder Reihe die erste Masche normal rechts. (7)

Am Ende jeder Reihe heben wir die letzte Masche nur ab; der Arbeitsfaden liegt dabei hinter der Arbeit. (8)

Wenn statt dessen eine Knötchenrandmasche entstehen soll, werden die erste und die letzte Masche rechts abgestrickt. (9)

Die Maschen

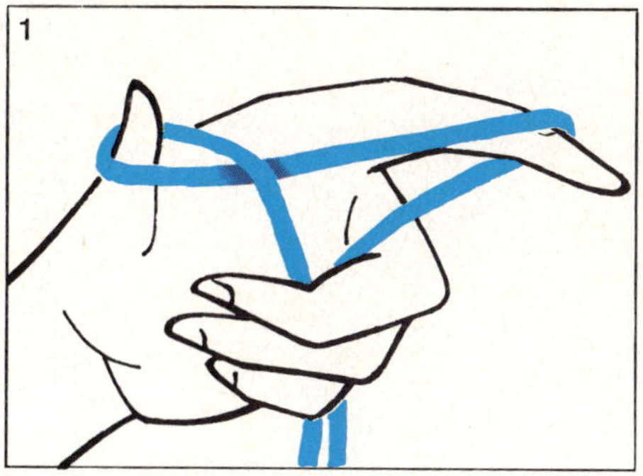

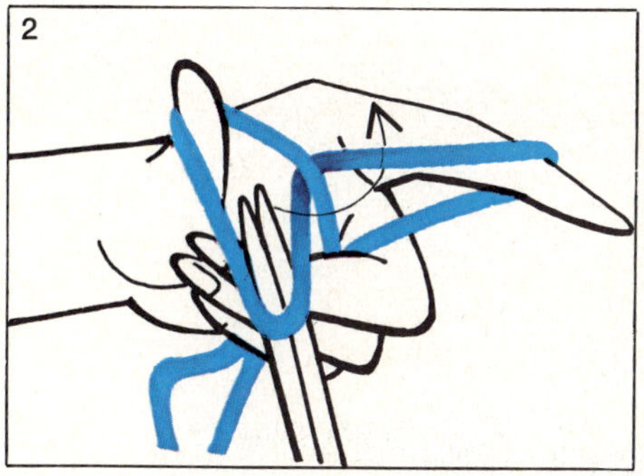

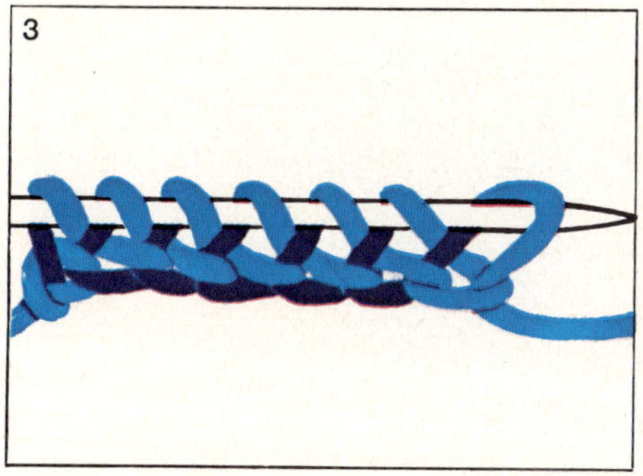

Rechte Masche

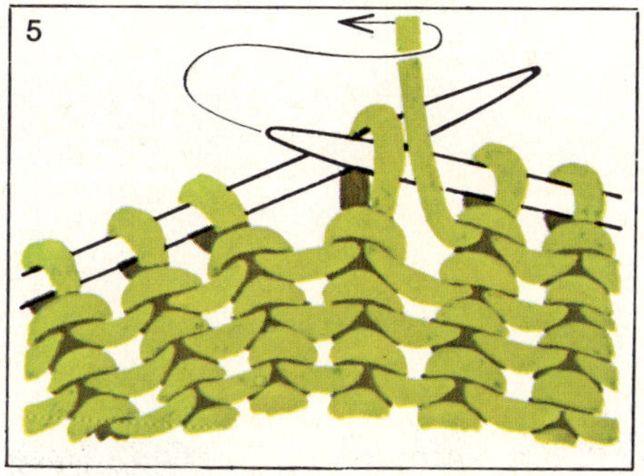

Linke Masche

Abketten

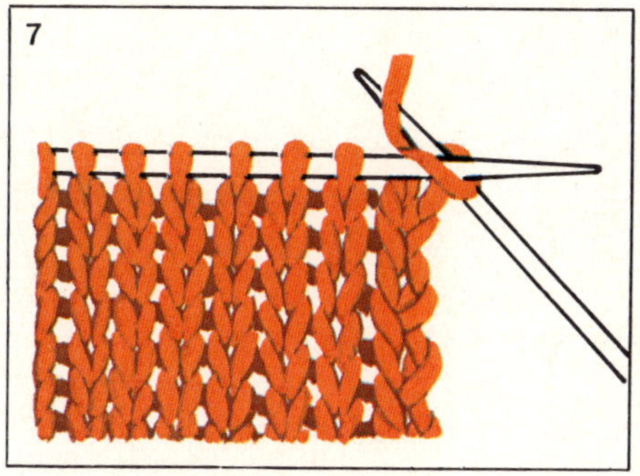

Kettrandmasche von vorne

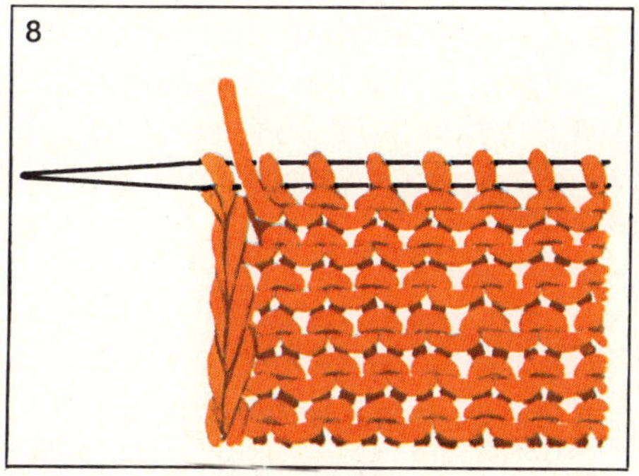

Kettrandmasche von hinten

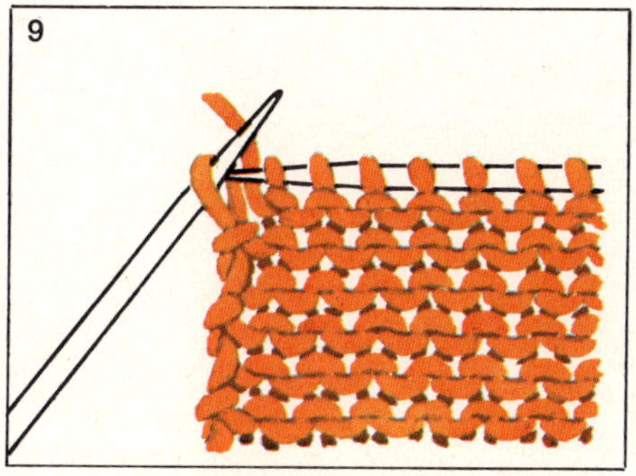

Knötchenrandmasche

Muster

Die Musterbildung geschieht:

durch Wechsel der Maschen, durch Wechsel des Einstichs.

Streifenmuster:

1 M. re. 1 M. li. oder 2 M. re. 2 M. li. (11)

Perlmuster:

1 M. re. 1 M. li., in der nächsten Reihe das gleiche versetzt. (12)

Patentstricken:

Der Maschenanschlag muß durch 2 teilbar sein.

1 M. re. str., bei der 2. M. den Faden vor die N. legen und die M. mit dem Faden li. abh., wiederholen!

2. Reihe: die M. mit dem darüberliegenden Faden wird re. gestr., die einfache Masche wird mit dem vorgelegten Faden links abgehoben. So wird ständig wiederholt.

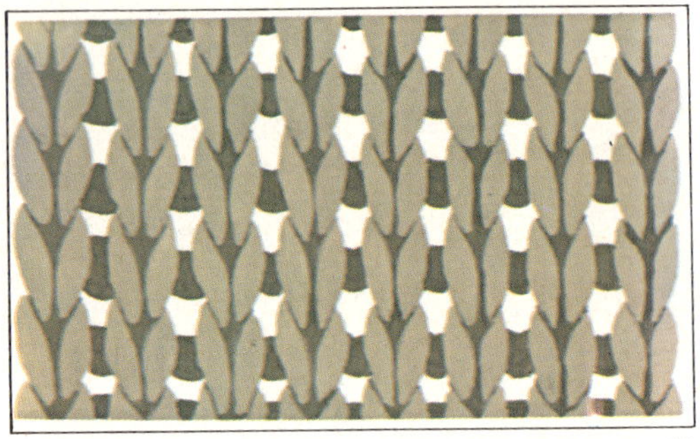

Rechtsgestrickte Fläche 10

Streifenmuster 11

Perlmuster 12

Form

Die Formbildung geschieht:

durch Zunehmen [*13–15*]

13

in der Reihe

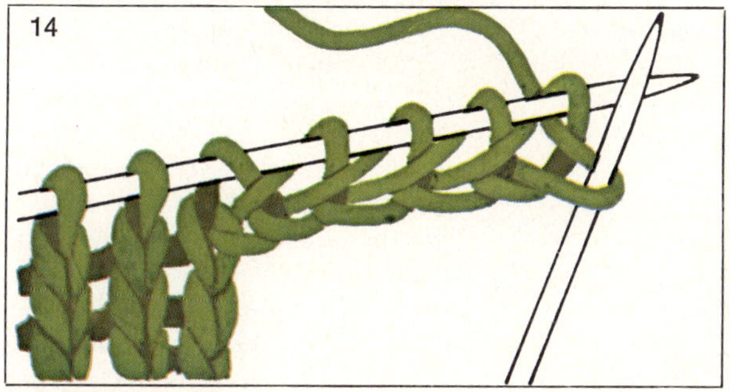

14

am Rand

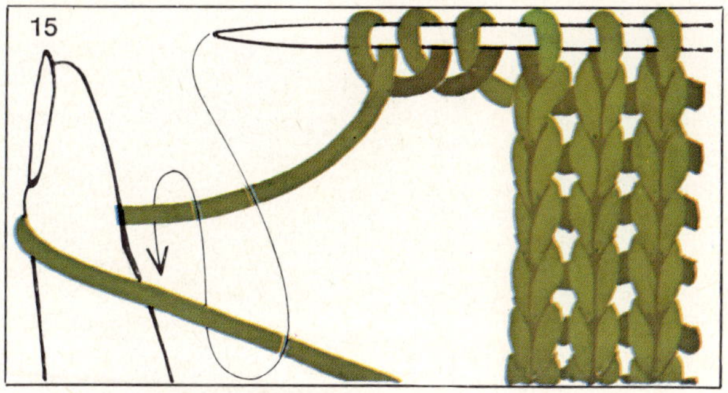

15

am Rand

durch Abnehmen [*16–20*]

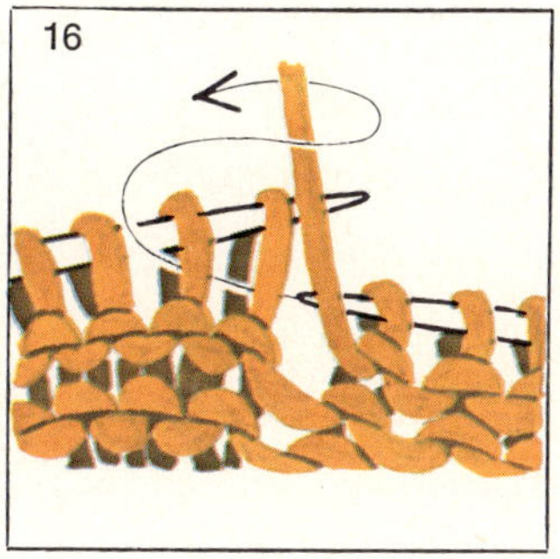

16

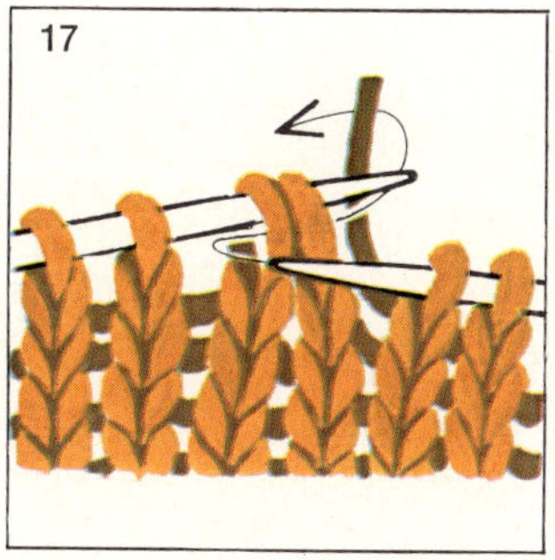

17

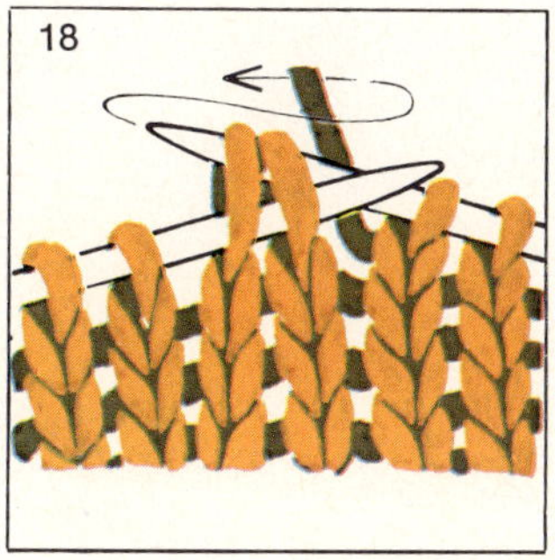

18

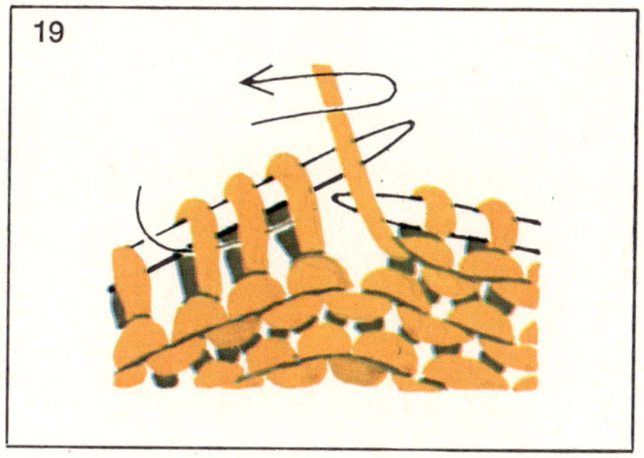

19

20

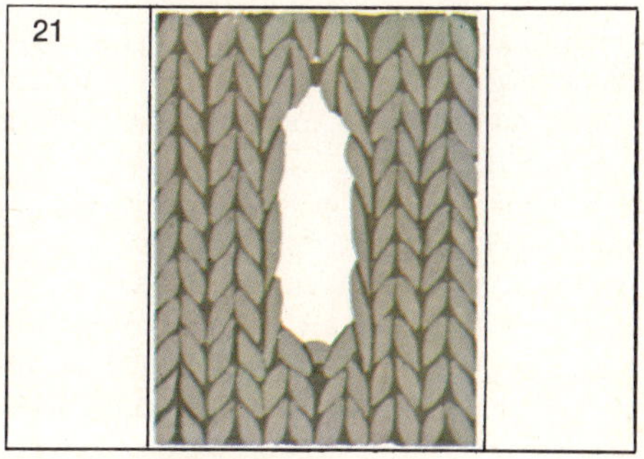

21

Schlitzknopfloch

Vom Gewebe

Vom Weben gibt es eine hübsche Geschichte aus dem alten Griechenland:

Penelope, die Gattin des griechischen Königs Odysseus, hatte während der Irrfahrten ihres Gemahls Mühe, ihre lästigen Freier hinzuhalten. Sie fing deshalb an, ein großes Stück Stoff zu weben.

Als die Bewerber sie drängten, ihnen ihre Hand und den Königsthron zu überlassen, sagte sie: „Erst muß ich das Leichengewand für den Vater meines Gemahls weben, dann kann ich mich für einen von euch entscheiden.“
Hört nun, wie klug und listig es Penelope anstellte!
Den ganzen Tag saß sie fleißig in ihrer Kammer am Webstuhl und wirkte an ihrem Gewebe.
Die Freier hofften sehr, sie würde bald fertig werden, und ihr Ziel wäre dann erreicht. In der Nacht beim Kerzenschein trennte die treue Ehefrau jedoch die Arbeit des Tages immer wieder auf.

So konnte Penelope die Freier so lange hinhalten, bis der Gemahl wiederkehrte.

Wir haben erlebt, wie sich der Faden als Linie verhält.
Wir haben die Veränderung der Fadenlinie zum Maschengebilde durchgeführt.
Die wichtigste Fadenverbindung ist das Gewebe.
Jedes Gewebe besteht aus sich kreuzenden Fäden [*1*].
Die gespannten Längsfäden nennt man Kette, die durchkreuzenden Querfäden heißen Schuß.
Die Verbindung von Kette und Schuß ergibt die Bindung des Gewebes.
Die Art der Bindung bestimmt den Aufbau oder die Struktur des Gewebes.
Wie beim Faden wird die Eigenart des Gewebes von der Art des Materials bestimmt. Wir kennen Gewebe aus den Naturprodukten Leinen, Wolle, Baumwolle, Bast und Hanf und aus den Chemiefasern Nylon, Perlon, Dralon u. a.
Es gibt verschiedene Verfahren, Gewebe herzustellen:
das Flechten, das Weben am Handwebrahmen, das Weben am Webstuhl, die maschinelle Fertigung.
Trotz der Vielfalt ist allen eine Eigenschaft gemeinsam:
Das Gewebe ist eine textile Fläche.
Wir wollen erfahren, wie ein Gewebe entsteht und wie wir es gestalten können:

1

2

Schon in der frühen Steinzeit gab es Gewebe. In völkerkundlichen Museen und Sammlungen finden wir Gewebereste, die aus Gräbern stammen.

Die frühesten Gewebe sind uns aus der Zeit 5000 v. Chr. bekannt. Der Mensch, der sich mit Fellen und Blattwerk bekleidete, begann Gewebe zu schaffen zum Schutze gegen Kälte und Hitze. Er schmückte sich damit und bekundete so seinen Reichtum.

Ägyptische Funde von Geweberesten stammen aus dem Jahre 2500 v. Chr. Sie weisen schon Muster und Ornamente auf.

Auf alten Reliefdarstellungen und Krügen sind Geräte, mit denen der Mensch webte, dargestellt.

Die frühesten Webgeräte sind einfache Flechtrahmen, die aus Baumstämmen und Astgabeln zusammengesteckt wurden.

Die ägyptischen Litzenwebstühle, die schon aus den Jahren 3000 v. Chr. bekannt sind, vereinfachten das Webverfahren.

Die germanischen Kammgeräte bildeten die Vorstufe zum Webstuhl, der sich bis in das vorige Jahrhundert nicht wesentlich veränderte.

Aus ihm entwickelte sich der mechanische Webstuhl, der heute als Webautomat den Markt versorgt.

Die einfachen Formen der Webgeräte bei vielen Völkern sind bis heute noch im Gebrauch. Mit ihnen werden Gewebe geschaffen, die wegen ihrer Ursprünglichkeit und schöpferischen Eigenwilligkeit gerade im technischen Zeitalter besondere Beliebtheit erfahren. Die Zeichnung 2 zeigt Motive aus Bildteppichen, wie sie Kinder in Ägypten weben.

ÜBER DAS FLECHTEN

Das Flechten ist eine Vorstufe zum Weben. Dabei werden Fäden, Bänder oder biegsame Stränge zu Flächen verkreuzt.

Bevor wir mit der Flechtarbeit beginnen, überlegen wir, wozu wir unser Werkstück später verwenden wollen. Je nach seiner Größe, Form und Farbe wählen wir die passenden Materialien aus.

Es bieten sich an:

sprödes Material:

Stroh, Bast, Peddig, Furnierholz und Draht

weiches Material:

Bänder, Kordeln, Streifen aus Stoff, Leder, Papier und Vlieseline

Die spröden, stabilen Materialien können nicht nur zu Flächen, sondern auch zu körperhaften Gebilden gestaltet werden (Körbe, Tabletts, Lampen usw.).

Wenn wir weiche Materialien verflechten, können wir einfache Webgeräte benutzen, die uns die Arbeit erleichtern.

3

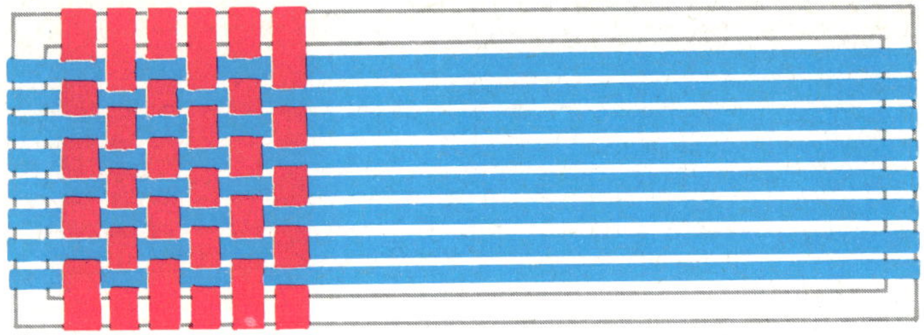

4

5 Kissen aus Stoffbändern, Studienarbeit

Auftrag

1

Flechten mit Bändern zu Flächen

Matte, Set

Die in Länge und Breite verflochtenen Bänder werden zur viereckigen Fläche.

Material

2

Bänder mit fester Kante aus Stroh und Bast, Leinen und Kunstfaser

Werkzeug:

Holzrahmen, fester Karton oder Holzplatte in Form eines Rechtecks, Lineal oder Maßband, Reißnägel, Stecknadeln, Nadel, Faden, evtl. Flechtnadel

Verfahren

3

Wir wählen das Material passend zum Gegenstand aus. Die Größe und die Form der Möbel und des Geschirrs bestimmen die Größe und die Form unseres Flechtwerkes (Papiermuster).
Auch Material und Farbe stimmen wir auf die Umgebung ab. Für Set und Matte verwenden wir waschbares oder abwaschbares Material. Der Flechtrahmen oder die Kartonplatte müssen die Größe des geplanten Gegenstandes haben.
Wir schneiden die Bänder etwas größer, damit wir sie auf den Rahmen spannen können. Wir legen sie dicht nebeneinander und halten sie mit Reißnägeln straff auf dem Gerät fest [3].
Auch bei den Querbändern berechnen wir eine entsprechende Zugabe, damit wir den Rand versäubern können.
Wir flechten sie mit den Fingern oder mit einer großen Flechtnadel im Stopfverfahren ein [4].

Durch den versetzten Einzug entsteht die Bindung.

Wir bilden Muster,

indem wir die Farben wechseln,

indem wir verschiedenartige Materialien miteinander verbinden.

Wir verflechten z. B.

Kette:		Schuß:
helle Borten	↔	dunklere Borten
Kette:		Schuß:
glattes Material	↔	Strukturmaterial
Kette:		Schuß:
blaues Leinenband	↔	rotes Leinenband

Über die Kanten der geflochtenen Matten können wir eine passende Borte mit der Hand oder mit der Maschine aufnähen. Wenn wir die Rückseite mit farbiger Folie bekleben, haben wir eine wasserdichte Unterlage für unseren Tisch.

6

7

Auftrag

1

Flechten mit Bändern zu Hüllen

Kissen, Tasche

Die geflochtenen Flächen werden zu Hüllen geschlossen.

Material

2

Kissen:

Bänder und Borte aus Seide, Samt, Rips, Leinen, Leder [*5*]

Tasche:

Bänder und Zöpfe aus jeglichem textilen Material, aus Stroh, Leder und Kunstfasern, Rahmen, Reißnägel [*7*]

Verfahren

3

1. Wenn das fertige Kissen 40 cm im Quadrat messen soll, benötigen wir ein geflochtenes Rechteck von doppelter Länge, also 40 x 80 cm.

Wir wählen den entsprechenden Rahmen und schneiden die Bänder für Kette und Schuß (Zugabe!). Die Farben und Materialien stimmen wir auf die Umgebung ab.

Der Aufbau des Flechtwerks kann geschehen:
- durch Farbwechsel in Kette und Schuß,
- durch Anordnung der Farben von Hell nach Dunkel,
- durch Kontraste (rot und blau, schwarz und weiß),
- durch Verbindung verschiedenartiger Materialien wie Samt und Ripsband, glänzende und stumpfe Seide usw.

Wir arbeiten Vorder- und Rückseite in einem Stück, schließen die Nähte auf der linken Seite und verstürzen.

Wir können das Kissen mit einer Kunstfaser (Diolen-Fill) füllen. Da diese Füllung mitgewaschen werden kann, wird das Kissen einfach zugenäht. Falls wir ein Feder- oder Kapokkissen einstecken, arbeiten wir einen Verschluß (Reißverschluß, Knöpfe oder Haken).

2. Aus dem geflochtenen Rechteck können wir verschiedene Taschen arbeiten; eine Beuteltasche mit Henkel oder eine Abendtasche mit Bügel oder Umschlag.

Durch Falten eines Papierbogens bekommen wir die rechte Vorstellung von der Form unserer Tasche. Material und Farben stimmen wir auf unsere Kleidung ab.

Wir flechten eine dichte, rechteckige Fläche nach unserem Papiermuster. Sollte das Material nicht fest genug sein, versteifen wir die linke Seite mit Bügelvlieseline. Wir füttern mit einem Material, das in Farbe und Stärke mit dem Flechtwerk harmoniert. Aus dem gleichen Material wie die Tasche flechten wir einen Henkel. Er wird zwischen Futter und Außenhülle fest eingenäht oder außen entlanggeführt [*6*]. Wir könnten die Taschenöffnung auch mit einem Reißverschluß verschließen.

Bei einer Abendtasche ist die Gestaltung ganz besonders von der Auswahl des Materials abhängig. Sehr hübsch ist die Wirkung, wenn wir Rips- und Samtbänder schachbrettartig miteinander verflechten [*4*]. Auch die Kombination von Brokat- und Spitzenbändern ist sehr schön. Im Handel finden wir dazu Bügel in den verschiedensten Formen und Materialien.

Nachdem wir die Seitennähte der Tasche bis auf einen Schlitz geschlossen haben, nähen wir die Oberkante des Flechtwerks und Futterstoffes fest an den Bügel.

Überschlagtaschen nähen wir zusammen, nachdem wir sie mit Vlieseline versteift und abgefüttert haben. Wir können als Verschluß die neuen farbigen Druckknöpfe wählen oder einen schönen Knopf mit passender Schlinge.

Einfache Flecht- und Webgeräte

Pappe

Metallrahmen

Tafelrahmen mit gebohrten Löchern

Holzrahmen mit Nägeln

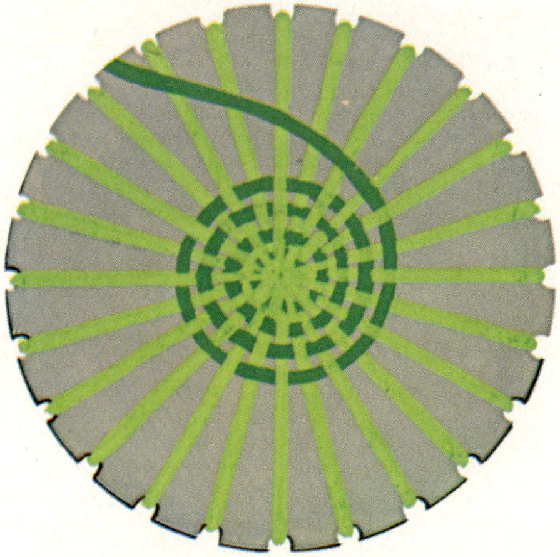

Rundpappe eingekerbt

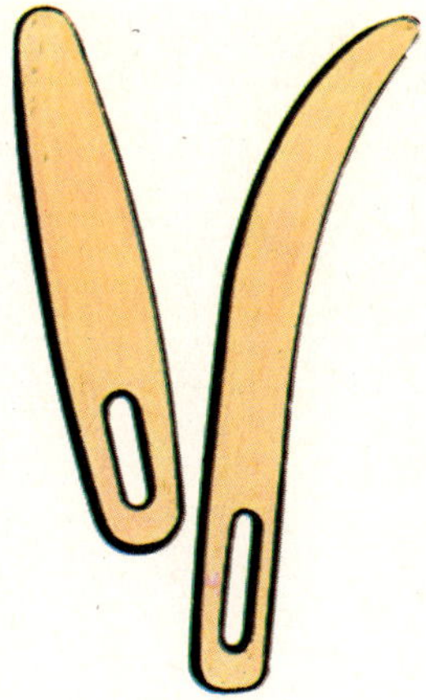

Flechtnadeln

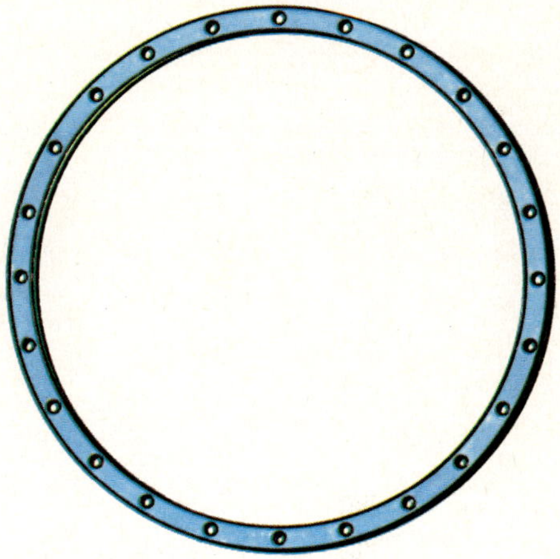

Reifen:
in Holz mit gebohrten Löchern

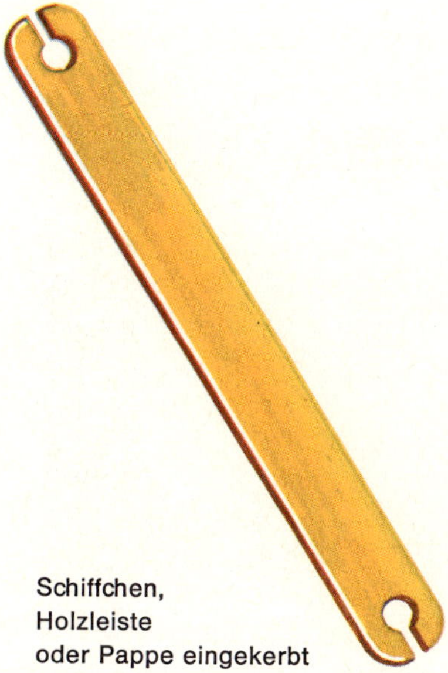

Schiffchen,
Holzleiste
oder Pappe eingekerbt

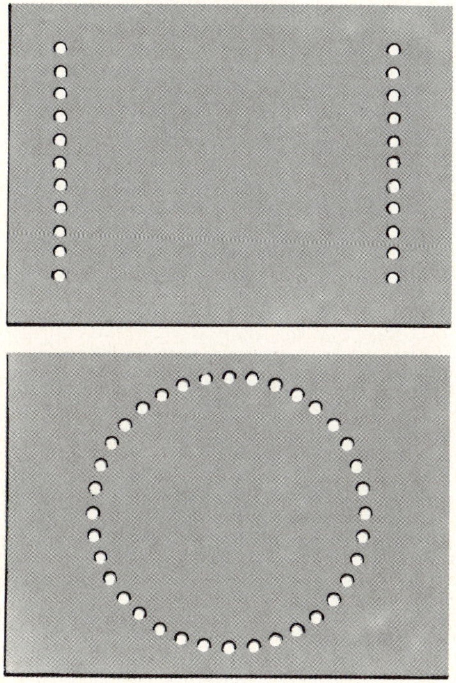

Webkärtchen (10 x 10 cm) gelocht,
fester Karton, für Webproben

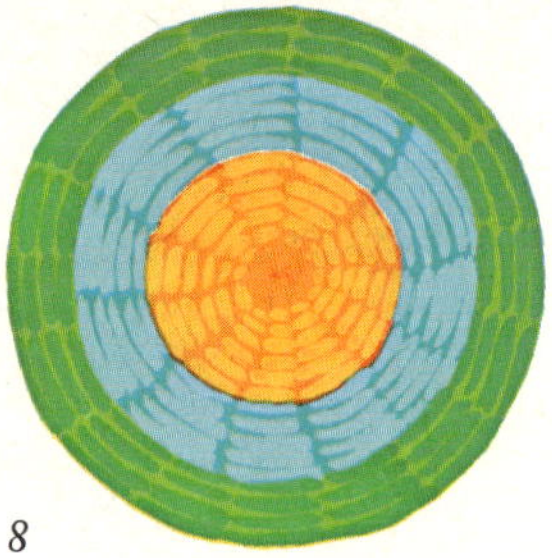

8

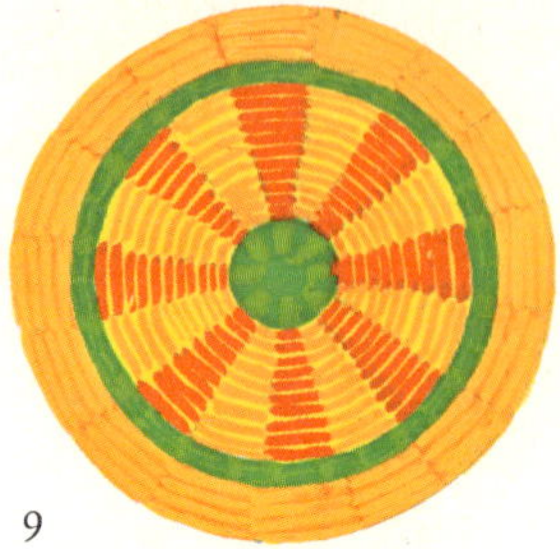

9

10

Auftrag

1

Rundflechten

Untersetzer oder runde Matten

In eine sternförmig angeordnete Kette wird die Fadenlinie spiralig eingeflochten.

Material

2

Bast oder Kunstfaser, Kordel, Leinengarn, Sisal, Hanf, Baumwolle

Arbeitsgeräte:

Runde Webkärtchen aus Pappe, Zirkel, Pappmesser, Schere, Flechtnadel

Verfahren

3

Wir stellen unser Webkärtchen selbst her (Arbeitsbogen!). Die Größe richtet sich nach dem gewünschten Maß der Matte.

Wir spannen die Kette sternförmig über die Pappe. Anfang und Ende verknoten wir sorgfältig auf der Rückseite.

Den Einzugsfaden (Schuß) stopfen wir mit der Flechtnadel vom Mittelpunkt aus rundum ein. Die ungerade Zahl der Kettfäden ergibt einen regelmäßigen Übergang von Reihe zu Reihe. Wir flechten bis dicht an den Rand und heben sorgfältig ab. Ungenaue Ränder versäubern wir mit einem Flechtband. Lange Kettfransen können wir verknoten und nach links vernähen.

Muster entstehen:

durch Farbwechsel,
durch unterschiedliches Material.

Durch vorheriges Aufzeichnen und Malen auf Papier können wir eine gute Flächengliederung finden und reizvolle Matten gestalten [*8*, *9*, *10*].

Korb mit Puppen

11

Auftrag

1

Rundflechten zur Fläche und zum Körper

flächig: Untersetzer – räumlich: Korb

Stabiles Material wird kreisförmig verflochten. Durch Dehnen und Anziehen wird die Fläche zur körperhaften Form.

Material

2

Binsen, Weiden, Peddigrohr (Stärke 5 + 2)

Verfahren

3

1. Stabiles Material (Stärke 5) kann frei und ohne Gerät verflochten werden.

Statt der Kette umflechten wir hierbei „Staken". Dazu messen wir den Durchmesser der gewünschten Kreisfläche aus und schneiden die Staken zu (5 cm Zugabe!).

Diese werden zu einem Stakenkreuz aufgelegt. Wir brauchen dazu 12 Staken (6 + 6).

Wir verwenden dünnes Material (Stärke 2). Dieses Flechtrohr wird eine halbe Stunde vorher eingeweicht, damit es geschmeidig wird.

Wir umflechten den Mittelpunkt der Staken, 3 Runden hin, 3 Runden zurück.

Nun fügen wir einen weiteren Staken ein, damit wir zum Flechten in der Runde eine ungerade Zahl haben. Wir ziehen die Staken etwas auseinander und beginnen mit dem Rundflechten.

Ist die Kreisform groß genug, schließen wir sie mit einem einfachen Rand ab. Dazu werden die überstehenden Staken gleichmäßig abgeschnitten und bogenförmig in das Flechtwerk zurückgesteckt.

2. Zum Korbflechten benötigen wir entsprechend lange Staken. Wir beginnen wie beim Untersetzer mit dem Stakenkreuz und flechten einige Reihen zur Fläche. Die Wölbung entsteht durch starkes Anziehen des Flechtrohres. Wir können verschiedene Muster ausprobieren und anwenden.

Auch die Ränder können durch verschiedene Abschlüsse gestaltet werden.

(Abbildungen zum Verfahren auf dem folgenden Arbeitsbogen S. 66)

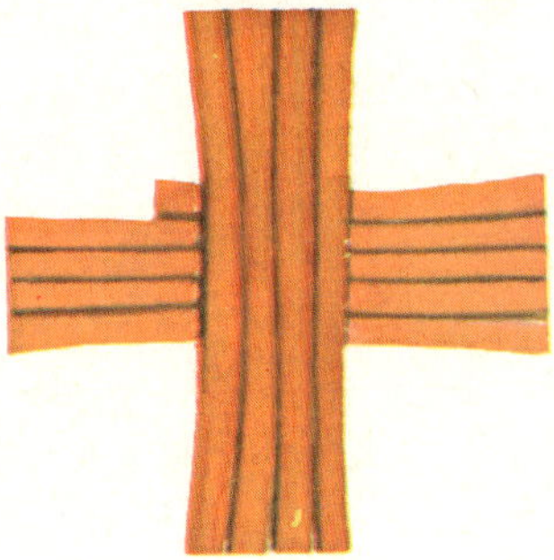

Stakenkreuz

Umflechten des Mittelpunktes

Rundflechten

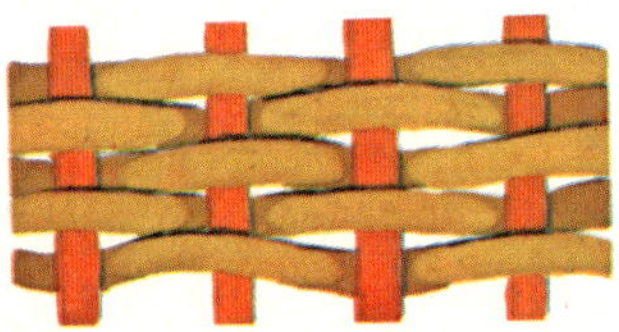

Flechtmuster mit einem Rohr

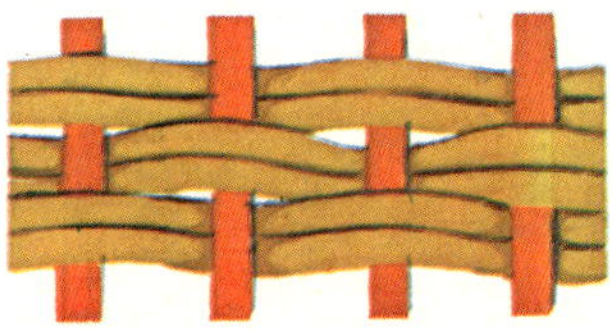

mit doppelten Rohren

Ösen-Abschluß

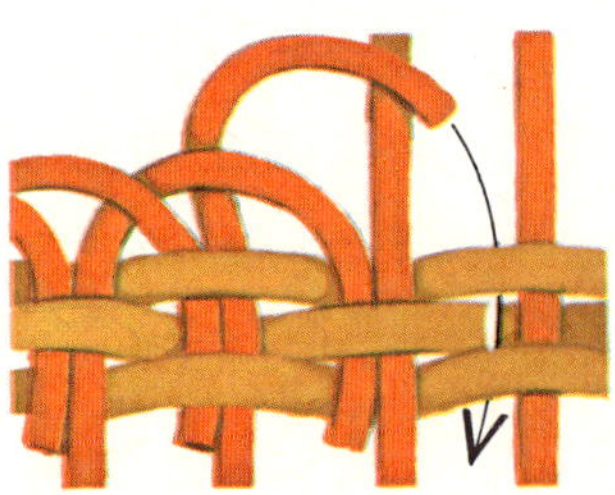

Bogen-Abschluß

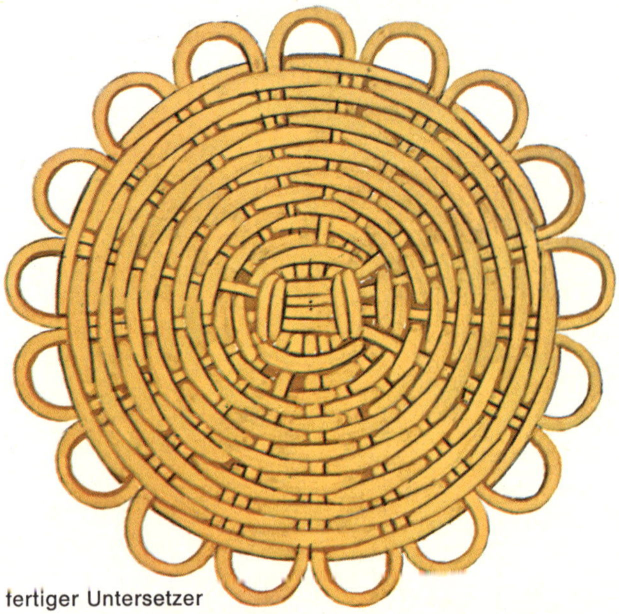

fertiger Untersetzer

12

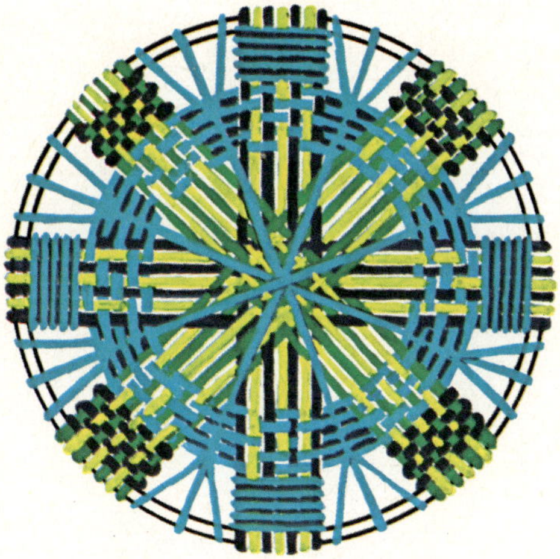

13

14

FLECHTWEBEN

Auftrag

Freie Formspiele im Reifen oder Metallrahmen

Freie Verflechtungen ergeben ein Wechselspiel von Fadenlinien und dichten Feldern zu bildhafter Form [*12, 13, 14*].

Material

Feste Kette aus Wolle, Kordel, Hanf oder Leinen, Schuß aus den verschiedensten Materialien (auch Naturmaterial),

Reifen aus Holz oder Metall, Rahmen

Verfahren

Beim Holzreifen werden die Kettfäden durch eingebohrte Löcher gespannt, beim Metallrahmen werden sie angeknotet. Um ein Verrutschen zu vermeiden, kann der Metallrahmen auch zuerst mit Garnmaterial umwickelt werden.

Im Gegensatz zum Rundflechten auf einer Pappform können wir schon beim Spannen mit der Gestaltung beginnen. Wer gern experimentiert, kann in einer groben Kette sehr interessante Formspiele erfinden. Der Schuß wird unregelmäßig eingestopft. Die Felder sind nicht miteinander verbunden. Die Kette spielt in der Wirkung mit und bleibt als Liniengitter stehen. Sie paßt sich der Form an und darf in das Muster einbezogen werden. Hierbei spielt die Farbe meist eine untergeordnete Rolle, wichtiger ist die Strukturbildung [*15*].

Die Fläche bleibt transparent und wird nicht wie beim Teppich geschlossen.

Die Arbeit verbleibt auf dem Metall- oder Holzrahmen, der gleichzeitig Halt und Abschluß gibt. Das fertige Bild können wir vor das Fenster oder unter die Decke eines Raumes frei aufhängen.

Auch Figuren können wir ausweben und in den Kettfäden stehenlassen. Die Kette sollte sich dann in der Farbe anpassen. Wir können diese Formwebereien auch auf der Rückseite versteifen (Tapetenkleister), vom Rahmen ablösen und als Gemeinschaftsarbeit auf einen Behang aufnähen.

15

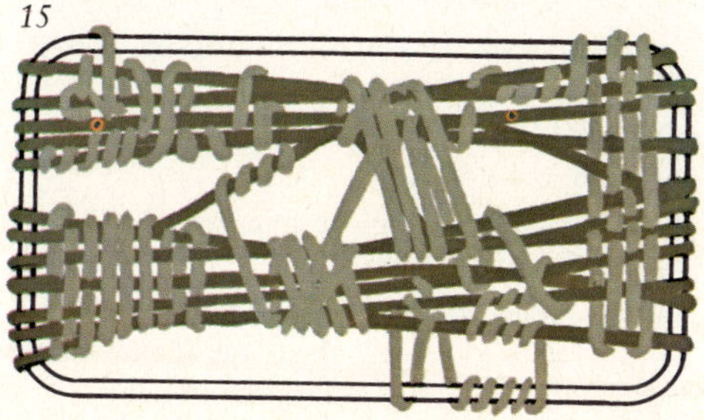

Über das Weben

Wir wollen das Grundsätzliche über das Weben festhalten:

Jedes Gewebe besteht aus sich verkreuzenden Fäden.

Die gespannten Längsfäden nennt man Kette.

Die durchkreuzenden Querfäden heißen Schuß.

Kette und Schuß ergeben die Bindung.

Es gibt verschiedene Arten von Bindungen. Die Grundbindungsarten heißen:

Leinenbindung
Köperbindung
Atlasbindung (Satin)

Von ihnen leiten sich alle übrigen Bindungen ab.

Auf unseren Schulgeräten arbeiten wir in der Regel nur die Leinenbindung.

Wir können sie abwandeln in:

Ripsbindung und
Panamabindung

Welche Geräte verwenden wir beim Flechten und Weben?

Wir beginnen mit Karton, Platten, Rähmchen aus Holz oder Metall. Später weben wir auf dem Handwebrahmen, vielleicht sogar auf einem Webstuhl.

Welche Materialien können wir verweben?

Zum Weben eignet sich jegliches Fadenmaterial wie: Wolle, Leinen, Baumwolle, Seide, Kunstfaser; aber auch Stroh, Bast, Hanf, Binsen, Peddigrohr, Kordeln, Lederstreifen, Stoffstreifen, Rohwolle usw.

Welche Muster und Gewebebindungen können wir ausführen?

Die wichtigsten Gewebebindungen lernen wir auf dem Arbeitsbogen S. 82/83 kennen. Muster können wir als Abwandlungen der Bindungsarten und aus dem Zusammenspiel von Farbe und Material erfinden.

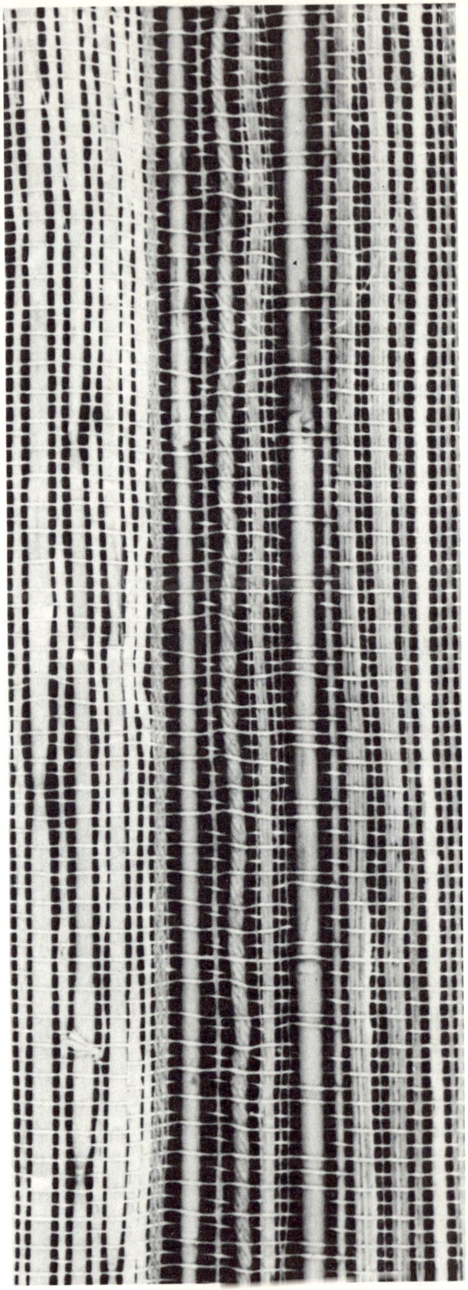

16 Gewebestruktur

Auftrag

1

Weben auf Karton

Matte (Leinenbindung) [*17*]

Die kreuzförmige Fadenverbindung von Kette und Schuß ergibt die Leinenbindung.

Material

2

Kette: Bindfaden oder Schnur

Schuß: Bast, Sisal, Leinengarn, Wolle, Baumwolle

Webgeräte:

Karton, Holz- oder Metallrähmchen

Die Größe des Kartons oder Rahmens richtet sich nach den Maßen des Werkstückes (nicht größer als 30 cm!); evtl. Kamm, Schiffchen oder Holzstäbchen.

17

Verfahren

1. **Wir spannen die Kette**
   (Arbeitsbogen Weben)

a) Über den Karton:

Der Kettfaden wird einmal um den Karton geschlungen und festgeknotet. Dann wird er durchgehend straff um den Karton gewickelt und dabei jedesmal in die Kerben eingelegt. Das Ende wird fest verknotet. Die Ober- und Unterkanten können durch ein Klebeband verstärkt werden.

b) Über den Rahmen:

Der Kettfaden wird am ersten Nagel befestigt und von oben nach unten straff über die Nägel verspannt (0,5–1 cm Zwischenraum je nach Material!).

Auch hier wird das Ende wieder sorgfältig verknotet. Wenn wir einen Metallrahmen benutzen, werden die Fäden rundum gespannt oder einzeln oben und unten festgeknotet.

2. **Wir wickeln den Schußfaden auf das Schiffchen**

Der Schußfaden wird an einer Kerbe des Schiffchens angeknotet und aufgewickelt. Das Bündel sollte nicht zu dick werden, damit es gut durch die Ketten schlüpfen kann. Dickes Schußmaterial wird mit der Hand oder mit einer Flechtnadel eingeführt.

3. **Wir weben**

Wenn die Kette straff gespannt und das Schiffchen gewickelt ist, können wir mit dem Weben beginnen.

Als erstes schieben wir ein Lineal oder ein Holzstäbchen in die Kette ein. Stellt man es hochkant auf, gliedert sich die Kette, und es bildet sich das Fach.

In die Fachöffnung schieben wir nun das Schiffchen mit dem Schußfaden ein. Er muß immer locker im Bogen liegen, damit sich die Webkanten nicht einziehen. Wir schlagen den Schußfaden mit einem groben Kamm leicht an, so daß der Kettfaden sichtbar bleibt.

In der Gegenrichtung wird mit dem Schiffchen eingestopft. Beide Reihen ergeben die Bindung.

Der Kettfaden und der Schußfaden überkreuzen sich. Wir haben eine Leinenbindung.

Im Wechsel der Reihen entsteht in schneller Form das Gewebe.

Ist die vorgesehene Fläche fertiggewebt, wird die Kette vom Gerät abgelöst, beim Karton wird sie hinten aufgeschnitten. Die Kettenenden bilden Fransen. Sie werden je nach Materialstärke in Zweier-, Vierer- oder Sechserbündel abgeknotet und gleichmäßig beschnitten. Man kann die Knotenbündel als zierenden Abschluß stehenlassen oder in der Stoßkante unauffällig nach links vernähen (S. 27/28).

Flächen- und Farbgliederung und einfache Webmuster finden wir im Kapitel Fadenwickeln.

Webstopfen am selbstgebauten Rahmen

So wird die Kette gespannt

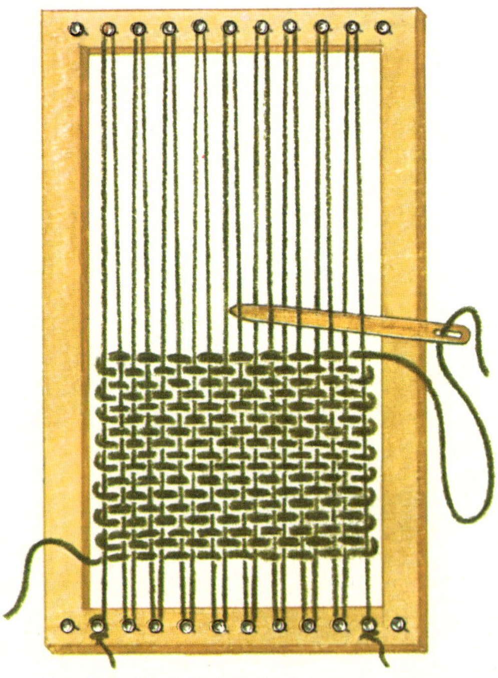

Der Schuß wird eingelegt

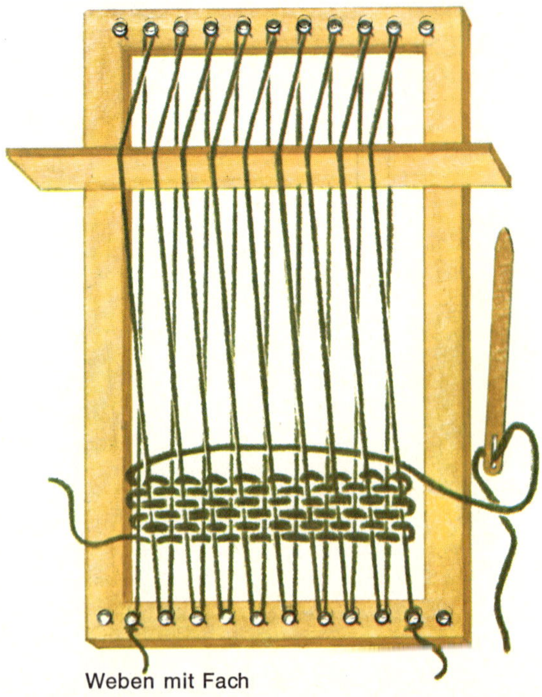

Weben mit Fach

18

19

Auftrag

1

Kartonweben in Ripsbindung

Kleine Bildweberei – Gobelintechnik

Auf der gespannten Kette werden freie Webfelder bildhaft zusammengefügt.

Material

2

Kette: Festes Garnmaterial in Baumwolle oder Hanf

Schuß: Wolle und Garnreste aller Art aus unserer Materialsammlung

Geräte:

Starker Karton oder kleiner Rahmen in entsprechender Größe, Flechtnadel, Teppichnadel

Verfahren

3

Wir stellen geeignetes Material zusammen. Die Kette wird über den Karton oder den Webrahmen fest aufgespannt.

Wir könnten für diese Webarbeit einen Entwurf als Papier- oder Stoffcollage gestalten. Die Maße der Collage entsprechen dem Maß unserer Webarbeit. Geeignete Themen nehmen wir aus unserer Umwelt: Bäume und Blumen, Tiere und Menschen, Häuser und Burgen, Köpfe, Masken.

Wollen wir in unserer Klasse die Bildwebereien als Gemeinschaftsarbeit zusammenstellen, stimmen wir Thema, Farben und Maße aufeinander ab (z. B. Tiere im Zoo, Paradies, Schiffe im Hafen u. a.).

Zunächst weben wir mit dem Schiffchen oder der Flechtnadel einen festen Rand von ca. 3 cm Höhe an. Er hat die Grundfarbe des Bildes, die dann in die Farbfelder des Bildes mit einbezogen wird.

Wir legen unseren Entwurf unter die Kette [*18*].

Nun stopfen wir die Farbfelder des Bildes mit der Nadel ein. Dabei können wir die Formen beliebig in Stufen, Diagonalen, Rundungen und Bögen aufbauen (S. 85).

Während des Webens gewinnen wir soviel Erfahrung, daß wir unsere Formen nicht unbedingt an das Vorbild des Entwurfes binden müssen. Wir dürfen Farben und Bildaufbau frei erfinden [*19*].

Die Fadenenden lassen wir auf der Rückseite hängen, sie werden später eingestopft. Wir schließen unser Bild wiederum mit 3 cm Stoßkante ab. Die Kette wird gelöst, die Kettfäden verknotet.

Die Gemeinschaftsarbeiten werden passend zusammengenäht.

Gemeinschaftsarbeit
6. Schuljahr

20

BILDTEPPICHE

21 Bildstudie

Viele Völker der Erde haben ihre Webereien nicht nur zur Herstellung von Kleidung und Schutzdecken genutzt. Seit Menschengedenken finden wir in der Weberei auch die bildhafte Darstellung, sei es als Ornament an Kleidung und schmückendem Beiwerk, oder auf Teppichen, die den Boden oder die Wand zieren.

Am meisten bekannt sind wohl die Teppiche des Orients, die mit herrlichen Mustern und Farben, Blumen und Vögeln, Pflanzen- und Tierformen mosaikartig geknüpft sind. Man nimmt an, daß die Nomaden die Bilder der prachtvollen Mosaiken aus den heimatlichen Palästen ins Textile übersetzten. In die Felder der Teppiche knüpften sie Muster und Ornamente in den herrlichsten Naturfarben. Diese Teppiche begleiteten sie auf ihren Reisen und Kriegszügen. Damit wurden Wände und Böden der Zelte bedeckt. Eine besondere Art in Muster und Form waren und sind die Gebetsteppiche, auf denen man während der Fahrten mit dem Gesicht nach „Mekka" betete.

22 Ältester bekannter Teppich, Altai (Südsibirien), ca. 500 v. Chr.

Die ältesten Teppichfunde aus dem Altai-Gebirge stammen ungefähr aus der Zeit um 2000 v. Chr. In einem alten Märchen wird erzählt, daß ein Fürst sich vor einem langen Kriegszug einen Teppich knüpfen ließ, auf dessen Mitte er thronend sitzen konnte. Rings um ihn sprossen auf dem Gewebe alle Pflanzen, Vögel und Tiere seiner Palastgärten. Seine Jagdgebiete und Heldentaten waren eingewebt worden; so hatte er bei den Wanderungen durch die Wüste die fehlende Pracht seiner Gärten um sich und konnte wie in einem bunten Geschichtsbuch lesen.

Die bekanntesten und edelsten Knüpfteppiche stammen aus Persien, Syrien und der Türkei. Sie waren schon früh begehrte Exportartikel für die westlichen Länder.

Aber auch die Teppiche aus Asien, China und Indien haben ihre eigenen kostbaren Bilder und Ornamente.

Im Abendland hatten Teppiche nicht nur ihre Bedeutung als Bodenschmuck, sondern mehr als Wandschmuck. Sie wurden auch nicht geknüpft, sondern gewebt, „gewirkt" sagen die alten Berichte. Auf großen Wirkstühlen wurden die Bilder in farbigen Feldern gearbeitet.

Im frühen Mittelalter entstanden die Teppiche meist in Klosterwerkstätten und schmückten die Wände der Kirchen und Burgen. Figuren von Engeln und Heiligen erzählten wie auf alten Glasfenstern die Geschichte der Bibel.

Später wurden die Teppiche prunkvoller. Die Vorlagen wurden von Malern nach alten Sagen und Geschichten hergestellt. Die Teppiche schmückten dann die Schlösser der Fürsten und die Häuser der reichen Bürger. Immer mehr Menschen wollten mit einem Teppich ihre Räume schmücken. So entstanden Manufakturen, die Teppiche für den Handel herstellten. Nach dem bekannten Hause der Manufaktur „Gobelin" bekam der Bildteppich dann den Namen „Gobelin", unter dem er bis heute noch bekannt ist.

Im Laufe des 16. Jahrhunderts wurde Brüssel zur Hauptstadt europäischer Bildweberei. Je mehr der höfisch-repräsentative Stil sich ausbreitete, um so mehr wurde der Teppich zur Tapete. Tapisserie nannte man die riesigen Wandbehänge, die immer mehr ihren textilen Reiz verloren und allmählich verflachten.

Erst in der modernen Zeit wurde die Schönheit des Teppichs sowohl für den Boden als auch als Bildbehang wieder neu entdeckt.

Angeregt von den Teppichen, die aus Skandinavien, aus Peru und Mexiko zu uns kamen, wurden die Formen mehr aus dem Material und aus der einfachen Ornamentik entwickelt.

In einem Dorf in Ägypten webten Kinder wie ihre koptischen Vorfahren so zauberhafte Bildteppiche, daß sie in der ganzen Welt berühmt wurden.

In Frankreich griffen moderne Maler die alte Tradition des Gobelins begeistert auf und schufen in neuerstandenen Werkstätten (Aubusson) großartige Bildteppiche, die in Museen und Bauten der modernen Architektur bewundert werden können. Der bekannteste französische Bildschöpfer ist Lurcat.

Aber auch in Polen, Rumänien, in den Balkanländern entstehen neue moderne Teppiche, die in Material, Farbe und Form besondere Originalität aufweisen.

Die moderne Architektur mit ihren großen schlichten Formen, mit geraden, nackten Wänden aus Beton fordert geradezu das belebende Element des Teppichs, dessen Farben, Muster und vor allem dessen Material Leben und Wärme in die Räume bringen.

Das Weben am Rahmen

Der Handwebrahmen

Wir weben in der Schule meist an Flachwebrahmen in den Breiten von 50 cm oder 80 cm.

Zu jedem Webrahmen gehören:

Zwei Seitenbalken mit Kammstützen oder Halteklammern zum Anschrauben [*1*].

Zwei Querwalzen mit Holzzargen:

der Kettbaum zum Aufhängen und Aufbäumen der Kette (mit Zahnrad) [*2 a*],

der Warenbaum zum Aufbäumen des Webstückes [*2 b*].

Beide Begriffe „Kettbaum und Warenbaum" wurden aus dem Weberhandwerk übernommen.

Zwei Webkämme oder Gatterkämme mit der Einteilung von Loch und Schlitz zur Gliederung der Fadenlagen in Oberfach und Unterfach [*3*]:

a) feiner Kamm: 40 Fäden auf 10 cm,
b) grober Kamm: 20 Fäden auf 10 cm.

In der Regel benutzen wir den feinen Kamm zur Leinenbindung, den groben Kamm zur Ripsbindung.

Zwei Schiffchen für die Schußfäden [*4*].

Trennstab für die Musterung [*5*].

Zwei Spannzwingen zum Wickeln der Kette [*6*].

Wir setzen den Rahmen sorgfältig zusammen und achten darauf, daß das Zahnrad des Kettbaumes in die Klammern der Seitenbalken einrasten kann.

Die Kammträger werden so angeschraubt, daß die Flügelschrauben nach außen stehen [*1*].

Der Kamm wird zum Einzug der Kette auf die Auflageklötzchen gebunden. Die Walzen stellen wir mit den vorgesehenen Schrauben fest [*2 b*].

Der Handwebrahmen

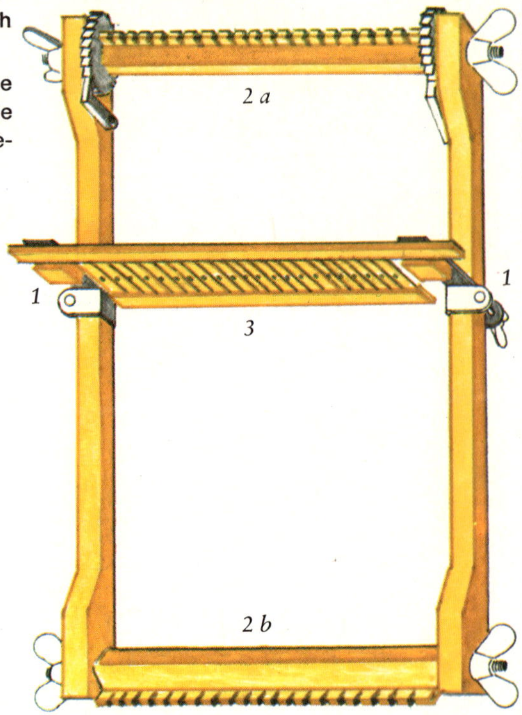

Wickeln des Kettstranges

7 Das Einziehen der Kette

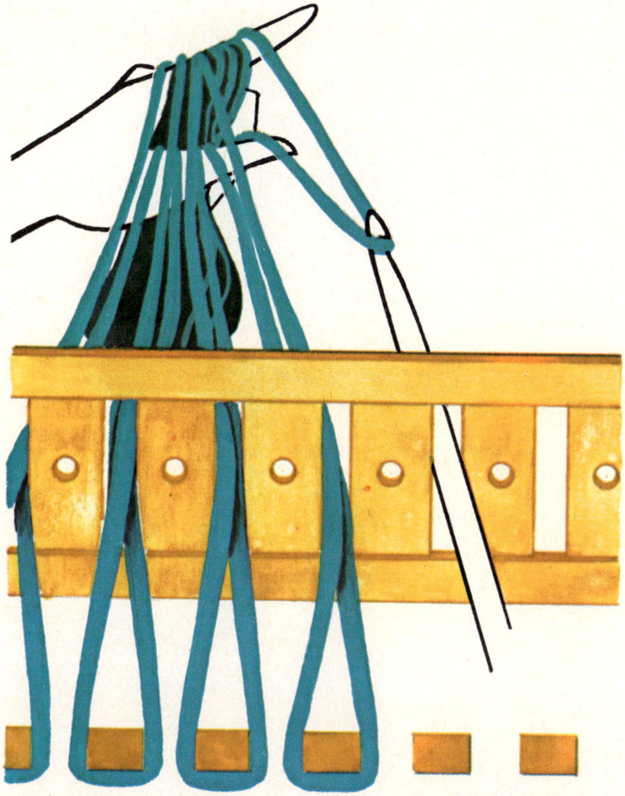

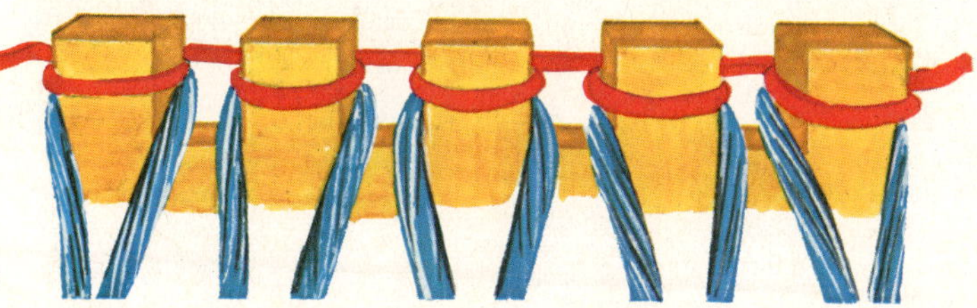

8

Die Kette wird eingerichtet:

Die Kette ist der gespannte Gewebefaden.

Die Anzahl der Fäden ermitteln wir aus der Breite des Gewebes.

Die Länge der Fäden ermitteln wir aus der Länge des Gewebes.

An einem Beispiel erläutern wir den Vorgang der Berechnung einer Kette:

Kissen

Wir messen die gewünschte Größe des Kissens.

Gewebelänge insgesamt	100 cm
Gewebebreite	60 cm

Die Kettlänge:

Gewebelänge	100 cm
+ Kettverlust ca. (Einzug und Einweben)	40 cm
Länge der Kette	140 cm

(Bei einer längeren Kette geben wir je Meter 10 cm mehr zu, Spannmöglichkeit bis zu 6 m auf einem 80-cm-Rahmen.)

Die Kettbreite:

Die Einteilung des Kammes bestimmt die Gewebeart.

Gewebebreite mal Fadenzahl des Kammes ergibt die Anzahl der Kettfäden:

a) Kissenbreite 60 cm, Leinenkamm = 40 Fäden auf 10 cm = 240 Fäden

b) Kissenbreite 60 cm, Ripskamm = 20 Fäden auf 10 cm = 120 Fäden

Unsere Kette auf einem Leinenkamm gespannt ist 140 cm lang und hat 240 Fäden.

Wir wickeln den Kettstrang

Die Spannzwingen aus dem Gerätekasten spannen wir in der Entfernung von 140 cm an einem Tisch auf [6]. Das Fadenende des Knäuels wird angeknüpft. Nun wickeln wir regelmäßig rundum einen Strang. Anfangs- und Endknoten dürfen nur an den Bruchkanten angeknüpft werden, auf der Bahn der Kettfäden dürfen keine Knoten sein.

Wir wickeln 240 Fäden = 120 Runden. Zur besseren Zahlübersicht werden je 20 Runden gebündelt. Der fertige Strang wird abgehoben. Wir binden den oberen Fadenbruch mit einem bunten Faden ab und schneiden den unteren Fadenbruch auf.

Wir ziehen die Kette ein:

Der Rahmen wird flach auf den Tisch gelegt. Wir binden den entsprechenden Kamm (40 auf 10 cm) auf die Auflageklötzchen fest. Nun setzen wir uns mit dem Kettstrang vor den Kettbaum des Rahmens. Wir legen den Fadenbruch über den Zeigefinger und halten mit den übrigen Fingern den Kettstrang fest. Mit einer dünnen Häkelnadel ziehen wir die Kette ein. Wir heben sorgfältig Fadenbruch um Fadenbruch ab und ziehen die Schlingen mit der Nadel durch den Schlitz des Kammes [7]. Wir hängen sie genau gegenüber vom Schlitz auf die Zarge der Walze ein. Bei dichter Fadenfolge sind die Abstände dichter, bei grobem Kamm weiter. Wir richten uns nach dem Kamm.

Wenn unser geplantes Gewebe nicht die ganze Kammbreite einnimmt, wird der Einzug auf die Mitte des Kammes verteilt.

Haben wir alle Fäden durch den Schlitz eingezogen, so empfiehlt es sich, sperriges Material wie Hanf oder Leinen abzusichern. Die einzelnen Zargen umwickeln wir mit einem dünnen Wollfaden, damit der Fadenbruch nicht verrutschen kann [8].

Wir bäumen die Kette auf:

Das Aufwickeln der Kette auf den Kettbaum nennen wir Aufbäumen. Wir arbeiten dabei mit zwei Personen, davon dreht einer die Walze, der andere sortiert und spannt die Fäden vor dem Kamm. Wir legen die Abdeckung auf die Zargen und drehen sie mit einem geschickten Griff ein. Erst dann streichen wir die Fäden vor dem Kamm aus, damit wir die Fadenmitte nicht verschieben. Auch wenn sich die Fäden vor dem Kamm immer wieder tückisch verwirren, können wir sie leicht mit den Händen auskämmen. Während vor dem Kamm die sortierten Fäden gegriffen und strammgezogen werden, wird die Walze Stück um Stück weitergedreht. Wir achten darauf, daß alle Fäden gleichmäßig stramm eingezogen werden und keine Knoten vor dem Kamm liegen. Unter regelmäßigem Ausstreichen, Strammziehen und Aufwickeln bäumen wir die Kette so weit auf, bis die Fadenenden 10 cm vor dem Kamm liegen. Alle Schwierigkeiten einer evtl. verwirrten Kette lösen sich dabei auf, weil wir das untere Ende des Stranges aufgeschnitten haben [9].

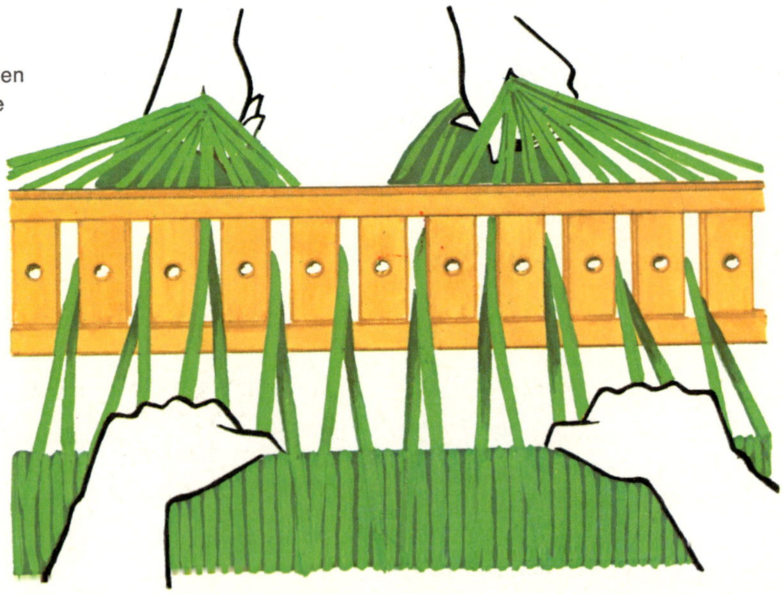

9 Das Aufbäumen der Kette

Wir ziehen den Kettfaden durch das Loch des Kammes:

Wir ziehen mit der Häkelnadel den zweiten Faden aus dem Schlitz in das danebenliegende Loch ein. Die Fäden am Anfang und Ende lassen wir doppelt stehen. Auf dem Kamm sind nun regelmäßig alle Fäden auf Loch und Schlitz verteilt.

10

Wir schneiden evtl. unterschiedliche Fadenlängen gleich.

Wir spannen die Kette:

Nun lockern wir die Walze des Kettbaumes und ziehen die Kette bis zu 15 cm über den Warenbaum.

Wir greifen zwei oder vier nebeneinanderliegende Fäden, ziehen sie ganz stramm über die Holzzargen und wickeln sie fest. Dabei legen wir um den ersten Zargen herum und zurück und lassen das Ende der Fäden über drei bis vier Zargen auslaufen [*11*].

11

Alle Fäden sollten gleichmäßig stramm gespannt sein.

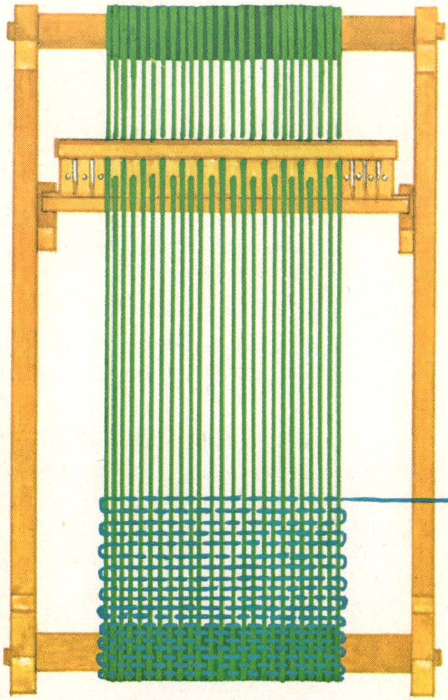

Lockere Fäden können mit einer Häkelnadel nachgezogen werden. Sprödes Material wird auch auf dem Warenbaum mit einem Wollfaden umwickelt.

Nun wickeln wir den Schußfaden auf ein Schiffchen und können mit dem Weben beginnen.

12

Wir weben auf dem Handwebrahmen

Das Weben auf dem Handwebrahmen geht natürlich schneller als das Flechten und Stopfen an selbstgefertigten Geräten. Der Kamm nimmt uns das Überspringen der Kettfäden ab.

13 Das Einlegen des Schußfadens

Wir lösen den Bindfaden vom Kamm, die Halterung schrauben wir so weit nach vorn, daß der Kamm in einem Abstand von ca. 35 cm zum Webstück liegt. Beim Fortschreiten der Arbeit wird er weiter nach oben gerückt. Dieser Vorgang ist wichtig, weil ein zu weiter Anschlag mit dem Kamm unsere Kette schleißen läßt.

Wir legen nun den gespannten Webrahmen auf unsere Knie und stützen ihn auf einer Tischkante auf.

Wir probieren das Auflegen und Unterschieben des Kammes auf die Kammstützen aus und sehen dabei, wie sich der Faden in Loch und Schlitz verhält: es bildet sich eine Teilung der Fäden, eine Fachöffnung.

Wir legen auf: es bildet sich das Oberfach.

Wir schieben unter: es bildet sich das Unterfach.

Nun schieben wir das Schiffchen in das Oberfach ein und lassen den Faden locker liegen. Wir wechseln und schieben das Unterfach ein. Wir greifen mit beiden Händen die Enden des Kammes und schlagen jede Reihe leicht an. Im Wechsel von Ober- und Unterfach entsteht die Bindung. (Über Bindungen und Musterbildung S. 82)

In regelmäßigem Wechsel des Einschusses entsteht nun das Gewebe. Wir achten dabei auf die Schlaufenbildung an der Webkante.

Wird die Stoffbahn länger und können wir nicht mehr mit dem Kamm nachrücken, wickeln wir die Fäden des Kettbaumes weiter ab. Dazu lösen wir zunächst die Klammern am Zahnrad und ziehen die Schrauben des Warenbaumes heraus. Wir decken die untere Walze mit einem Pappstreifen ab und drehen sorgfältig unser Webstück ein. Sollten in der Folge Unregelmäßigkeiten entstehen, können wir die lockeren Fäden am Kettbaum mit einer kleinen Papierwalze unterlegen.

Gerissener Kettfaden wird durch einen neuen ersetzt, den man unmittelbar über dem Webstück anknotet, durch den Kamm zieht und am Kettbaum mit dem alten Faden verknüpft. Beim Weiterwickeln lösen wir die Schlaufe, und der Faden läuft weiter mit.

Wenn unser Gewebe fertig ist, schneiden wir die Kette ab und lösen es vom Rahmen.

Wir können vorher mit einer Luftmaschenkette abschließen. Die Fransen werden zunächst leicht verknotet oder mit der Maschine schnell abgekurbelt.

Das Gewebe wird gewalkt

Damit das Gewebe zum fertigen Stoff wird, müssen wir es „walken". Kleine Webarbeiten werden leicht gedämpft. Stofflängen werden über Nacht in feuchte Tücher eingerollt. Dabei öffnen sich die Poren der Wolle. Wenn wir nun leicht dämpfen oder mangeln, schließen sich alle Unregelmäßigkeiten. Wir helfen evtl. mit dem Kamm nach. Nun ist das Gewebe weich und geschmeidig, und wir können es ohne Sorge vor dem Einlaufen weiterverarbeiten.

23

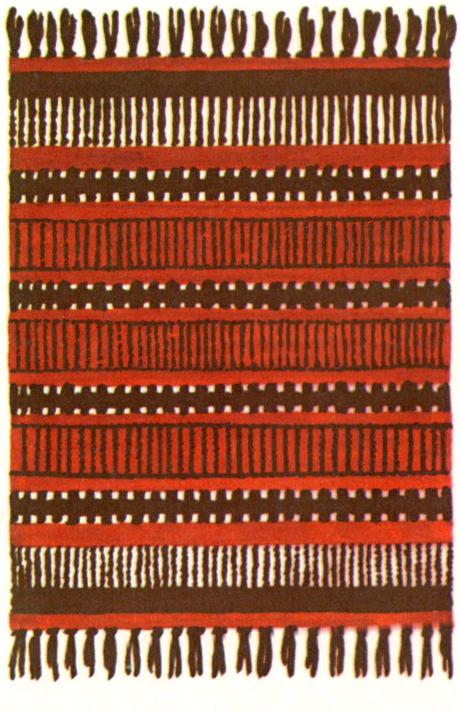

24

Auftrag

1

Weben am Handwebrahmen:

Läufer als rechteckige Flächenform [*23*]

Tischläufer: Leinenbindung

Truhenläufer: Ripsbindung [*24*]
evtl. Teppich

Das langgestreckte Rechteck des Läufers wird durch Webstruktur und Gliederung in Farbe und Formen bestimmt.

Material

2

a) Tischläufer:

Leinengarn, waschbare Garne aus Kunstfaser

b) Truhenläufer:

Wolle, Garne aller Art, Leinen, Bast

Geräte:

Handwebrahmen mit Zubehör

Verfahren

3

Bevor wir mit der Arbeit beginnen, müssen wir einige Überlegungen treffen, die zum richtigen Einkauf und zur passenden Materialauswahl wichtig sind:

Welche Farben und Materialen herrschen im Wohnraum vor? Wir stimmen unser Werkstück auf die Umgebung ab.

Wie groß soll der Läufer werden? Wir messen das Möbelstück aus und machen einen Papierschnitt.

Welchen Zweck soll der Läufer erfüllen? Wenn der Tischläufer beim Kaffee- oder Teetrinken benutzt wird, soll er waschbar sein.

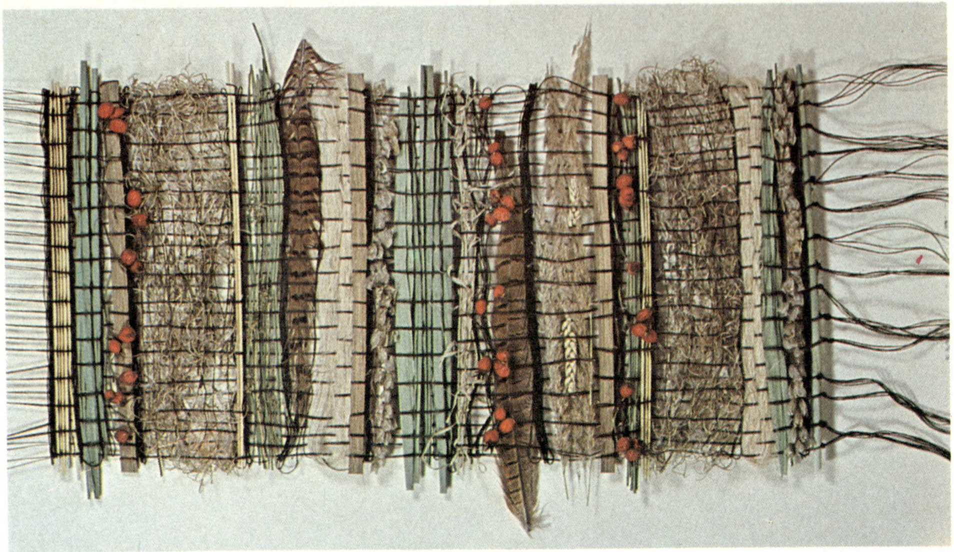

25 Läufer aus Naturmaterial, Schülerarbeit

26 Bildweberei „Fische"

Nun können wir mit Maßen und Farbangaben das geeignete Material einkaufen.

Wir bereiten die Kette vor.

Wir machen ein Webkärtchen als Muster aus Material und Farbe.

Wir weben unseren Läufer.

Die Abschlußfäden der Kette werden verknüpft. Sie bilden einen schmückenden Rand.

Der Truhenläufer darf bei einer einfarbigen Truhe sehr farbfreudig und interessant gemustert sein. Wir können auch Ornamente in Gobelintechnik einweben, die allerdings mehr Arbeit und Zeit erfordern als Muster in Leinenbindung.

Wenn wir einen Läufer für den Fußboden arbeiten, benötigen wir eine feste Hanfkette. Das Schußmaterial könnte sein: Streifen aus Stoffresten (Flickerlteppich), Filz, Bast, Stroh, Haargarn oder ungesponnene Rohwolle. Beide Enden des Läufers werden mit einer gewebten festen Stoßkante (8 cm) verstärkt. Der Schuß wird fest angeschlagen. Eventuell helfen wir mit einem Eisenkamm nach.

Rohwolle wird mit den Händen eingelegt. Nach zwei Reihen Wolle kommt ein Zwischenschuß von zwei Reihen Hanf, damit der Läufer Halt bekommt.

Die Kettfransen werden verknotet. Sie bleiben als Zierfransen stehen oder werden in die Stoßkante eingenäht.

Muster entstehen durch Einlegen der Formen und Farben wie beim Bildweben. Dekorative Läufer können auch als Wandteppich aufgehängt werden [26, 27].

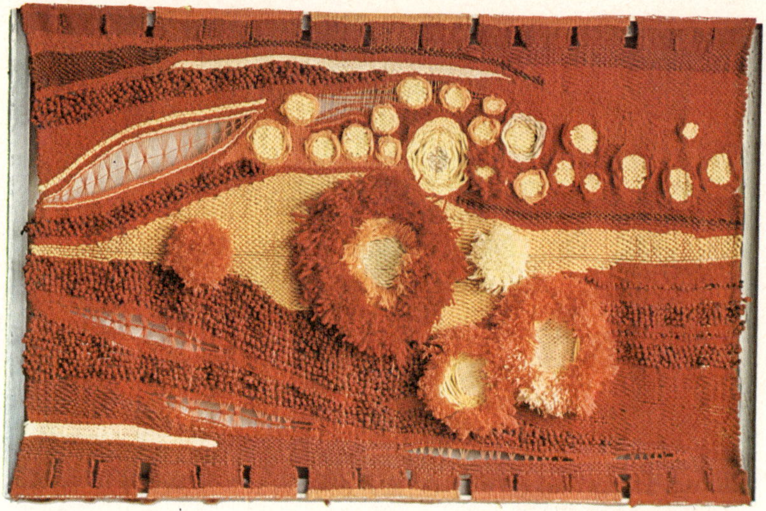

27 Wandbehang, gewebt und geknüpft, Studienarbeit

Auftrag

1

Weben am Handwebrahmen

Stoff für ein Kissen, einen Stuhlbezug

Aus der gewebten Stofffläche wird durch Schließen der Nähte eine plastische Hüllenform.

Material

2

Fäden aus Wolle, Baumwolle, Leinen in verschiedenen Farben, Reißverschluß, Knöpfe, Nadel, Handwebrahmen und Zubehör

Verfahren

3

Wir treffen die entsprechenden Vorbereitungen zum Einkauf und zur Auswahl des passenden Materials. Wir bestimmen

a) Größe und Form des Kissens (Papierschnitt),

b) Farbe und Material im Hinblick auf Möbel und Farben des Raumes.

Ein Kissen kann schlicht und einfarbig als quadratische Hülle gestaltet werden. Lange Rollen oder rechteckige Schlauchkissen sind augenblicklich sehr beliebt. Ein alter Stuhl kann durch einen neuen Bezug ein neues Gesicht bekommen. Wir richten uns aber immer nach den Farben des Raumes, der Vorhänge, der Polstermöbel und Teppiche. Wir probieren an einem Webkärtchen die Wirkung der ausgewählten Farben aus (s. Wohnraumgestaltung S. 156).

Nun können wir entsprechend einkaufen oder Material aus unseren Beständen zusammenstellen.

Wir spannen die Kette und weben.

Der fertige Stoff wird zur Hülle geschlossen, d. h. seitlich mit der Hand oder der Maschine zusammengenäht. Wir füllen mit einer fertigen Kissenfüllung oder arbeiten die entsprechende Form aus Diolen-Fill. Dieses Material ist eine watteartige waschbare Fläche, die durch Rollen und Schichten jede Form annehmen kann.

Wir können die Kissen mit einem Reißverschluß oder mit Knöpfen verschließen oder die Hülle zunähen.

Das Polster für den Stuhl kurbeln wir rundum ab oder nähen ein Schrägband an. Mit Polsternägeln oder Teppichband wird es straff auf der Unterseite befestigt.

Gewebebindungen

Die drei Grundbindungsarten

Leinenbindung

Köperbindung (Croise)

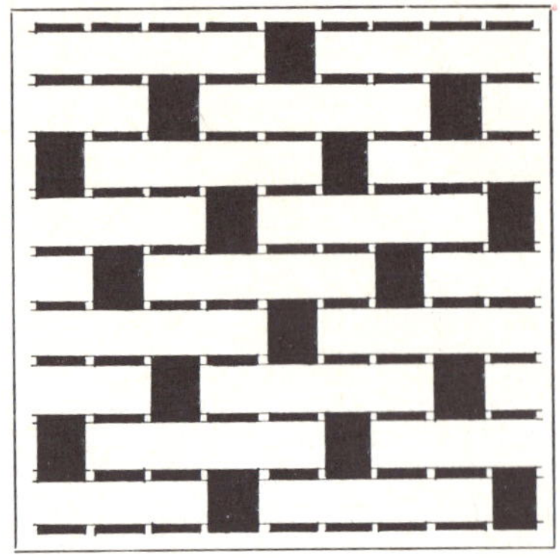

Atlasbindung (Satin)

Außer der Leinenbindung werden alle Köper- und Atlasbindungen auf mehrschäftigen Webstühlen gewebt.

Auf unseren einfachen Webgeräten können wir nur die Leinenbindung und ihre Abwandlungsformen weben.

Die Leinenbindung und ihre Abwandlungen

Leinenbindung

Kett- und Schußfaden regelmäßig einmal unten, einmal oben abwechselnd

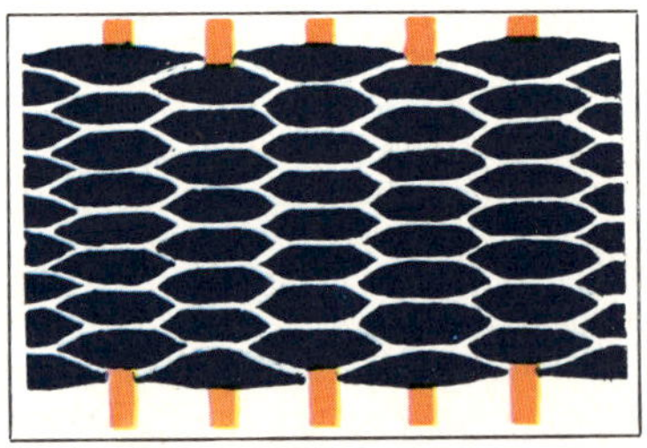

Ripsbindung

dünne Kette, dichter Schuß = Schußrips

dicke Kette, feiner Schuß = Kettrips

Panamabindung

grobes Gewebegitter, würfelförmig, es kreuzen sich in Kette und Schuß zwei oder mehr Fäden

Webmuster Leinenbindung

Musterbildung mit der Farbe

a) Melange
Kette eine Unifarbe (z. B. rot)
Schuß andere Unifarbe (z. B. blau)
Mischwert (violett)

b) Streifen
Kette: eine Unifarbe
Schuß: Streifen in zwei oder mehr Farben regelmäßig oder rhythmisch angeordnet.

Umgekehrt:
Kette streifig,
Schuß unifarben

c) Karo
Kette: zwei oder mehr Farben im Zahlwechsel
Schuß: 1. gleiche Anordnung von Farbe und Zahl
2. unregelmäßiger Einzug von Farbe und Zahl

Musterbildung aus dem Material

a)
Kette: einfarbig in einem Material
Schuß: regelmäßiger oder rhythmischer Einzug verschiedener Materialien in verschiedenen Stärken

b) Karo
Kette: verschiedene Materialstärken
Schuß: umgekehrter Einzug

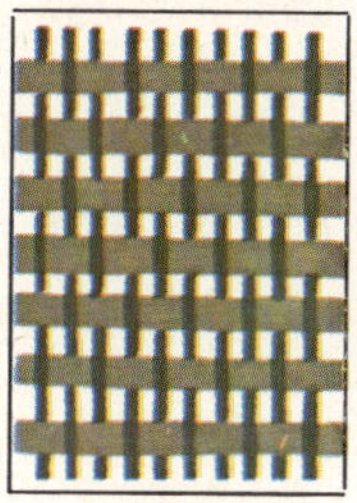
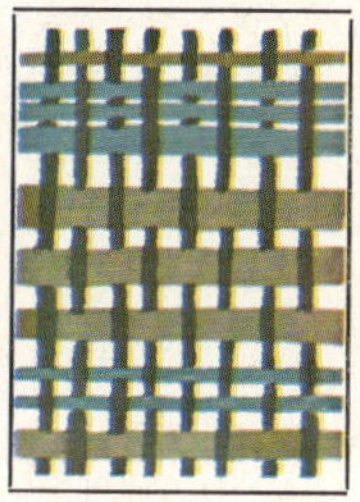

Webmuster Ripsbindung

Musterbildung aus der Farbe

a) Einzug des Schußfadens in zwei oder mehr Farben als Reihen mit dem Schiffchen

Streifen
schmal, breit, regelmäßig rhythmisch

Wir machen Versuche mit Wickelkärtchen (S. 8).

b) Wechsel von zwei Kontrastfarben in jedem Fach
z. B. Oberfach schwarz, Unterfach weiß

c) Flächen

Der farbige Schuß wird in Feldern nebeneinander aufgebaut, dabei bleiben die Kanten als offene Schlitze stehen.
Einzug mit Flechtnadel oder Hand (Kelim).

Die musterbildenden Farbfelder werden miteinander verschlungen.

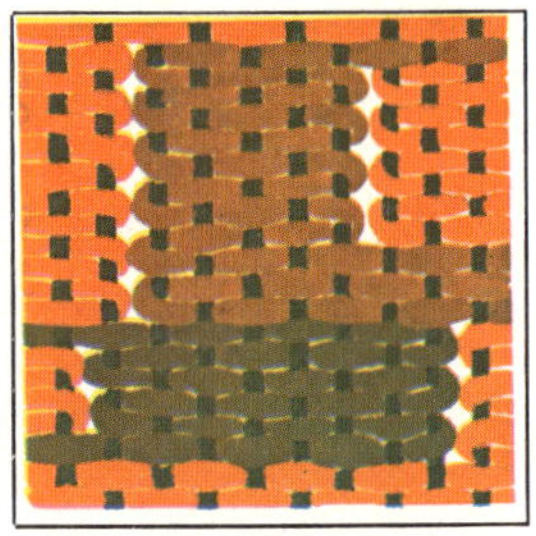

Der Aufbau der Flächen vollzieht sich in Stufen über die senkrechten Kettfäden (Kelim).

Stufen zu Diagonalen
bildhaften Formen
ornamentalen Formen

Die farbigen Schußfäden werden in Bögen übereinandergefügt, die Struktur der Farbfelder erhält Schwingungen.

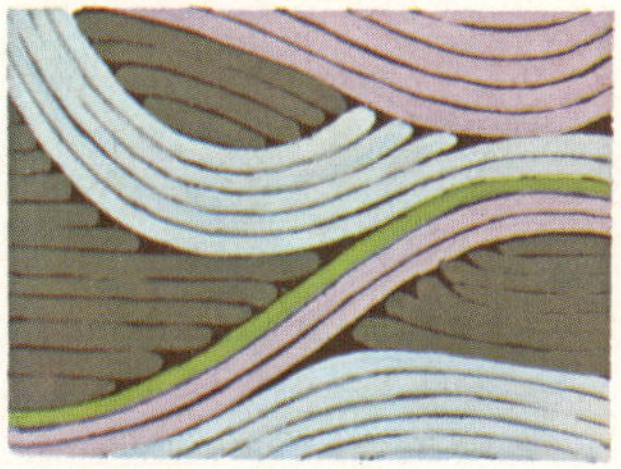

Kombinationen aller Formelemente in der Bildweberei (Gobelinweben S. 71)

Musterbildung aus dem Material

Schußfäden aus einer Materialeinheit (z. B. Wolle) in den verschiedensten Stärken und Strukturen
Einzug der Schußfäden aus unterschiedlichen Materialien (z. B. Hanf, Stroh, Leinen usw.)

Gliederung der Webfläche: in Reihen, in Streifen, in Flächen

Webmuster Kombinationen

Muster aus Zahl, Farbe und Materialwechsel
1. Reihe Übersprung rot 3 + 1 Unterfach
2. Reihe einfacher Einschuß schwarz, Oberfach
Es entstehen kleine Blöckchen im farbigen Grundgewebe.

z. B. Übersprung rot 2 + 2
schwarzes Oberfach
4 Wiederholungen
Wir wechseln die Übersprünge 2 + 2
4 Wiederholungen
Es bilden sich panamaförmige Würfelmuster.

Die Variationen sind unendlich.

Wir erfinden die Muster auf kleinen Webkärtchen.

28 Schülerarbeit

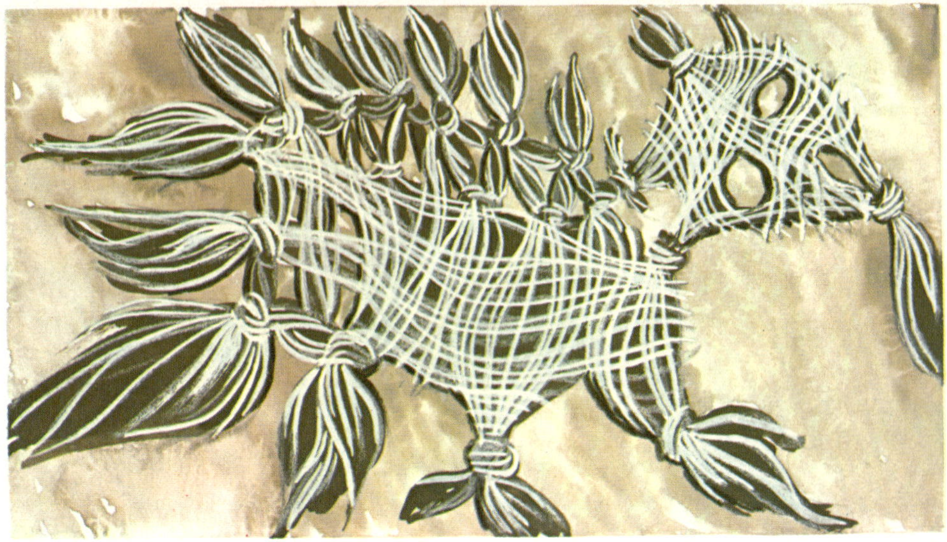

29

DURCHBRECHEN

Auftrag

Gewebedurchbruch

Gliederung durch Ausziehen und Verschieben

Masken und Schattenspielfiguren

Durch Ausziehen und Verschieben, durch Lochbildung und Dehnung wird die Form und die Struktur des Gewebes verändert.

Material

Formleinen, Rupfen, Mull, Garne, Nadeln, Rahmen

Verfahren

1. Für die Versuche nehmen wir ein quadratisches Stück Stoff (15 x 15 cm).

Wir versuchen durch Zupfen, Bohren, Verschieben und Ausziehen der Gewebefäden die Form des Stoffes zu verändern.

Wir beobachten dabei, wie sich das Gewebe verformt. Wenn wir es auf einen farbigen Grund legen, stellen wir fest, daß Durchbrüche, Löcher, Dehnungen, Verdichtungen und Fransen interessante Formen und Wirkungen zeigen.

Die ausgezogenen Fransen werden plastisch mitverarbeitet. Nach Erfahrungen mit grobem Material (Rupfen) fertigen wir eine Studie in zartem Mull (Verbandsmull oder Windeln). Wir legen eine kleine Fläche davon auf schwarzen Karton und verschieben das Gewebe mit einer spitzen Nadel [*30*].

Wir stellen fest, daß die zarte Struktur eine völlig andere Bildwirkung ergibt.

Auf diese Weise könnten wir noch eine Reihe anderer Materialien wie Dralon, Wollleinen und Leinen untersuchen.

2. Mit diesen Erfahrungen gestalten wir auch Masken und Schattenspielfiguren.

a) Masken sollten möglichst originell werden. Wir nehmen eine ziemlich große Stoffform (40 x 40 cm) und arbeiten daraus lustige Typen mit großen Augen.

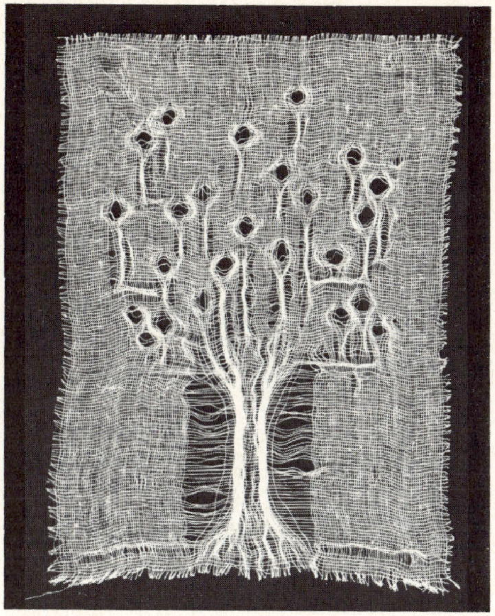

30 Verschiebungen in Mull, Studie

31 Schattenspielfigur (Formleinen)

Ohren, Bärten, Mähnen, Haaren u. a. Zum Spiel wird die Maske mit einem Band um den Kopf befestigt.

b) Fabelwesen in Menschen- und Tiergestalt entstehen aus lockeren Geweben. Für die Augen bohren wir Löcher, die Nase wölbt sich dann von selbst. Wir binden sie plastisch ab. Fransen ziehen wir zu Haaren aus. Sie können auch zu Ohren gedreht werden. Der Hals wird eingeschnitten oder abgebunden, ebenso Arme und Beine. Ein Schwanz kann angeknüpft werden. Wir erfinden frei und stellen Versuche an. Wichtig ist, daß wir die Wirkung in Licht und Schatten ausprobieren [*28, 29*].

Die Schattenspielfiguren [*31*] werden mit dünnen Fäden an einem Stäbchen befestigt, damit wir sie zum Schattenspiel bewegen können (Seite 21).

Auftrag

1

Gewebedurchbruch

Läufer, Decke, Wandbehang

Die Gliederung der Gewebefläche geschieht durch strengen Auszug von Kett- und Schußfäden.

Material

2

Wolleinen, Siebleinen, Dralon, Garne, Nadeln

Verfahren

3

An einer Arbeitsprobe versuchen wir die Möglichkeiten des Fadenauszugs in beiden Richtungen.

Wir gliedern nach bestimmten Regeln:

in gleichen Abständen,
rhythmisch gegliedert,
in Längs- und Querrichtung,
durch Betonung der Mitte,
durch Betonung der Ränder.

Nach diesen Versuchen planen wir den Einkauf des Materials. Länge und Breite des Läufers richten sich nach dem Verwendungszweck. Wir messen das entsprechende Möbelstück (Tisch, Kommode, Tablett) aus und schneiden zunächst eine Papierform.

32

Gewebedurchbruch und Schichtung

Nicht nur die Länge und Breite des Stoffstückes muß mit dem Möbelstück harmonieren; wir orientieren uns gleichermaßen über die Farben des Raumes, damit wir beim Einkauf des Materials Maß und Farbe genau bestimmen können.

Ebenso ist der Verwendungszweck zu bedenken:

Für ein Tablett muß der Stoff gut waschbar sein, für einen dekorativen Läufer wäre ein verschiedenfarbiges Dralon- oder Wollgewebe besonders reizvoll.

Nun schneiden wir die Form des Werkstückes zu (Nahtzugabe). Wir messen die Abstände für die Gliederung des Gewebes und ziehen Fäden aus.

Der Durchbruch muß mit entsprechenden Stichen befestigt werden (Arbeitsbogen „Sticken“).

Jedoch sollten diese Stiche so zurückhaltend angewandt werden, daß die Wirkung der Flächengliederung nicht zerstört wird. Wir arbeiten am besten mit den ausgezogenen Fäden.

Die Säume sind bei diesen Arbeiten besonders wichtig. Die Längskanten werden möglichst unsichtbar gesäubert, bei den Breitkanten können wir die ausgefransten Kettfäden verknüpfen.

Farbige Dralonstoffe ergeben sehr reizvolle Effekte, da sie oft in Kette und Schuß verschiedenfarbig gewebt sind. Wir können diese Durchbrüche auch auf andersfarbigen Grund aufarbeiten. Bei diesem Verfahren wird der Durchbruch mit einfachen Stichen gebündelt und auf dem Untergrund befestigt [32].

MODE SEIT EVA

Seit Eva als erstes Kleid ein Feigenblatt gewählt haben soll, ist eine lange Zeit vergangen. Launisch trieb die Mode ihr Wesen durch Jahrhunderte in allen Ländern und bei allen Völkern.

In heißen Zonen wurde aus dem Blatt ein Gürtel von Blättern. In kalten Ländern ergaben Felle und Leder warme Kleidung.

Ägyptische Damen liebten enge, straffe Kleider aus Leinen; Griechinnen und Römerinnen bevorzugten leichte, fließende Gewänder. Eine Königin aus Frankreich führte im 16. Jahrhundert den Reifrock ein. Für die gewünschte Wespentaille zwängte man sich ins Korsett. Die Französische Revolution befreite die Frauen von Reifrock und Mieder. Man ging hochgegürtet und zeigte wieder natürliche Formen.

Erst im 20. Jahrhundert ließ die Mode nach langer Zeit wieder Beine sehen. Die ersten Automobile fuhren, und das Einsteigen mit langen Röcken erschien unbequem.

In den letzten Jahrzehnten wechselte die Mode in schneller Folge vom New-Look über Mini und Midi zum Maxi und wieder zu normaler Länge.

Nun machte die Mode auch nicht halt vor dem eigentlichen Kleidungsstück der Männer. Eva zog den Hosenanzug an und trägt ihn wie das Kleid, vom Morgen bis zum Abend.

Vom Stoff

Materialsammlung: Stoff		
Material	Form	Farbe
Bezeichnung	Beschaffenheit	
Stoffmuster Siebleinen aus Rein-Leinen Firmenetikett	regelmäßige siebartige Leinenbindung, feinfädig spröde fast steif, gute Zählübersicht bei Stickerei	hellblau

1

Wir haben mit dem Faden Gewebe aufgebaut.
Wir lernten Kette und Schuß und verschiedene Bindungen kennen. Dabei entstanden Strukturen, Muster, Ornamente und Bilder.

Beim Auflösen der Gewebe haben wir Kette und Schuß verschoben,
zergliedert,
zerzupft und
zerfranst.

Dabei entdeckten wir neue und interessante Gestaltungsmöglichkeiten.
Eine Fülle von Textilien wird uns als Stoff im Handel angeboten.
Der Stoff ist eine textile Fläche, gekennzeichnet durch Material, Farbe und Struktur.
Die Art der Stoffe wird durch ihre Herstellungsverfahren bestimmt.
Sie können sein: gewirkt,
gewebt,
gepreßt,
gegossen und
geschweißt.

Die Gestaltung der Stoffe ist sehr vielfältig.
Sie können sein: unifarben und bunt,
transparent und plastisch,
gepreßt oder gewebt.

Die Stoffe sind ein wichtiges Element in unserer Welt. Sie bestimmen die Kleidung und ergänzen und bereichern unseren Wohnraum.

Sie kommen jedes Jahr als Industrieprodukte in neuem modischen Gewand auf den Markt.

Wie können wir bei diesem Angebot von Stoffen unsere Auswahl richtig treffen?

Was können wir mit diesen Stoffen gestalten?

Wie können wir sie richtig verwenden?

Wie beim Faden sammeln wir Stoffe und ordnen dieselben nach ihrer Herkunft, ihren Eigenschaften und ihren Verwendungsmöglichkeiten in unserer Arbeitsmappe [*1*].

Technik	Gegenstand	Pflege
Fertigung	Verwendung	Behandlung
Sticken Ajourstickerei Hohlsaum	Sets Tischdecken Serviettentasche Tischläufer	wasch- und kochecht vor dem Bügeln anstärken

2 Applikation mit Stickverbindung

SCHNEIDEN

Auftrag

1

Stoffschneiden

Collage

Die Collage ist ein textiles Materialbild, bei dem geschnittene Stoffelder zusammengestellt und aufgeklebt werden.

Material

2

Alle Stoffarten (Reste)
Grundfläche aus Pappe, Karton, Vlieseline

Werkzeug:

Gut schneidende Scheren, Klebstoff, Textilkleber, evtl. Rahmen

Verfahren

3

Wir haben Stoffe in den verschiedensten Farben und Materialien gesammelt. Aus dieser Fülle stellen wir unser Materialbild zusammen. Jeder wählt die Stoffe aus, die ihm besonders gefallen. Zunächst arbeiten wir nicht nach einem Thema, sondern stellen im Spiel die Stoffe nach ihren Farben und Oberflächenstrukturen zusammen. Dabei dürfen wir durchaus

Seide und Wolle,
Spitze und Samt,
Leinen und Jersey kombinieren

und die Eigenart der Materialien auswerten. Wir schneiden die einzelnen Stoffelder in freie Formen oder in geometrische Flächen. Wir fügen sie ungesäumt mit Schnittkante oder Fransen mosaikartig zusammen. Auch wenn kein Thema zugrunde liegt, können wir die Fläche bildhaft gestalten. Geometrische Felder aus Vierecken, Dreiecken oder Achtecken werden wie im Puzzlespiel zusammengestellt. Bunte Kreisformen wirken wie ein lustiges Blumenbeet.

Freie Schnittformen in Bogen und Schwingungen können mit strengen Flächen kombiniert werden.

Aber auch Figuren, Bäume, Blumen können wir direkt aus Stoff schneiden und zu einem Bild zusammenfügen [2]. Dabei sollten die Schnittformen nicht kleinlich wirken. Durch Verschieben und Auswechseln der Farben, mit großen und kleinen Elementen können wir die Fläche spielend arrangieren.

Bei einer Collage werden die Stoffelder auf die Grundfläche aus Karton aufgeklebt (Textilkleber) oder auf Vliseline aufgebügelt.

Ein Passepartout (Kartonrahmen) kann die Wirkung des Materialbildes steigern. Auch hinter Glas kommen die Collagen gut zur Geltung.

3 Gemeinschaftsarbeit (6. Schuljahr)

APPLIZIEREN

Auftrag

1

Textiles Materialbild — aufgenäht

a) **Freie bildnerische Arbeit** [*3, 4*]

b) **Schichtungen** [*5*]

Die Applikation ist eine textile Aufnäharbeit, bei der die Stoffteile mit dem Unterstoff zu einer Einheit zusammengefügt werden.
Das Wort stammt aus dem Lateinischen: applicare = ansetzen, aufsetzen

Material

2

Alle Stoffe aus der Restesammlung
Kräftiger Grundstoff: Rupfen in allen Farben, Wolleinen, Dekorationsstoff

Werkzeug:
Rahmen, Garne, Nadeln, Scheren, Stecknadeln

Verfahren

3

a) Bei der Applikation spielt vor allem der Unterstoff eine große Rolle, da er mit den aufgesetzten Stoffeldern in Material und Farbe harmonieren muß.

Wir wählen aus unserer Sammlung entsprechendes Material aus und stellen es wie bei der Collage auf dem Untergrund zusammen. Figürliche Darstellungen können mit Papierschnitten vorbereitet werden. Wir ordnen die Formen auf der gesamten Fläche zum Bild. Dabei können wir verändern und verschieben. Bei der Gestaltung solcher textiler Flächen können wir sowohl geometrische Figuren zu ornamentalen Formen oder Häusern aufbauen, als auch bildnerische Themen verwirklichen (Tiere, Blüten, Menschen, Bäume). Wir stecken die Schnittformen auf dem Grund fest und nähen sie auf, wir applizieren. Das kann mit unsichtbaren Stichen geschehen; manche Arbeiten gewinnen an

4 Applikation mit Stickverbindung

5 Farbschichtung (Studie)

Reiz, wenn wir mit recht verschiedenen Stichen arbeiten. Wir achten nur darauf, daß die sichtbaren Stiche nicht zur harten Begrenzung, sondern zum weichen Übergang zwischen Fläche und Grund werden. Details (Einzelformen) im Bild wie Haare, Mähnen, Augen, Schwanz können besonders originell durch Häkelmaschen, Zöpfe, Perlen, Kugeln, Knüpffransen und Stickstiche bereichert werden.

Wir benutzen zum Aufarbeiten auch ausgezogene Materialfäden, weil sie sich in jedem Falle dem Bild einfügen.

b) Dieses Aufnähverfahren können wir auf verschiedene Weise weiterentwickeln:

Farbige Stoffelder werden durchbrochen und übereinandergeschichtet. Das kann Ton in Ton geschehen und mit Kontrastfarben. Zum Zusammennähen benutzen wir die ausgezogenen Fäden [*5*].

Eine besonders schöne Aufgabe ist die Applikation aus der Schichtung transparenter (durchscheinender) Gewebe wie Tüll, Mull, Gardinenstoff, Spitze. Hier wirkt nicht die Farbigkeit, sondern die durchscheinenden Formen der Materialflächen erscheinen in eindrucksvollen Schattierungen.

Applikationen eignen sich besonders gut für eine Gemeinschaftsarbeit.

Eine Erweiterung dieses reizvollen Themas ist die „Assemblage“, bei der textile Materialien nicht nur flächenhaft, sondern auch reliefartig in Verbindung mit Steinen, Perlen, Fruchtkernen und dgl. kombiniert und zusammengestellt werden.

6

7

Auftrag

1

Applikationen

Schmuck für Kleidung:

Taschen, Badekittel

Schmuck für die Wohnung:

Kissen, Kaffeewärmer, Sets, Läufer [6]

Die Schmuckform der Applikation wird in sinnvoller Art an modischer Kleidung und an Gegenständen der Wohnung angewandt.

Material

2

Leinen und Baumwollstoffe wie Gminder Linnen, Markisenstoff, Nessel, Seide, Tuche, Kordsamt, Leder

Passendes Maschinengarn, Bänder, Borten, Spitzen

Verfahren

3

Wir wählen Material und Farbe wiederum passend zum geplanten Gegenstand. Dabei müssen wir seine Zweckmäßigkeit und die Wirkung auf die Umgebung bedenken. Der aufzusetzende Stoff sollte aus dem gleichen Material wie der Grundstoff sein, nur Farbe und Struktur schaffen den Kontrast.

Wie bei den bildnerischen Arbeiten schneiden wir die Musterform zuerst in Papier und stimmen sie mit der Grundfläche des Gegenstandes ab. Erst dann schneiden wir in Stoff und heften auf. Bei Seide und fransenden Stoffen geben wir die Naht zu. Gerade bei diesen Arbeiten kommt es darauf an, mit den einfachsten Mitteln die größten Wirkungen zu erzielen. Bildchen und Blümchen wirken leicht fragwürdig. Wir übersetzen die Formen von Blüten und Figuren in ornamentale Flächen.

Wir können mit der Hand aufnähen oder mit der Maschine durch Zickzackstiche aufsteppen.

Bei Applikationen für Kleidung ist es ratsam, sich etwas nach der Mode zu orientieren. Nicht in jeder Saison sind diese Aufnäharbeiten aktuell.

Wir versuchen, unseren eigenen persönlichen Stil mit den Moderichtungen abzustimmen.

Auch Bänder und Borten lassen sich gut applizieren.

Schmuckmaterial und Grundstoff müssen übereinstimmen, damit wir nach der Reinigung keine Enttäuschung erleben. Die Borten haben einen festen Rand und lassen sich leicht aufsteppen. Das kann mit der Maschine geschehen. Bei manchen Decken würde ein verbindender Stickstich sehr hübsch aussehen. Wichtig ist hier vor allem, daß Farben und Muster mit dem Gegenstand übereinstimmen. Schmuckborten wirken gut an Decken, Sets, Kleidern und Röcken.

Ganz besonders reizvoll ist auch das Applizieren alter und neuer Spitzen. Mit ihnen verzieren wir Wäsche, Abendkleider und kostbare Decken. Baumwollspitzen sehen hübsch an Trachtenblusen und Kinderkleidern aus.

Patchwork,  eine alte Volkskunst aus Amerika

8

Diese Technik ist erst seit einigen Jahren wieder bei uns aufgetaucht. Sie ist eine der liebenswürdigsten Traditionen, die auf dem Umweg über die Neue Welt wieder zu uns zurückgekommen ist.

patch = Flicken, Fleck
work = arbeiten

Patchwork ist also eine Arbeit, bei der Decken, meist Bettdecken aus kleinen Flicken zusammengesetzt werden (Fleckerldecken).

Wie die europäischen Bauersfrauen, haben amerikanische Farmersfrauen mit dieser Technik richtige Kunstwerke vollbracht, die heute noch in verschiedenen Museen zu bewundern sind. Diese alte Arbeit, Quilten genannt, wurde nicht auf der Maschine gearbeitet, sondern Stich für Stich mit der Hand. Viele Familien besitzen diese Kunstwerke noch von der Großmama oder von der Großtante vererbt. Sie liegen auf Betten, auf alten Kinderwiegen oder sicher verwahrt in Truhen für kommende Generationen.

Obwohl diese Decken in den buntesten Farben erstrahlen, ist die Wirkung überaus harmonisch.

Die Muster haben die vielfältigsten Zusammenstellungen von Lebensbäumen, Sternen, Glücksrädern und Blumen [*7, 8*].

Man arbeitete mit Pappschablonen, über die der Stoff gespannt wurde. Verschiedene Schablonen legte man nebeneinander und nähte sie dann mit unsichtbaren Stichen zusammen.

Heute sind Zeitmangel und Nähmaschine die Ursache dafür, daß kaum mehr Decken mit der Hand genäht werden. Auch mit der Maschine, besonders mit dem Zickzackstich, können wir reizvolle Arbeiten herstellen, die diesen alten Quilts sehr ähnlich werden.

9 Patchworkdecke (Studienarbeit)

10

Auftrag

Patchwork

1. **Decke in Patchwork** [*9*]
2. **Kissen oder Wandschmuck**

Die einzelnen Stoffelder werden mosaikartig zu einer einheitlichen Fläche zusammengesetzt.

Material

Reste aus Waschstoffen aller Art, geblümt, kariert und unifarben.

Bunte Stoffreste in Samt, Seide und Brokat, Bügelvlieseline, Futterstoff, Nähgarn, Nadeln

Verfahren

1. Wir schneiden viele Felder (je nach der Größe der gewünschten Decke) in quadratischer oder dreieckiger Form zu. Die Stofffelder werden auf einem großen Tisch oder auf dem Fußboden zusammengestellt. Dabei verschieben wir Muster und Farben, bis ein guter Gesamteindruck entstanden ist.

Beim Zusammennähen fügen wir erst einige Felder zu Reihen und dann die entstandenen Reihen zur Fläche [*10*].

Die Nähte liegen links, die Stoffe werden rechts auf rechts zusammengelegt und -gesteppt.

Vor dem Abfüttern streichen wir die Nähte gut aus und bügeln die ganze Abeit. Der Futterstoff muß sowohl im Material wie auch in der Farbe mit dem Grundstoff übereinstimmen.

2. Kleinere Stoffelder in freien Formen ordnen wir auf einem Stück Bügelvlieseline an. Dabei können wir die Wirkung von Struktur und Farben abstimmen.

Bevor wir aufbügeln, drehen wir das Bild sorgfältig mit einer Platte aus Pappe um und bügeln die Vlieseline von links auf die Stoffkomposition (-anordnung).

Die Arbeit wird sehr erleichtert, wenn wir die kleinen Felder mit der Maschine aufkurbeln (Zickzackstich!).

Das Kissen wird wie jede andere Hülle geschlossen.

Ein Patchworkbild sieht im Passepartout (Kartonrahmen), auf Stoff oder hinter Glas sehr reizvoll aus.

11 Stopfen in lockeres Gewebe

STOPFEN

Auftrag

1

Stopfen in lockeres Gewebe

Kleiner Bildteppich

Der Vorgang des Stopfens verändert durch verschiedenartige Einzüge das Gewebe zur bildhaften Fläche [*11*].

Material

2

Grober Rupfen oder Formleinen, Wollreste und Stoffstreifen, große Teppich- oder Flechtnadeln, Rahmen

Verfahren

3

Wir spannen das Grundgewebe auf den Rahmen. Dabei schlagen wir die fransenden Ränder sorgfältig ein, damit sie nicht ausreißen. Stoffreste und Strümpfe werden in Streifen geschnitten und auf Knäuel gewickelt. Wir können auch evtl. mit Batikfarbe färben. Mit diesen Bändern stopfen wir unser Bild. Wir dürfen je nach der Art unseres Themas in allen Richtungen einstopfen (Kreise, Streifen, Flächen). Wir müssen nicht regelmäßig stopfen, Übersprünge und versetzte Reihen können die Fläche beleben. Wir füllen die gesamte Bildfläche aus, daß vom Grundstoff nichts mehr zu sehen ist. Die Oberfläche des fertigen Bildes wirkt wie ein Teppich.

Das Bild, das wir gestalten wollen, soll großflächig sein, da wir mit grobem Material umgehen.

Wir stimmen die Farben und die Oberflächen des Materials mit dem Thema ab (Tiere, Häuser u. a.).

Die fertige Arbeit wird vom Rahmen genommen, rückseitig geleimt, über Karton gezogen und abgefüttert.

12 Stopfen in transparentes Gewebe (Schülerarbeit)

13 Studie mit Spitzen (Schülerarbeit)

Auftrag

1

**Fadendurchzug
durch ein transparentes Gewebe**

**Bildgestaltung
als Einzel- oder Gemeinschaftsarbeit**

Der durchgezogene Faden wirkt im transparenten Gewebe wie eine Zeichnung.

Material

2

Transparente Gewebe wie Tüll, Mull, Gaze, Filetstoffe, Gardinentüll, aber auch Netze, dünnes, lockeres Strickwerk oder Maschenstoffe. Fäden für den Durchzug passend zum transparenten Gewebe

Werkzeug:

Rahmen aus Holz oder Metall, Durchzugnadel

Verfahren

3

Wir spannen den transparenten Stoff straff auf den Rahmen. Der Faden wird mit einer Durchzugnadel mit kleinen Stichen in die Waben des Tülls, die Maschen des Strickwerkes oder die Kästchen des Filetnetzes eingestopft. Bevor wir mit der Ausführung eines Bildthemas beginnen, probieren wir erst die Wirkung des durchgezogenen Fadens in jeder Richtung aus. Wir beobachten beim Einstopfen der Fäden, wie die Linie entsteht, wie wir Flächen verdichten können und wie Rundungen ausgeführt werden. Den Rahmen halten wir bei der Arbeit oft vor das Licht, um die Wirkung besser beobachten zu können.

Die eingeführten Fäden lassen sich leicht wieder herausziehen. Wir können nun mit unserem Bild beginnen. Unser Thema könnten wir als Zeichnung vorher auf Papier anlegen, schöner ist es aber, wenn wir unsere Vorstellung gleich ins Gewebe mit Nadel und Faden „einzeichnen“. Vor dem Licht können wir wieder die Zeichnung beobachten und durch Korrigieren und Ergänzen unser Bild vollenden.

Gemeinschaftsarbeiten werden in gleicher Größe gefertigt, zusammengenäht und als transparenter Behang vor ein Fenster, oder als Raumteiler in einen großen Raum gehängt.

Folgende Themen würden sich für diese Arbeit besonders eignen: ein Märchenschloß, ein Zaubergarten, Schmetterlinge, Paradiesvögel, ein Weihnachtsengel, Schneekristalle und Sterne.

14 Gitterstopfen

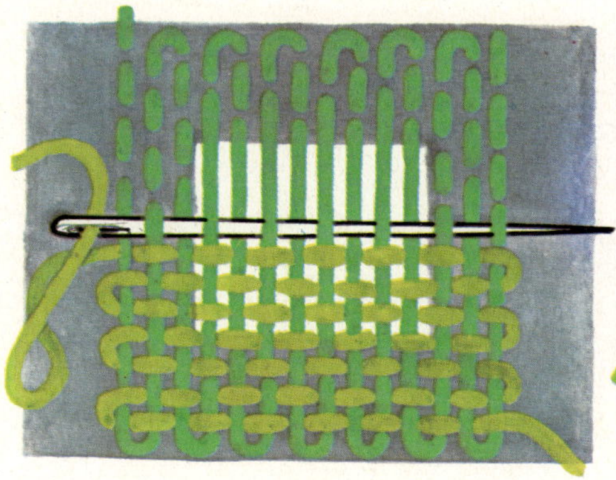

15 Leinenstopfen

16 Schräges Stopfen

AUSBESSERN

Auftrag

Ausbessern schadhafter Gewebe

Der Faden wird so eingeführt, wie es der Bindung des Gewebes entspricht [*14, 15, 16*].

Material

Schadhafte Wäsche, Kleidung und Strümpfe, Stopfnadeln, Stopfgarn, Stopfei

Verfahren

a) Wir haben den Vorgang des Stopfens an unserem Bild geübt. Trotz allen technischen Fortschritts müssen wir immer wieder schadhafte Kleidungsstücke reparieren. Dabei berücksichtigen wir vor allem die Herstellungsart, ob gestrickt oder gewebt. Danach wählen wir das Stopfgarn und -gerät aus in gleicher Farbe und in gleichem Material: Wolle zu Wolle, Leinen zu Leinen.

Es gibt verschiedene Verfahren des Stopfens. Immer muß äußerst sorgfältig und genau gearbeitet werden, damit die ausgebesserte Stelle möglichst unauffällig bleibt.

Wir üben die verschiedenen Möglichkeiten an einem Wäschestück, an einem Strumpf, an einem Pullover [*17*].

b) Das Ausbessern mit Stoffflicken ist etwas schwieriger und kann sowohl mit der Hand wie mit der Maschine geschehen. Auch hierfür finden wir Anleitungen auf dem Arbeitsbogen (aufgesetzter und eingesetzter Flicken). Es gibt heute auch schon fertige Flickenteile zu kaufen, die aufgebügelt werden können. Wenn wir die aufgedruckten Arbeitsvorschriften genau beachten, wird die Arbeit schnell und gut gelingen.

17 Ausbessern in Maschengewebe

Was wir vom Nähen wissen sollten:

Die Nähwerkzeuge

Nähnadel

Die ältesten Nähwerkzeuge waren Knochensplitter und Fischgräten, mit denen die Menschen der Steinzeit die Tierfelle zur Kleidung zusammensteckten.

Erst im 14. Jahrhundert begann die Entwicklung der Nähnadel. Man zog Draht aus glühendem Eisen und formte daraus die erste Nähnadel. 1870 wurden diese Nadeln, die bis dahin in Handarbeit hergestellt worden waren, erstmals fabrikmäßig erzeugt.

Wir benötigen für jede Näharbeit eine entsprechende Nähnadel. Die Art und die Stärke des Stoffes, die Art und die Stärke des Nähfadens bestimmen die Auswahl der passenden Nadel.

Nähnadeln gibt es in drei Größengruppen, kurze, lange und halblange Nadeln. Sie werden in Briefchen sortiert oder als Sortiment in allen Größen und Stärken angeboten.

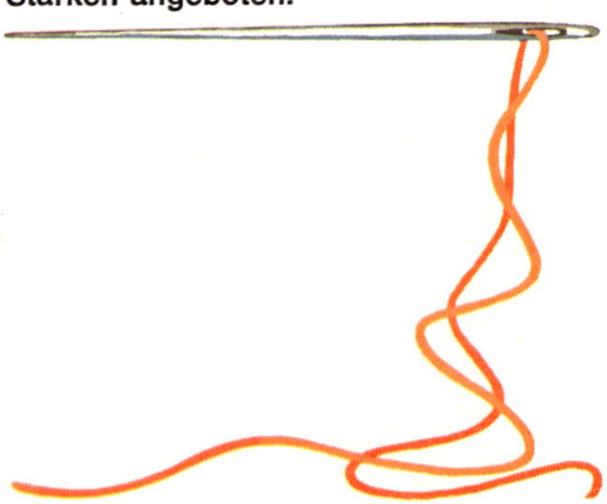

Stecknadel

Die Stecknadel hält die Stoffteile fest, damit sie während der Arbeit nicht verrutschen können.

Die Schäfte der Stecknadel werden wie bei der Nähnadel aus Stahldraht hergestellt. Das Köpfchen wird aus einer feinen Drahtspirale gebildet. Für die Stecknadeln mit Glasköpfchen werden schadhafte Nähnadeln in flüssiges Glas getaucht, das sich dann härtet.

Schere

Es gibt verschiedene Sorten Scheren, die je nach Verwendungszweck geformt sind: Zuschneideschere, Zickzackschere, Knopflochschere, Stickschere. Wir sollten für unsere Arbeit nur eine gute Schere aus bestem, gehärtetem Stahl kaufen.

Die Schere sollte vor Feuchtigkeit und Hinunterfallen geschützt werden.
Wir benutzen unsere Schere auch nicht zum Schneiden von Papier.

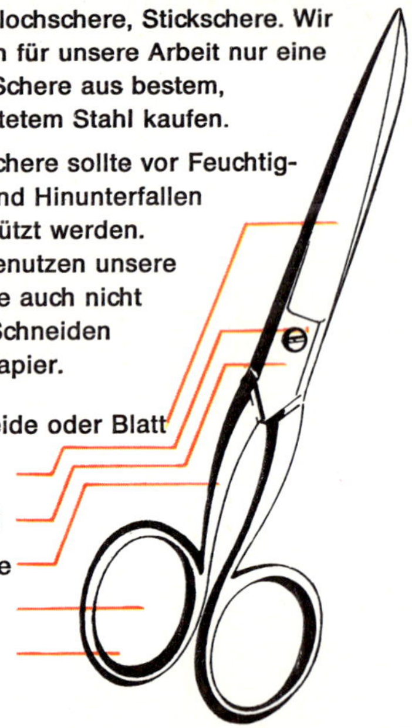

Unser Nähwerkzeug haben wir immer griffbereit in einem Kasten. Die Nadeln können wir in einem Nadelmäppchen, die Stecknadeln in einer kleinen Dose aufbewahren. Weiter sollten in unserem Nähkasten ein **Fingerhut,** ein **Meterband** (Maßband) und verschiedene **Garnrollen** aufbewahrt werden, damit wir alles Nötige zur Hand haben.

Handnähen

Die Stiche

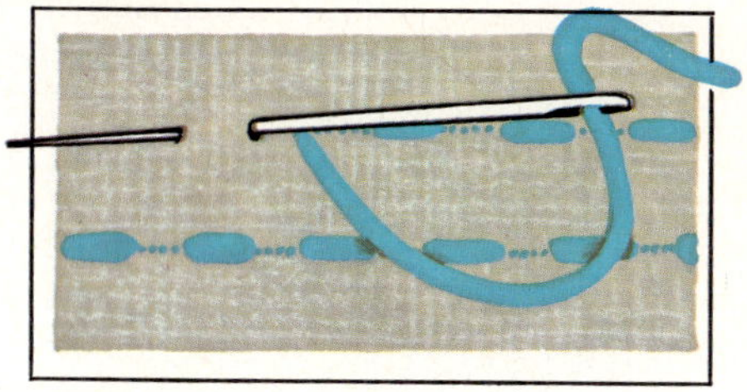

Vorstich

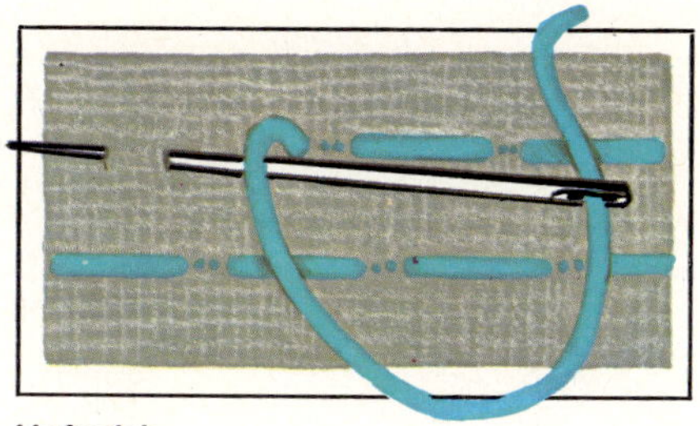

Heftstich

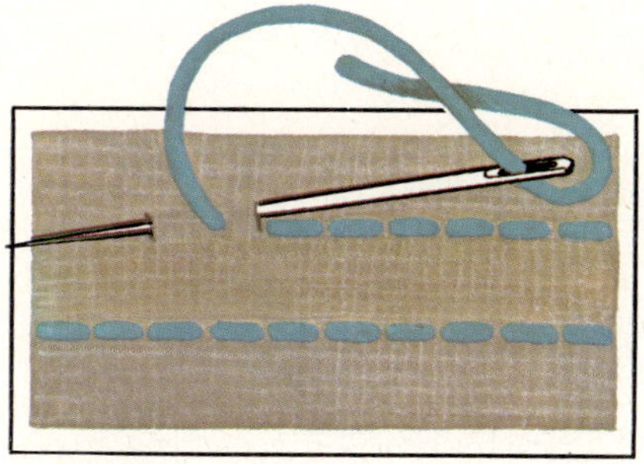

Steppstich

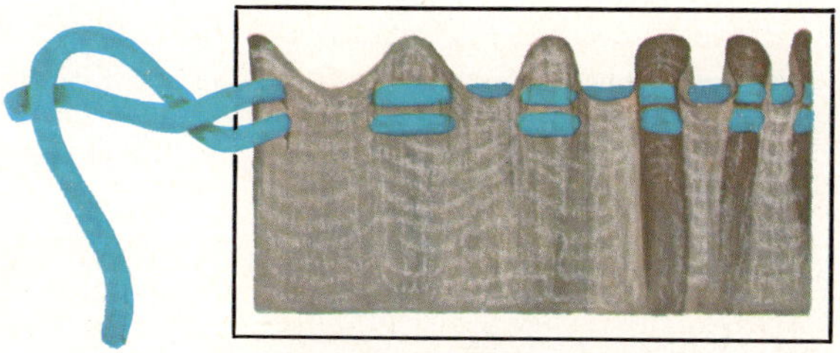

Reihstich oder Kräuselstich

Die Säume

Saumstiche

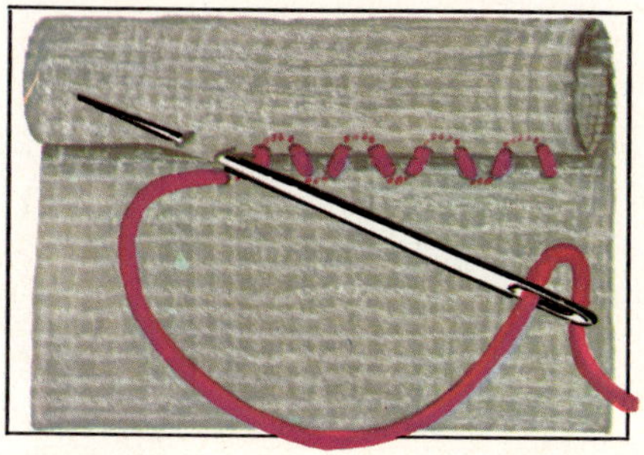

Hohlstich
(besonders für Rocksäume geeignet!)

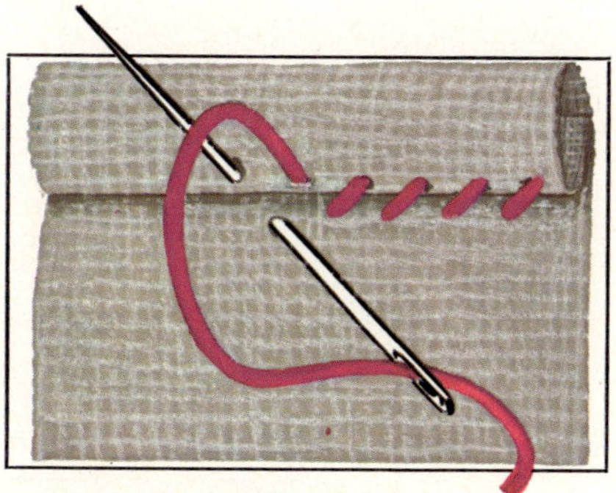

schräger Saumstich

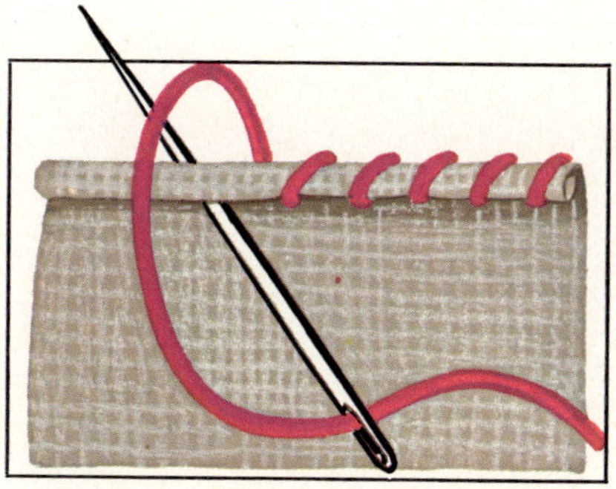

Rollsaum

Die Nähte

einfache Naht

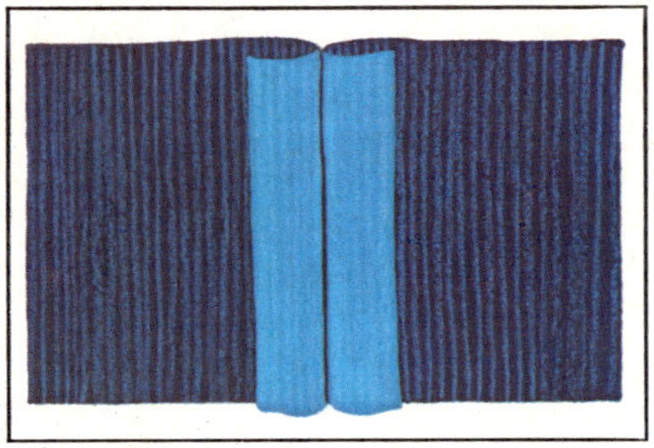

Doppelnaht oder Rechts-Links-Naht

erste Naht rechts,
ausstreichen, umschlagen
zweite Naht links

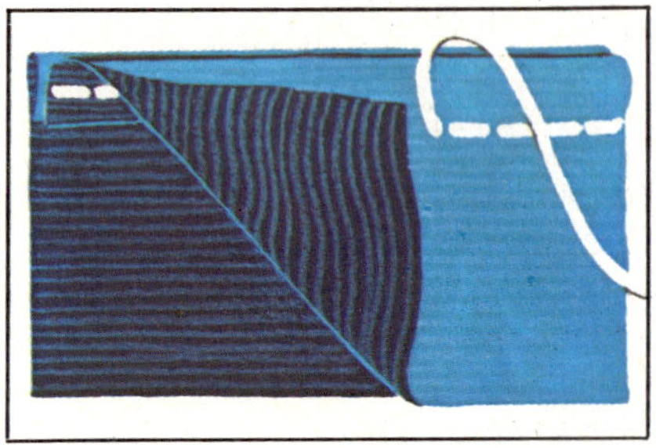

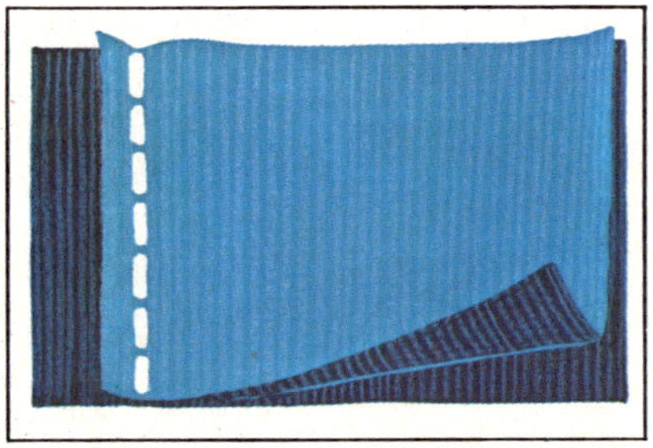

Kappnaht – Flachnaht

Zusammennähen mit 1 cm Überstand
Einschlagen und Überkappen der breiten Naht

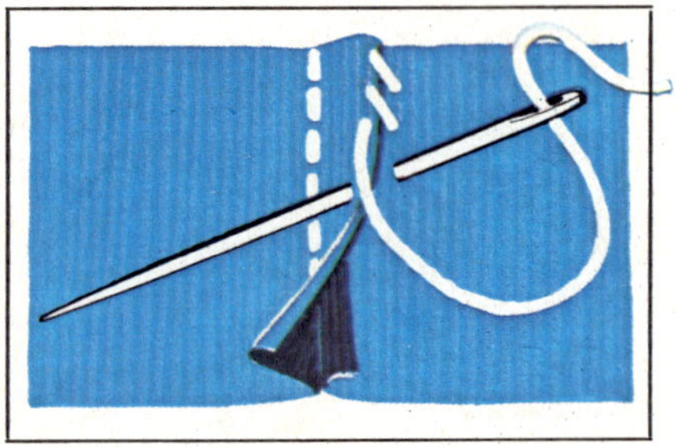

Die schräge Ecke

Wir üben am Papiermodell:

Wir falten $1/2$ cm für den Einschlag,
4 cm für den Umschlag (Saum).
Wir falten von der Ecke aus diagonal.
Wir legen die Ecke bis auf den Schnittpunkt um.
$1/2$ cm hinter dem Eckumschlag zeichnen wir eine Linie.

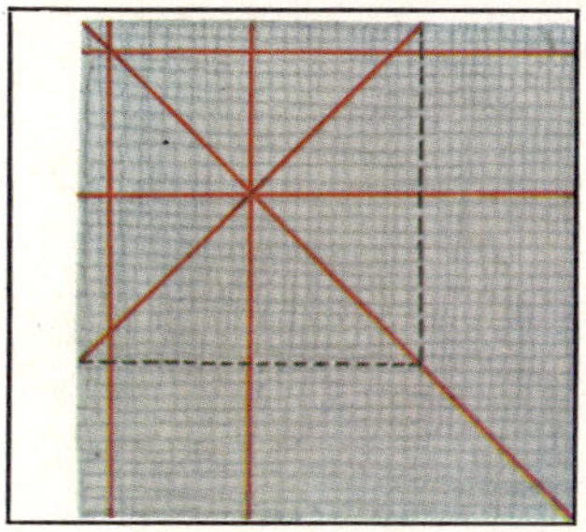

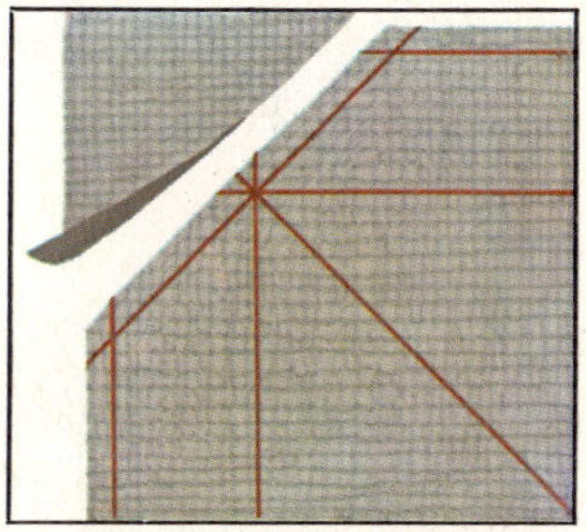

Wir schneiden die Ecke hinter der Linie ab.

Wir arbeiten am Stoff:

Wir wiederholen den Faltvorgang an unserem Stoff und schneiden die Ecke vorschriftsmäßig ab.
An der Schnittkante legen wir den $1/2$-cm-Einschlag nach rechts und heften.
Nun falten wir auf der Diagonalen unseren Stoff nach rechts ab und schließen die Ecke mit kleinen überwendlichen Stichen bis auf einen $1/2$-cm-Rand.

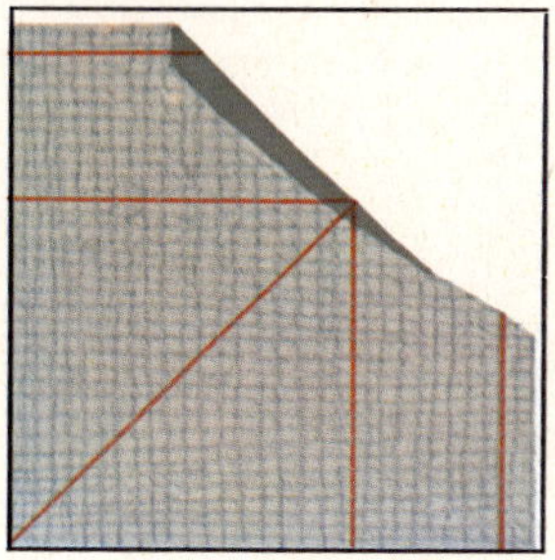

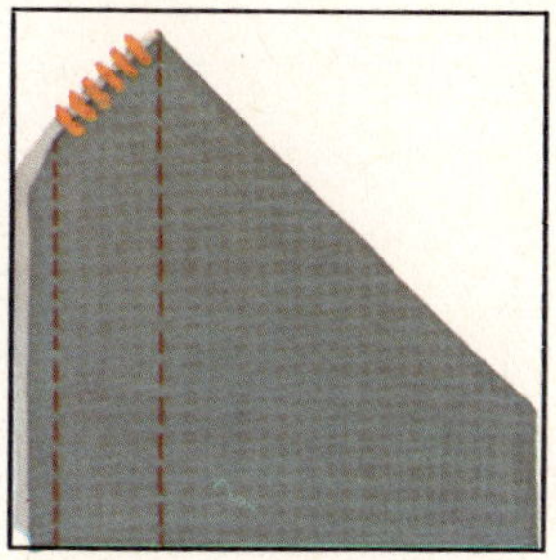

Wir verstürzen die Spitze wieder auf die linke Seite. Die Ecke ist nun sauber geschlossen. Wir legen den Einschlag um und säumen.

Schrägstreifen

Zuschneiden
in diagonaler Richtung

Zusammennähen der Streifen

Ausstreichen und Abschneiden der Ecken

Schrägstreifenblenden

entweder rechts auf rechts,
nach links unsichtbar versäubern

oder als farbiger Abschluß –
rechts auf links steppen,
nach rechts umschlagen,
ansäumen

Formblenden

gleiche Formteile

a) rechts auf rechts,
nach links versäubern

b) farbiger Besatz:
rechts auf links,
nach rechts verstürzen,
ansäumen

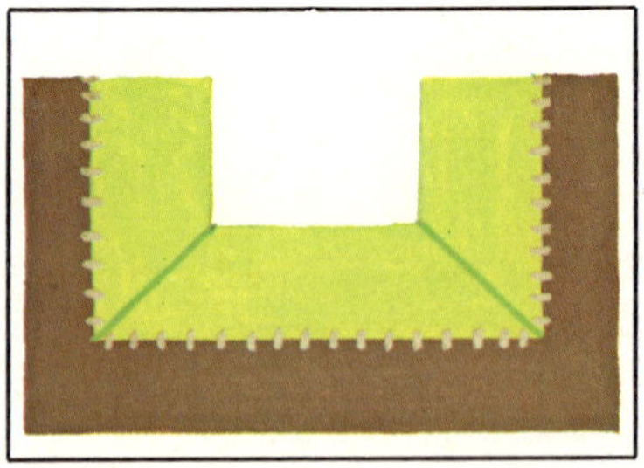

Schlitze

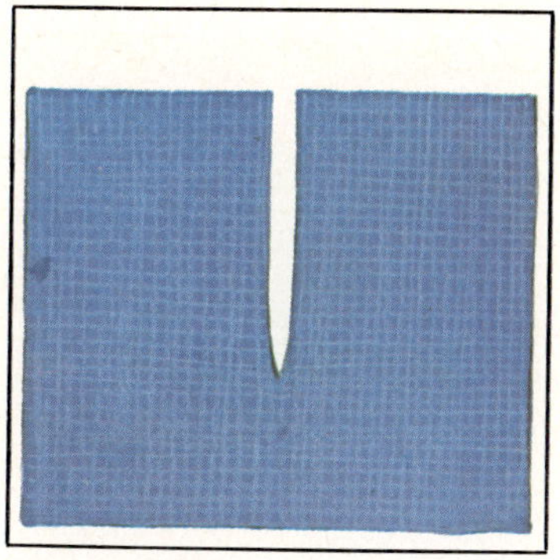

offener Schlitz

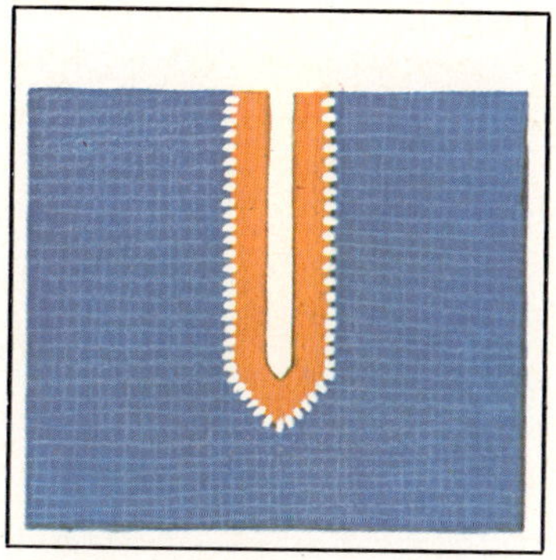

mit Schrägstreifen

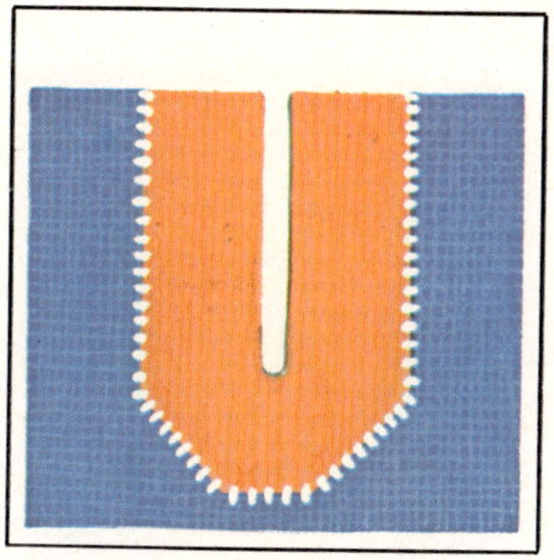

mit Besatz

Arbeitsvorgang

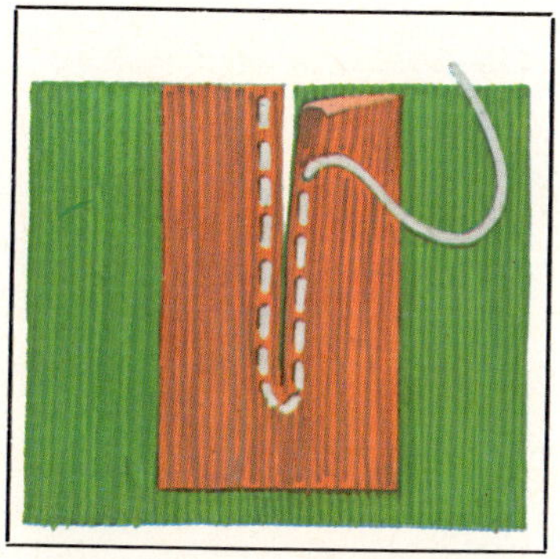

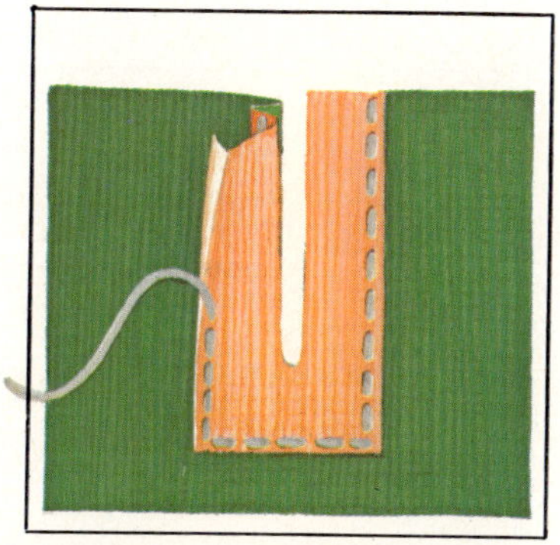

Besatz rechts auf rechts knapp um die Schlitzlinie ansteppen, Schlitz einschneiden, Stoff nach links ziehen, Schnittkante rundum einschlagen und versäubern

Schlitz von vorn

Schlitz mit Knopflochplatte

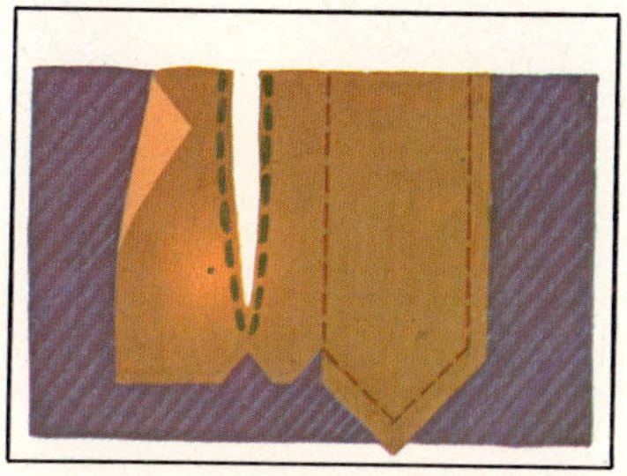

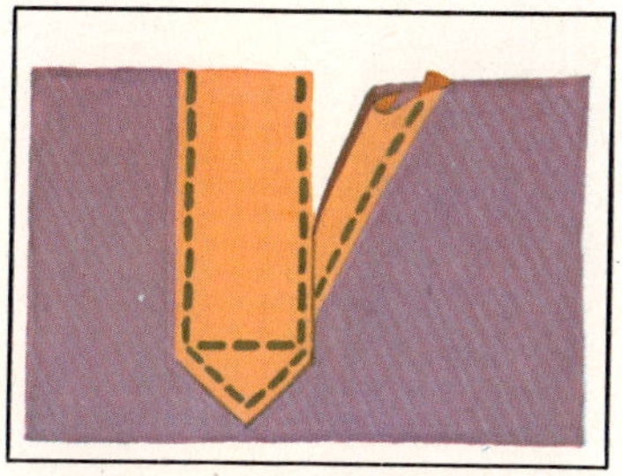

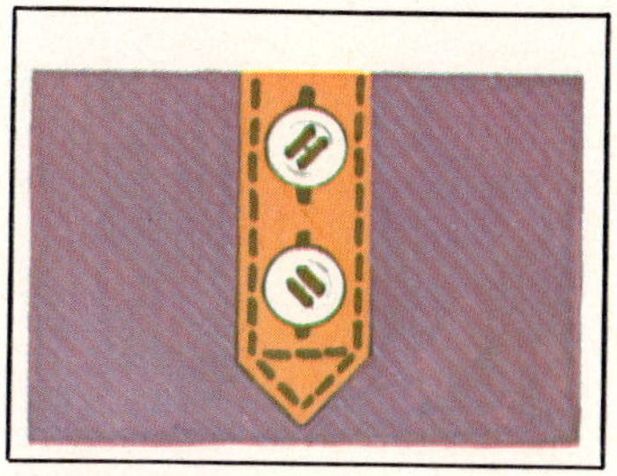

Form der Knopflochplatte zuschneiden, Schlitz einschneiden (14 cm), von links aufheften, an der Schlitzkante aufsteppen, Ränder umheften, nach rechts wenden und sinngemäß aufsteppen

ARBEITSBOGEN Nähen IV

Das Knopfloch

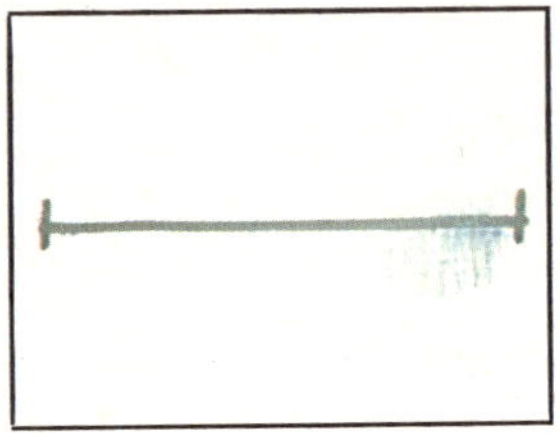

anzeichnen

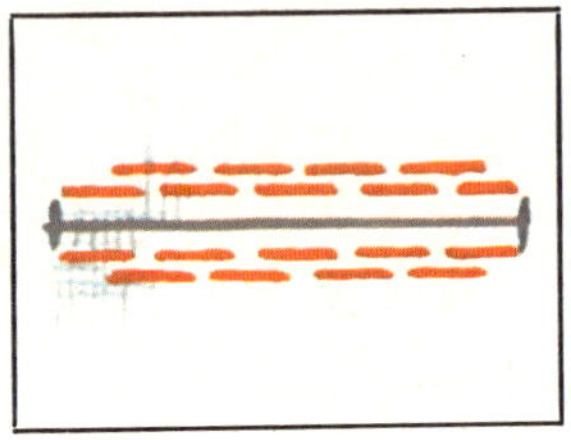

vorgezeichneten Einschnitt
mit Vorstich umstechen

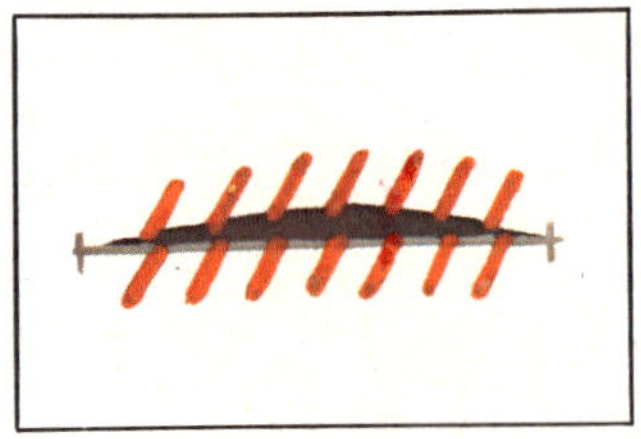

oder umschlingen;
dann einschneiden

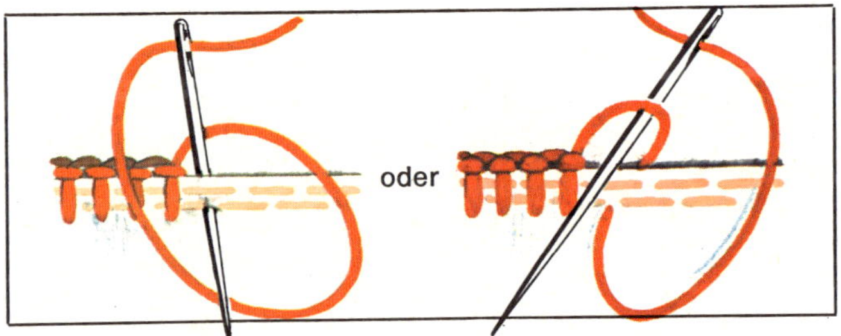

einfassen mit Knopflochstich

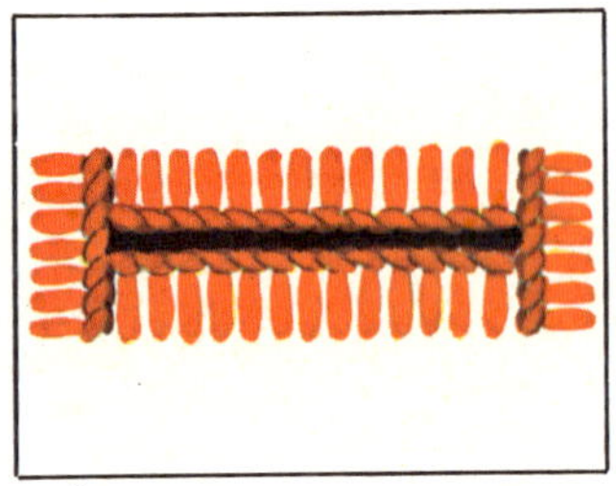

fertiges Knopfloch

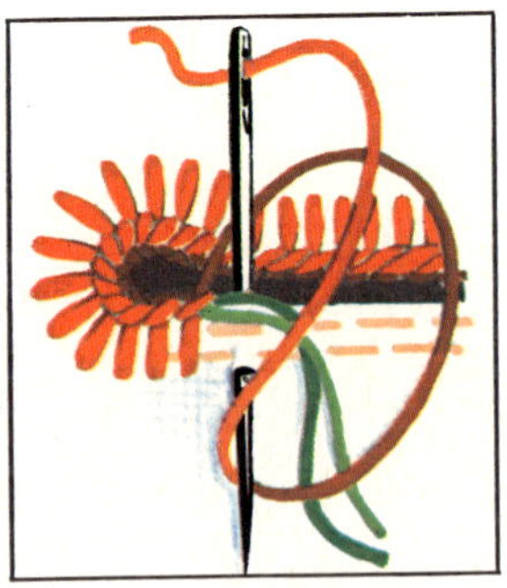

Knopfloch für Kleider
mit Fadeneinlage

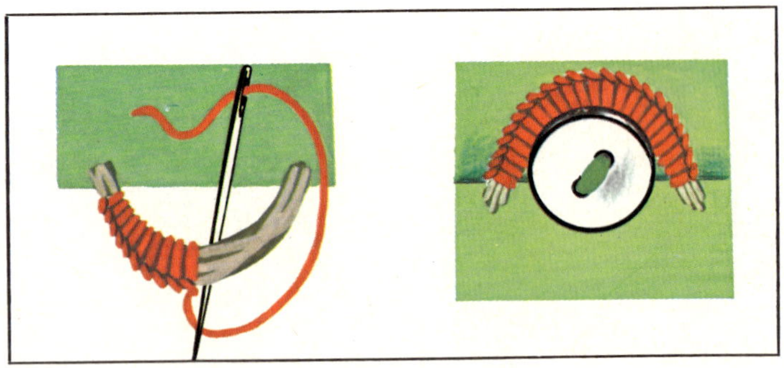

Schlingenknopfloch

Das Annähen eines Wäscheknopfes mit kurzem Stiel

Ösenknopf mit Stiel

Vierlochknöpfe

Druckknopf, Haken und Ösen

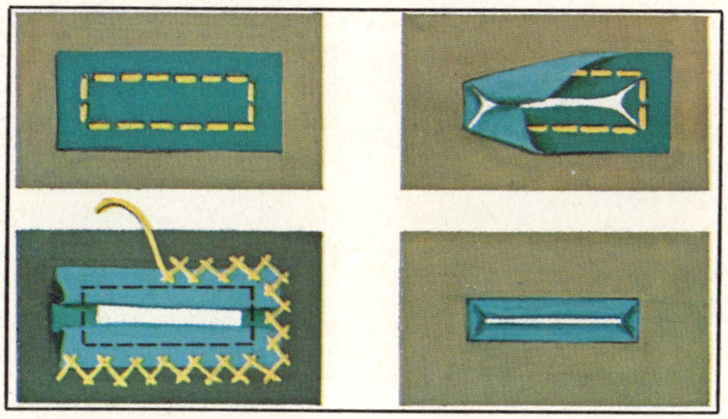

Paspel-Knopfloch

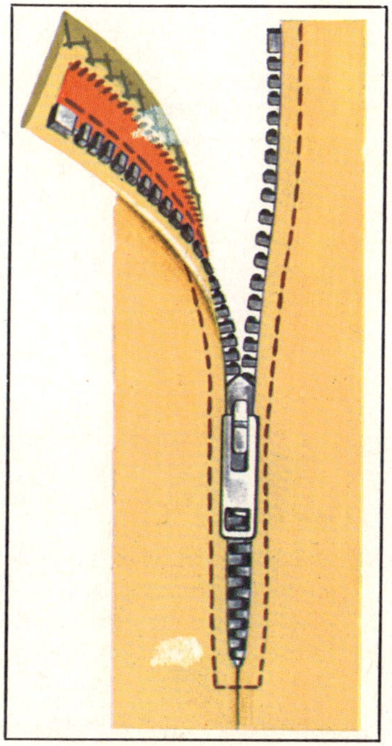

Der gleichseitig
eingenähte Reißverschluß

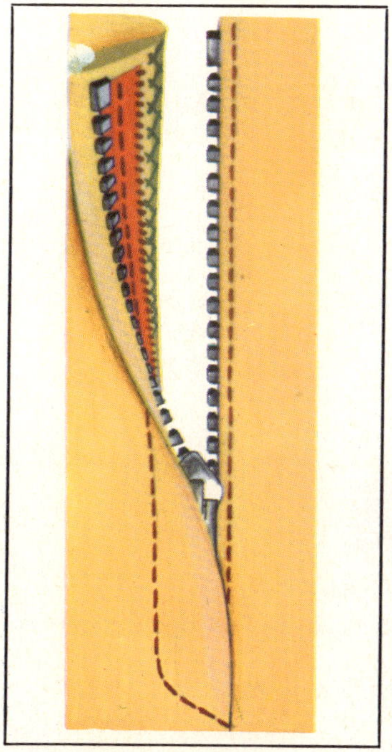

Der verdeckt eingenähte
Reißverschluß

18

HANDNÄHEN

Auftrag

1

Saumgestaltung

(Saumstich und schräge Ecke), Hohlsaum

Set und Serviette

Schmucktechnik:

Sticken oder Stoffdruck

Der handgenähte Saum bildet den Abschluß einer Stofffläche.

Material

2

Gminder Linnen, Schülertuch, Siebleinen, Dralon, passendes Nähgarn, Nadeln und Scheren, Papier, Meterband

Verfahren

3

Die Maße der Grundform sind für die Serviette als Quadrat 30 x 30 cm, für das Set als Rechteck 30 x 45 cm. Die Saumbildung und die schräge Ecke üben wir mit Papier. Dann arbeiten wir am Stoff:

Kante $^1/_2$ cm umschlagen, mit dem Fingernagel gut feststreichen, die Spitze der Ecke in der doppelten Breite des gewünschten Saumes umlegen (4 cm ergeben 2 cm Saum, 6 cm ergeben 3 cm Saum).

Nun falten wir die Diagonale rückwärts zusammen und nähen beide Teile mit überwendlichen Stichen zusammen. Wir schneiden auf Saumbreite ab und streichen die Naht aus. Das Ganze wird umgedreht.

Den Saum heften wir ringsum und säumen mit kleinen Stichen (Saumstich). Er kann auch als Hohlsaum gearbeitet werden (Arbeitsbogen S. 114). Dazu müßten wir 1–2 Fäden des Stoffes ausziehen. Vorsicht an der Ecke! Das fertige Set wird entweder mit einer Stickerei oder einer Stoffdruckkante geschmückt. Dieser Dekor richtet sich wiederum nach den Maßen und den Farben der Stofffläche.

Die Serviette wird in der gleichen Weise gesäumt oder mit einer Hohlsaumkante versehen.
Siehe auch Auftrag S. 158 ff.

19

20

Auftrag

1

Anwendung verschiedener Nähstiche

a) **Kinder- oder Puppenkittel** [*18, 19*]
b) **Beutel** [*20*]
(Heftstich, Steppstich, Saum, Schaube, Naht, Festonstich)

Gefaltete oder doppelt gelegte Stoffflächen werden mit entsprechenden Nähten und Stichen verarbeitet.

Material

2

Schülertuch, karierter oder einfarbiger Wäschestoff, Dralon, Nähgarn, Nadeln, Litzen, Kordeln, Stickgarn

Verfahren

3

a) Die Form des **Kittels** wird aus dem Rechteck gearbeitet. Die Armlöcher werden der Zeichnung gemäß eingeschnitten und die umgelegten Schnittkanten mit Festonstich eingefaßt.

Die rückwärtigen Kanten werden gesäumt oder durch eine kurze Naht geschlossen (Steppstich). Der obere Saum wird als Schaube gearbeitet (Nahtumschlag oder Saum mit Banddurchzug). Die Schaube muß so breit sein, daß ein Bändchen durchgezogen werden kann. Der untere Rand wird gesäumt und kann mit Stickerei oder Borten verziert werden.

b) Die Größe des **Beutels** richtet sich nach dem Verwendungszweck. Unser Musterbeutel hat die Größe 30 x 25 cm im Fertigzustand. Wir falten den Stoff so, daß die untere Kante des Beutels im Stoffbruch liegt. Wir schließen auf beiden Seiten mit einer Doppelnaht, die mit Steppstichen genäht wird. Die Oberkante wird wieder mit einer Schaube versehen, durch die ein Band oder eine Schnur gezogen wird.

Die Öffnungen für die Schnur werden mit Festonstich versäubert. Der Beutel kann mit einem lustigen Stoffdruck oder einer Applikation verziert werden.

STICKEN

Weit über 100 Jahre ist es her, daß dieses Mustertuch von einem jungen Mädchen gestickt wurde. Ihren Namen hat sie mit winzigen Stichen eingestickt, Jeannette Pittet, 1849. Damals setzte man seinen Ehrgeiz daran, viele Muster zu erfinden und stickte dieselben später auf Tischdecken, Bettwäsche und Kleidungsstücke. Wir bewundern diese kleine Kostbarkeit und wissen genau, daß wir heute weder Zeit noch Geduld dafür aufbringen würden. Und doch ist die Kunst des Stickens, die seit vorgeschichtlichen Zeiten geübt wird, noch nicht ausgestorben. Gerade heute macht die Mode diese Ziertechnik wieder aktuell und holt die Anregungen dazu aus den Motiven der alten Volkskunst vieler Länder. Die große Reisewelle trägt ihren Teil dazu bei, daß Stickschöpfungen aus aller Welt neue Wertschätzung erfahren.

21

Stiche aus dem gespannten Faden

Stickarten

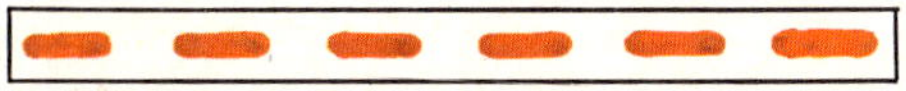

Vorstich

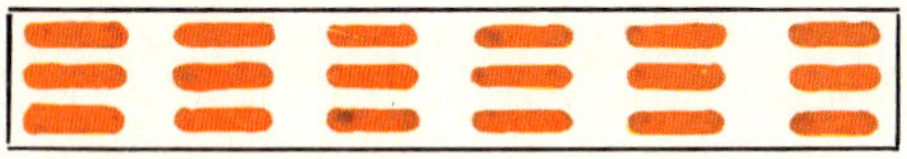

Webstich

Sie werden in einer Richtung in das Gewebe eingestopft.

Kästchenstich

Kreuzstich

Sternchenstich

Diese Stiche haben ihre Begrenzung im Quadrat.

Aus allen Sticharten können entstehen:

Reihungen,
Borten,
Flächen,
ornamentale Muster und Figuren,
freie Bildstickerei.

Hexenstich

Die Fäden sind diagonal gespannt, die Stiche erscheinen in Reihen als Abschlüsse oder Borten.

Alle Muster der fadengebundenen Stickerei entstehen aus dem **Zahlbild.**

Alle Zählmuster werden durch **Farbwechsel** reicher und bildhafter.

Musterbildung aus der Farbe:

1. durch Kontrastfarbe
2. durch Farben Ton in Ton
3. durch Buntheit

Übungen zum Vor- und Webstich

Wir führen den Vorstich in regelmäßigen Zahlabständen durch das Gewebe: 4–4–4

Die Wiederholung dieses Zahlbildes kann in mehreren Reihen erfolgen.

Wir versetzen die einzelnen Blöcke:

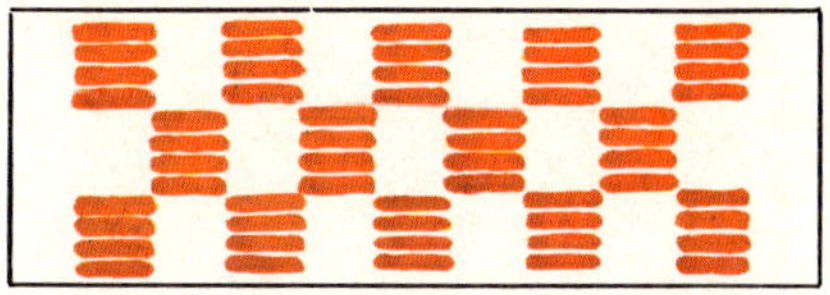

Wir arbeiten Muster in verschiedenen Farben:

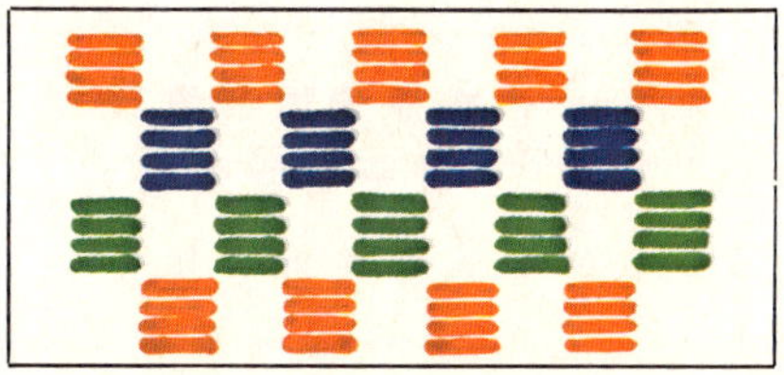

Durch Verkürzen und Verlängern verändert sich das Formbild:

Durchbruchstickerei

Wir machen Stickproben auf Siebleinen.

Der Stoff wird auf Stickrahmen gespannt.

Zu Beginn Knoten auf der Oberseite des Stoffes, diagonal zum ersten Stich.

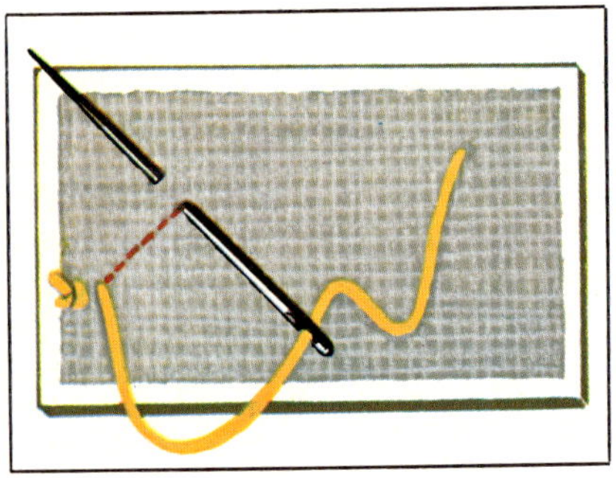

Der Knoten wird später abgeschnitten und der Faden auf der Rückseite vernäht.

Farbe des Stickfadens:

Ton in Ton
ein Kontrastwert
nicht bunt

Hohlsaum

Gliederung des Gewebes durch Fadenauszug

Befestigung durch Stiche

Musterbildung durch Zahlbündel

klassischer Hohlnahtstich:

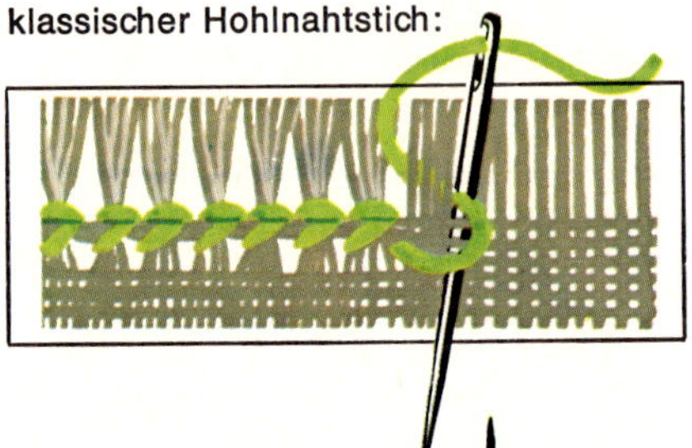

Schweizer Hohlsaumstich:

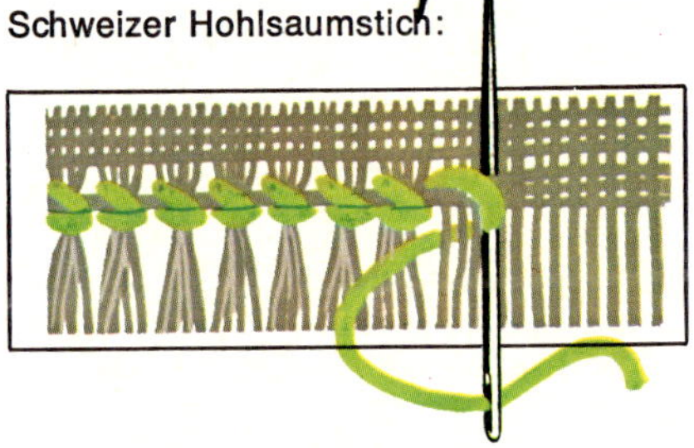

senkrechte Bündelung:

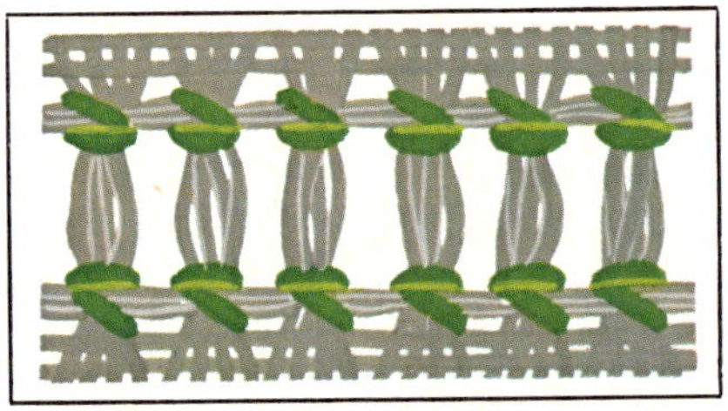

versetzte Bündelung:

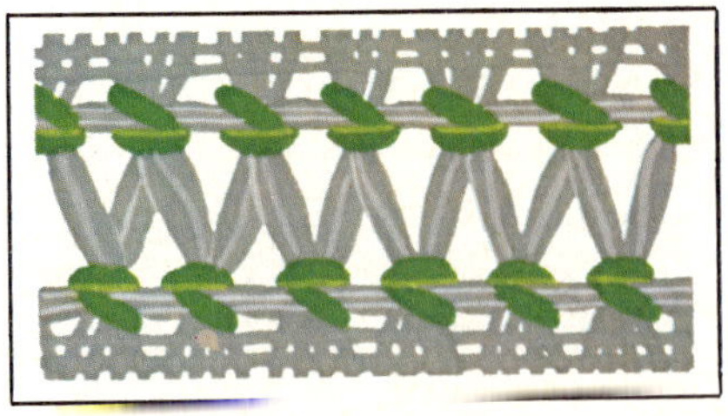

verschränkter Durchbruch
einfache Verdrehung der Fadengruppen:

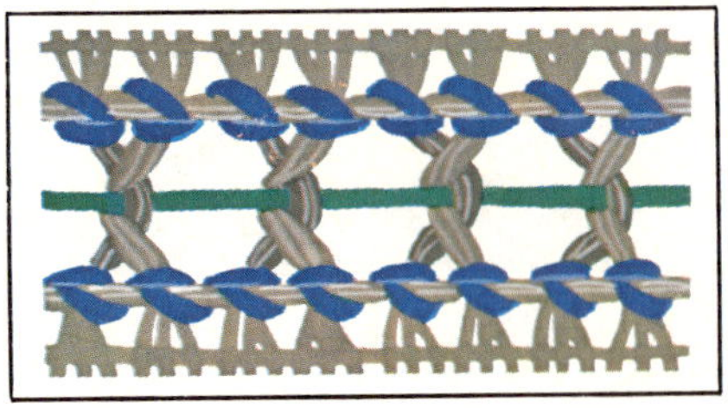

doppelte Verdrehung der Fadengruppen:

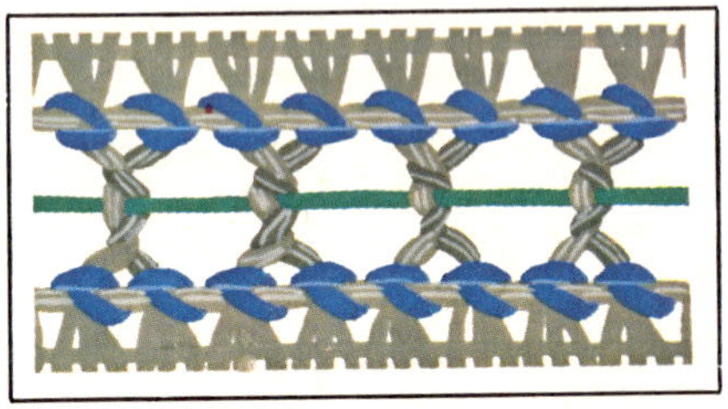

Büscheldurchbruch:

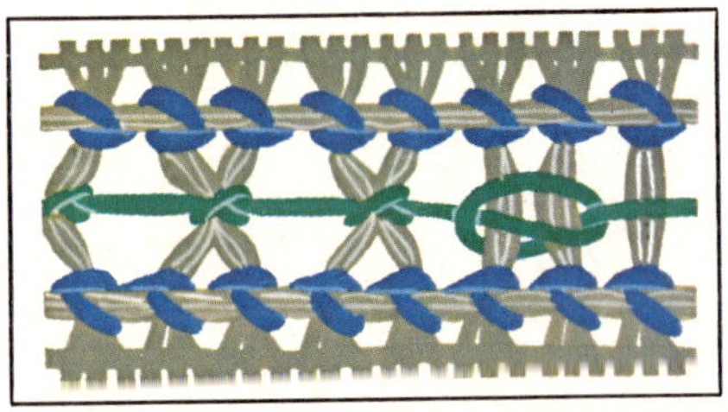

Wickelstich

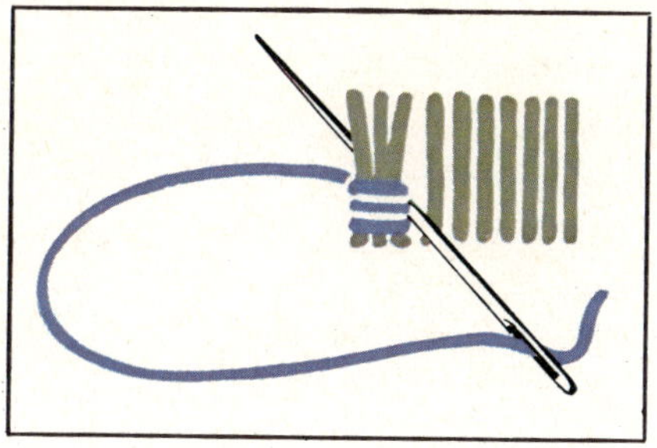

Zugstickerei oder Ajourtechnik

Gliederung des Gewebes durch festes Anziehen der Stiche, ohne Fadenauszug

einfaches Grundmuster

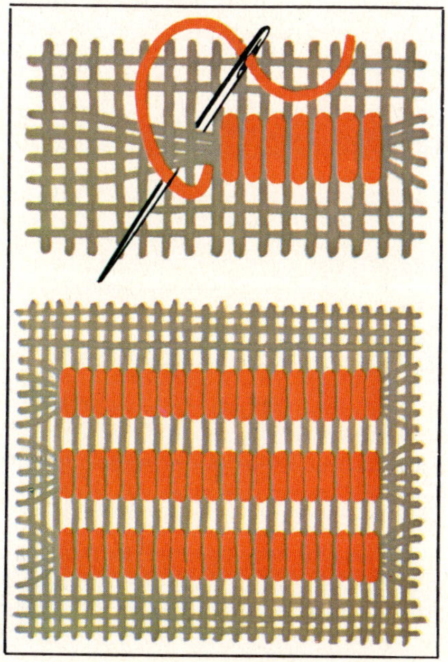

Wickelajour

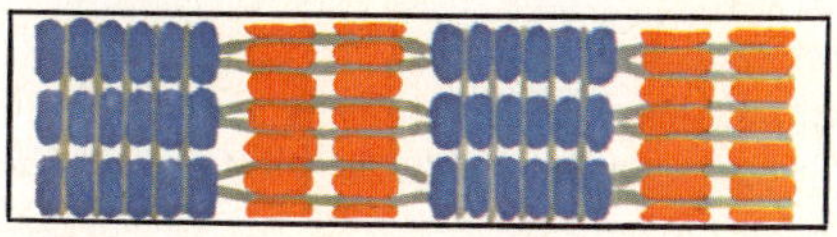

Lochbildung durch Kästchenstich

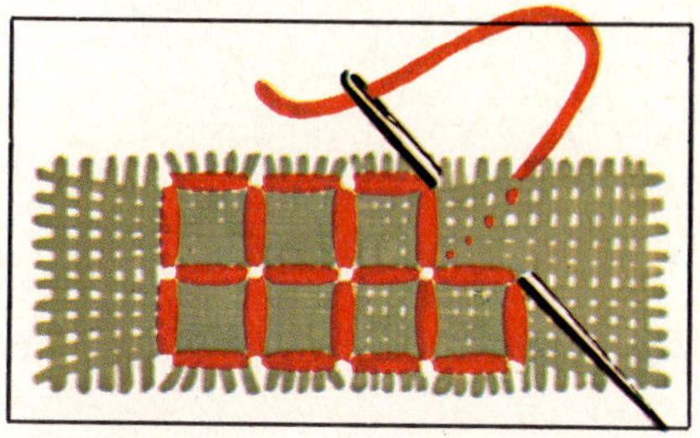

Kreuzstich

Sternchenstich

Sternmuster im Quadrat aus der Mitte verspannt
starke Lochwirkung

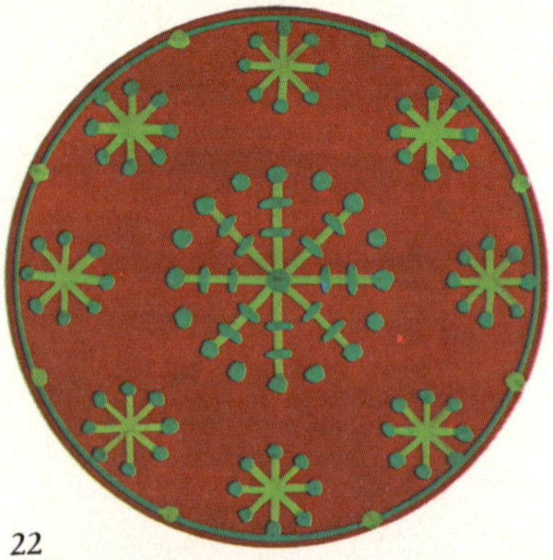

22

23

24

Auftrag

1

Fadengebundene Stickerei

Schmuckkanten an einem Set und einer Serviette, Läufer

Aus Stickreihen und Stichverbindungen entstehen Borten und Flächen [*22, 23, 24*].

Material

2

Leinen- oder Baumwollgewebe gut waschbar und zählbar: Schülertuch, Flockenbast, Dralon, Siebleinen

Stickgarn in passenden Farben und passender Qualität, Sticknadel, Schere, Rahmen

Verfahren

3

Die Maße der Stofffläche berechnen wir nach der Größe des Tisches oder der Form des Geschirrs. Über die Formgewinnung informieren wir uns in dem Kapitel „Wohnraumgestaltung" S. 158.

Vor Beginn der Arbeit sollten wir eine kleine Probe machen, damit wir die Wirkung der Stiche und der Farben in unserem Gewebe erforschen können.

Für die Schmuckkante wählen wir einen der uns bekannten Stiche. Wir können aber auch mehrere Sticharten miteinander kombinieren. Wichtig ist, daß das Muster in Farbe und Breite mit der Form der Fläche, mit dem Geschirr und mit der Umgebung harmoniert.

Rechteckige Sets schmücken wir am besten mit einer schmalen Borte an beiden Breitseiten. Die Serviette könnte in einer Ecke ein passendes kleines Motiv erhalten.

Die Stickerei der ovalen und runden Sets paßt sich in Stich und Verteilung der Form an.

Die Säume des Sets und des Läufers richten sich nach der Art der Stickerei. Wir können einen einfachen unsichtbaren Saum arbeiten. Durchbruchstickereien erhalten einen Saum aus feinen Hohlsaumstichen. Auch farbiges Band oder schmale Schrägstreifen können als Abschluß an feineren Geweben gut aussehen.

Vorschläge:

Set:

kirschrot, grüne Stickerei

Saumstich, einfacher Vorstich mit Durchzug

Deckchen oder Buchhülle in fadengebundenem Gewebe:

Fadendurchzug im Zählsystem

Farbe: orange, rot und gelb

Gewebeverändernde Stickerei im Stopfverfahren

Farbe: orange und gelb auf schwarz

25

26

27

Auftrag

1

Sticken von Flächen

Schmuckkanten an Ärmeln und Ausschnitten von Kleidern und Wäsche, an Kragen und Manschetten, Taschen und Gürteln [*25, 26, 27*]

Stickfelder und Borten werden in sinnvoller Weise zum Schmuck für unsere Kleidung.

Material

2

a) Zählbares Stoffmaterial aus Leinen, Baumwolle, Dralon

b) Stoffe in Wolle und Seide

Stickmaterial passend zum Gewebe, Sticknadeln, Rahmen

Verfahren

3

Wir sticken Borten und Flächen immer mit passendem Material. Stoffe mit Leinenbindung besticken wir mit fadengebundenen Stichen. Seide, Wolle, Tuche können mit freien Stickmustern geschmückt werden. Wir haben so viele Stiche zur Auswahl, daß es nicht nötig ist, nach Vorlagen oder Vordrucken zu sticken. Es macht bestimmt mehr Freude, eigene Ideen auszuführen. Auch Durchbruchstickerei in Verbindung mit anderen Stichen ergibt reizvolle Borten oder Stichflächen.

Taschen, Gürtel, Kragen und Manschetten an Festkleidern dürfen neben den Stickflächen auch mit Perlen und aufgenähten Schnüren kombiniert werden.

Wir stimmen aber Stickerei und Farben gut auf die gesamte Garderobe ab und hüten uns vor allzuviel „Geglitzer".

Folkloremuster sind heute sehr in Mode. Wir versuchen, selbst neue Muster und Farben zu kombinieren.

Wir bedenken aber auch, daß nicht zu jedem Kleidungsstück und zu jeder Schnittform Stickerei paßt. Wir informieren uns in guten Zeitschriften und lassen uns beraten.

An Kinderkitteln und Kinderkleidchen ist eine kleine schmückende Stickerei nach wie vor beliebt.

Freie Ziersticke

können auf jeder Stoffart ausgeführt werden, sie sind an keine Gewebestruktur gebunden.

Sie können in jeder Richtung und Schwingung ausgeführt werden, wir können sie auf einer vorgezeichneten Linie nachsticken.

Die linearen Stichformen heißen:

1. Stielstich
2. Knötchenstich
3. Schlingstich
   a) Langetten- oder Festonstich
   b) Grätenstich
   c) Kettenstich

Aus jedem Stich lassen sich beliebige Abwandlungen erfinden.

Stielstich

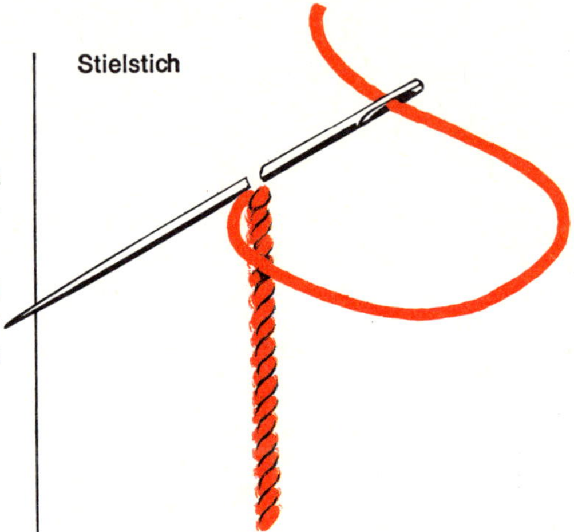

Knötchenstich

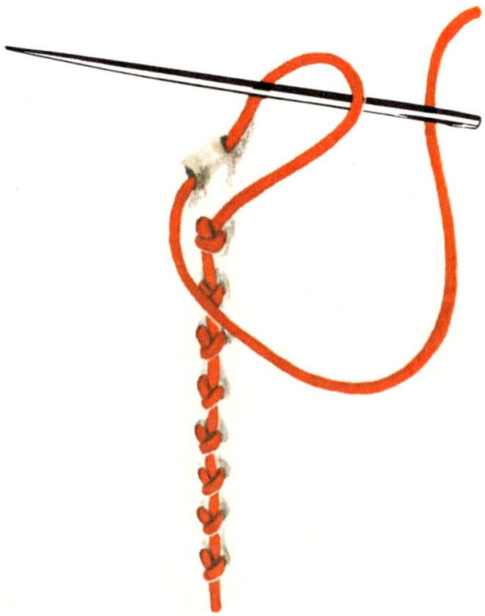

Schlingstich

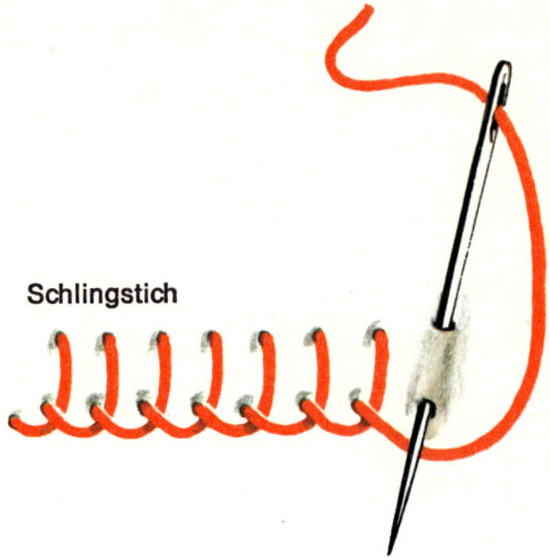

auch Langetten- oder Festonstich eignen sich zur Randbefestigung

Kettenstich

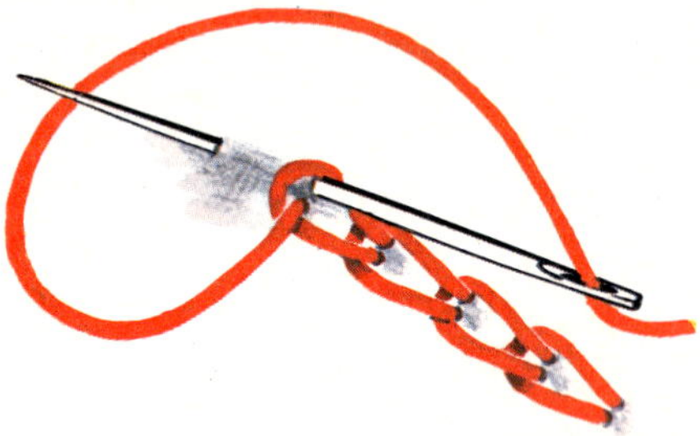

Grätenstich

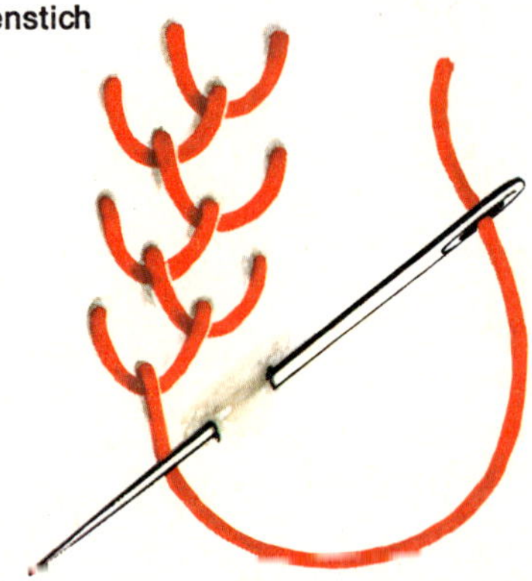

Füllstiche

Sie haben flächige, plastische Wirkung. Sie können in jeder Richtung verspannt werden.

Wir sticken sie so dicht, daß damit Flächen ausgefüllt werden.

1. Plattstich oder Flachstich
2. großer Schlingstich
3. großer Steppstich

Plattstich

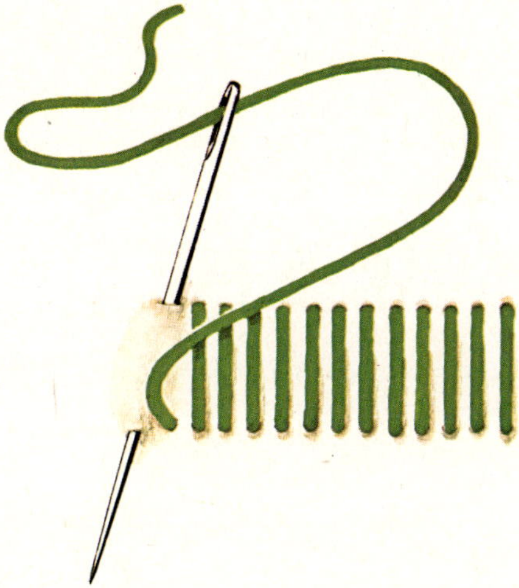

a) Form aus Bewegungsrichtung

b) Richtung- und Farbwechsel

Großer Schlingstich

28

29

Auftrag

1

Freie Stickarbeit

Wandteppich (Gemeinschaftsarbeit)

Themen:

Unsere Stadt, Märchen *[29]*
Advents- oder Weihnachtsteppich *[28]*

Aus verschiedenen Stickstichen werden freie Flächenformen erfunden und bildhaft zusammengestellt.

Material

2

Grober Rupfen oder grobes Leinengewebe
Bunte Woll- oder Garnreste, Perlen und Knöpfe, Bohnen und Kerne
Dicke Sticknadeln, kleine Rahmen oder ein großer Rahmen

Verfahren

3

Dieser gemeinsame Wandteppich kann von einer Gruppe gearbeitet werden; man kann aber auch einzelne Felder, die jedes Kind herstellt, zu einem großen Stück zusammenfügen. Bei der Bildgestaltung sollten wir ganz frei mit Farben und Stickformen umgehen. Zunächst stellen wir aus unserer Materialsammlung eine reiche Auswahl von Garnen, passend zum Grundmaterial, zusammen. Wir können sie wie beim Fadenlegen auf der Fläche verteilen, um die Wirkung auszuprobieren. Es ist sehr wichtig, daß genügend Sticknadeln vorhanden sind, um möglichst oft den Faden wechseln zu können. Bei der Bildstickerei darf der Stickfaden auf der Rückseite verknotet werden. Wir beginnen mit der Farbe, die uns am meisten anregt. Die Stiche müssen nicht gleich groß sein. Lange Spannfäden können durch Befestigungsstiche neue Strukturen bekommen.

Wir können webstopfen, knoten und Fransen bilden, wir können Perlen und Knöpfe und dgl. mit einfügen. Bei dieser Arbeit gehen Erfinden und Sticken Hand in Hand. Wenn die Arbeit gelingen soll, darf uns auch ein Auftrennen nicht mutlos machen.

Einen Weihnachts- oder Adventsteppich könnten wir in fadengebundener Stickerei auf blauem oder gelbem Leinengrund durchführen. Die Motive (Tannenbaum, Sterne, Kugeln, Weihnachtsmann) werden streng und ornamental aus dem Zahlbild aufgebaut.

Stichübungen (Kreuzstich, Hexenstich)

Bildhafter Aufbau aus Reihe und Fläche (Gemeinschaftsarbeit)

DRUCKEN

30 Kissenpuppe mit Druckdekor

Es gibt so unzählige bedruckte Stoffe zu kaufen, daß es fast unnütz erscheint, selbst zu drucken. Dennoch hat der Stoffdruck seine Berechtigung. Wir gewinnen bei dieser Arbeit Verständnis für Muster und Farbe, wir lernen die dekorative Wirkung eines Druckes auf dem Stoff verstehen. Wir freuen uns, wenn Stoffe entstehen, die in eigener Regie gedruckt wurden.

Das Drucken ist ein sehr altes Handwerk. Am bekanntesten sind die Blaudrucke aus bäuerlichen Kulturen mit Tier- und Blumenmotiven.

In völkerkundlichen Museen können wir Handdrucke aus allen Ländern der Erde bewundern.

Mit dem Kunsthandwerk aus Skandinavien kam der Stoffdruck auch in jüngster Zeit wieder zur Geltung. Sogar die Industrie übernimmt häufig Handdruckmuster zur Gestaltung moderner Stoffe.
Wenn wir in der Schule drukken wollen, können wir verschiedene Druckverfahren anwenden:

Es lassen sich praktisch alle Materialien drucken, die eine interessante Spur aufweisen. Das sind Kartoffeln, Kork, Rund- und Vierkanthölzer, Kanten von Pappe, Holz und Kunststoff, Kordeln, Naturmaterialien, Stroh, Wellpappe.

Auch die Strukturen ausdrucksvoller Textilien wie Spitze, Rupfen, Kord hinterlassen reizvolle Abdrücke auf dem Untergrund. Eine weitere Möglichkeit des Druckens wird durch Schneiden von einfachen Grundformen in Pappe, Kork, Linol, Gummi und Kunststoff erreicht.

Die Musterbildung erfolgt durch Farbauftrag in Streuung, Reihung und Flächengliederung.

Am meisten bekannt ist das Drucken mit dem Linolstempel (Druckmodel). Hier wird ein Motiv in bildhafter oder ornamentaler Form mit einem besonderen Schnitzmesser aus dem Stempelmaterial herausgeschnitten. Die Oberfläche wird in positive und negative Felder gegliedert, die beim Abdruck umgekehrt erscheinen. Beim Nebeneinanderdrucken entsteht ein Rapport (Wiederholung), der schon im Entwurf berücksichtigt werden muß. Das Motiv für den Linolstempel können wir vorher in schwarzem Papier ausschneiden.

Es gibt verschiedene Sorten von Stoffdruckfarben, die je nach Art der Stempel benutzt werden, z. B.

- flüssige Farbe aus der Flasche für Kartoffelstempel und Schablonen
- gebundene Tubenfarbe für Papp- und Materialdruck und Linolstempel.

31 Tischläufer – Materialdruck
Pappe – Korken

32 Kartoffelstempel
Korken
(Kinderarbeit)

Auftrag

Drucken mit Materialstempel

Kopftuch, Schal, Kante an Set und Serviette, Decke [*31, 32*]

Wir gestalten Flächen mit Druckelement und Farbe durch Streuung, Reihung, Muster aus Zahlaufbau.

Material

Stempel aus Kartoffelstückchen, Hölzern in verschiedenen Formen, Korken, ringförmigen Gegenständen (Fingerhüte, Flaschenverschlüsse), Kanten aus Pappe und Kunststoff, aufgelegte Kordel (Seite 13).

Farben:

wasserlösliche Farben zur Übung, Stoffarben zur Ausführung

Pinsel, evtl. Stempelkissen, Stecknadeln

Ausgewaschener Stoff (Nessel, Leinen, Baumwolle)

Papier zur Unterlage und zum Abbügeln

Verfahren

Wir üben auf Papier:

Bevor wir mit dem Drucken auf Stoff beginnen, probieren wir Farbe und Muster auf Papier aus. Wir wählen verschiedene Stempel, bestreichen sie mit Farbe und drucken

nebeneinander,
untereinaner,
im Farbwechsel,
im Zahlbild.

Je mehr Zeit wir auf diese Übungen verwenden, um so besser wird uns die Arbeit gelingen.

Wir drucken auf Stoff:

Wir überlegen, an welcher Stelle das Muster erscheinen soll. Wir können dazu unser Papiermuster ausschneiden und auflegen. Wichtig ist vor allem das Zusammenspiel der Druckfarbe mit dem Untergrund. Nachdem wir unseren Stempel mit der Stoffarbe eingepinselt haben, versuchen wir den ersten Druck auf einem Musterläppchen. Es wird vielleicht nötig sein, den richtigen Farbton zu mischen (Farbtöpfchen).

Wir stellen auch fest, daß die Schattierungen, die bei mehrmaligem Abdruck entstehen, viel reizvoller sein können als der gleichmäßige Farbauftrag.

Wenn wir ganz klar sind, wie Farbe und Stempel auf dem Stoff wirken, können wir unser Werkstück bedrucken. Der Stoff wird auf einer weichen Unterlage festgesteckt. Zur Erleichterung des Druckes von geraden Reihen können wir mit einer spitzen Nadel

33 Schablone

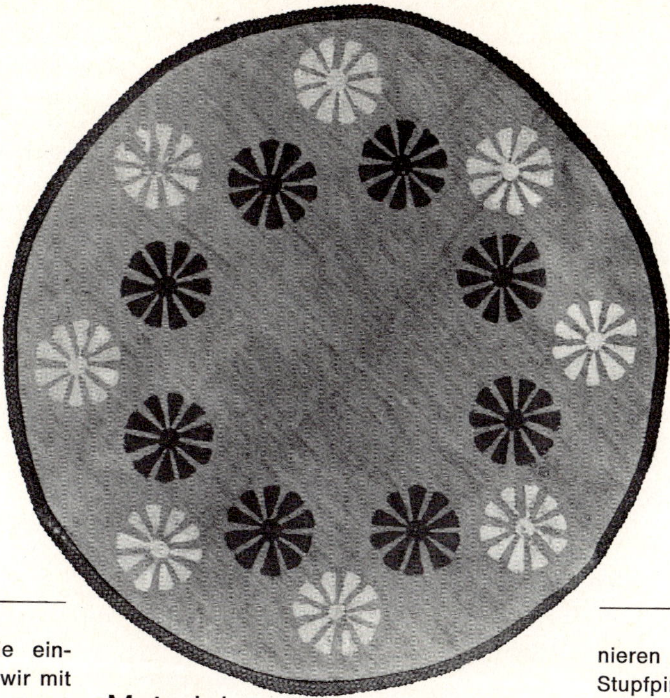

34
Rundes Deckchen:
Druckmotive aus der Kreisform
Farbe: grün – Ton in Ton

und mit dem Lineal eine Hilfslinie eindrücken. Wenn wir fertig sind, bügeln wir mit Saugpapier (Löschpapier, Papierserviette) auf einer Schonunterlage sorgfältig ab. Die Stoffdruckfarben sind waschbar.

Auftrag

1

Drucken mit Schablonen [33]

Modische Stoffe, freie Bildgestaltung

Der negative Ausschnitt einer Fläche wird durch Druck und Farbe auf Stoff übertragen.

Material

2

Pappe, Metall- oder Kunststoffolie, Stupfpinsel, flüssige Stoffarbe, Pappmesser, Schere, Unterlage und Bügelpapier, Stoffmaterial

Verfahren

3

Den Entwurf zu unserer Arbeit können wir im Kunst- oder Werkunterricht arbeiten. Er wird am besten durch Scheren- oder Faltschnitt entwickelt.

Das Muster wird auf Pappe oder Folie aufgelegt, durchgezeichnet und mit dem Pappmesser sauber ausgeschnitten. Zum Schablonieren (Abdrücken) benutzen wir einen Stupfpinsel. Auch hier müssen auf einem Probestück Farbe, Stoff und Muster miteinander abgestimmt werden. Wir tragen die Farbe nicht zu stark auf, damit sie nicht unter die Ränder fließen kann. Das Schablonieren hat den Vorteil, daß man das Muster evtl. in 2 Farben übereinander drucken kann. (Versuche!)

Nach jedem Auftrag heben wir die Schablone vorsichtig ab, prüfen die Rückseite auf Sauberkeit und legen erst dann neu auf.

Aus bildhaften Motiven lassen sich reizvolle Wandbehänge zu einer Gemeinschaftsarbeit zusammenstellen (Bäume, Kinder, Häuser).

35 Druck mit Linolstempel (positiv – negativ), Stoffdekor

Auftrag

Drucken mit Linolstempel

Decke, Set *[36]*

Kissen oder Tasche,
Wandbehang mit Bildmotiven

Positive und negative Schnittformen ergeben das Muster des Druckstockes, der als Einzelmuster oder in Wiederholung (Rapport) auf den Stoff übertragen wird *[35]*.

Material

Linoleum oder Platten aus Kunststoff, Holz für den Druckstock, Linolwerkzeuge, Stoffdruckfarben in Tuben, Gummiwalze und Glasplatte, alte Zeitungen, Löschpapier, saubere Lappen, etwas Terpentin

Leinen, Nessel, Rohseide, Dralon (alle Stoffe ohne Appretur!)

Verfahren

Wir versuchen an einem Probestück, wie die Linolmesser schneiden, und beobachten die Wirkung der Schnittformen. Wir sehen die Entstehung der Linien, der negativen und positiven Flächen. Wir können an einem Probedruck die Hell- und Dunkelwirkung verfolgen.

Wir schneiden die Linolplatte in die gewünschte Flächenform, Quadrat, Kreis, Rechteck oder Dreieck. In der gleichen Größe

36 Weißer Druck auf rosa Grund, weißer Paspelsaum

entwerfen wir das Muster auf Papier. Ein Bildmotiv soll sich gut in die Fläche einfügen.

Vor dem Schneiden stellen wir Verbandsmaterial bereit. Bei richtiger Handstellung werden wir uns nicht verletzen!

Die linke Hand liegt vor der Platte auf dem Tisch, damit wir uns mit dem Messer nicht schneiden. Wir übertragen die Zeichnung mit einem Pauspapier auf die Linolplatte. Die Felder, die stehen bleiben sollen, färben wir mit dem Bleistift dunkel ein. Die Negativformen werden mit dem Linolmesser ausgehoben.

An Stelle der Zeichnung können wir unseren Entwurf in schwarzem Scherenschnittpapier schneiden, auflegen und durchzeichnen. Die fertige Platte wird auf eine passende Holzunterlage sorgfältig Kante auf Kante geklebt. So erhalten wir unser Druckmodel. Zur besseren Orientierung beim Drucken kleben wir ein Papiermuster auf die Oberseite des Models (Vergleiche S. 13).

Wir drucken:

Wichtig ist, daß unser Arbeitsplatz sorgfältig vorbereitet wird. Auf einem Teil des Tisches wird die Unterlage mit dem zu druckenden Stoff aufgespannt, daneben decken wir den Tisch mit Papier ab für die Glasplatte, die Walze und die Farben. Ein Stück Farbe wird aus der Tube auf die Platte gedrückt und mit der Walze gerollt, bis sie gleichmäßige kleine Blasen bildet. Der gewünschte Farbton kann auch durch Mischen der Farben erzielt werden.

Wir rollen die gut eingefärbte Walze über den Druckstock, bis alle erhabenen Teile mit Farbe bedeckt sind. Mit einem sauberen Tuch können wir überschüssige Farbe wegnehmen. Wir machen einen Probedruck auf Stoff, um zu sehen, wie Druck und Farbe wirken. Um den Druck in der richtigen Flächenaufteilung anzubringen, probieren wir mit dem Papiermuster aus und drücken mit einer Nadelspitze die Konturen (Umgrenzungen) ab. Besonders beim Rapport (Wiederholung) des Musters ist diese Hilfe sehr notwendig. Die überschüssige Farbe wird nach Vollendung der Arbeit mit Saugpapier abgebügelt. Nach dem Drucken reinigen wir Druckstock, Walze und Glasplatte gut mit Terpentin.

Das Fertignähen folgt nach dem Drucken. Bedruckte Stoffe sollten erst nach einigen Wochen gewaschen werden, damit die Farbe haltbar bleibt.

BATIKEN

Batik ist ein altes Stoffärbeverfahren, das vor allem aus dem asiatischen Kulturkreis zu uns gekommen ist. Jedes Land hatte seine eigenen Techniken und besonderen Muster.
Das Verfahren ist eine Reservetechnik, d. h. es werden durch Binden, Knoten, Falten oder Abdecken mit Wachs Muster ausgespart.

Wir kennen verschiedene Plangitechniken (Plangi = ausgesparter Fleck): Stoffälteln und Abpressen, Verknoten und Verflechten, Abbinden und Einbinden von Gegenständen.
Abnähen in Kreisformen und Reihen heißt Tritik.

Es können auch alle diese Möglichkeiten kombiniert werden.
Bei der eigentlichen Batik werden Muster mit Wachs bedeckt und bleiben bei der Färbung im Farbton des Grundgewebes erhalten.

Durch weiteres Abdecken kann von hellen zu dunklen Tönen weitergefärbt werden.

Beim späteren Ausbügeln des Wachses werden die reservierten Stellen freigelegt.
Der Reiz der Batik wird durch die Wachsbrüche, die Krakeluren, erhöht.

37 Kinderarbeit, 2. Schuljahr.

38 Decke

39 Krawatte

Auftrag

1

Färben durch Abbinden und Knoten (Plangi)
Färben durch Abnähen (Tritik)

(Arbeitsbogen S. 130)

Bunte Tücher

Durch Abbinden, Knoten oder Einreihen werden bestimmte Stellen des Stoffes beim Färben ausgespart und bilden das Muster [*38*].

Material

2

Dünner Batist oder reine Seide, dünner Baumwollstoff (alle Stoffe ohne Appretur)
Garne und Schnur, Nadeln, evtl. Perlen, Steine, Fruchtkerne zum Einbinden, Batikstoffarben, Eimer und Schüsseln, heißes Wasser, Bügeleisen, Gummihandschuhe

Verfahren

3

Wir richten das Farbbad her:

Im Handel werden deutsche, französische und holländische Farben für das Batiken angeboten. Die Gebrauchsanweisungen sollten sorgfältig beachtet werden. Nach ihnen wird das Farbbad hergestellt.

Wir binden ab:

a) langer Schal in Plangi:
Der Stoff wird in den gewünschten Abständen geknotet. Die Zwischenräume werden gedreht und ein Stück davon mit einem Faden fest umwickelt.

b) Vierecktuch in Tritik:
Vom Mittelpunkt des Quadrates aus werden Kreisformen geheftet; der Heftfaden wird stark angezogen und die Kräuselstelle dicht umwickelt. Die Wicklung kann in verschiedenen Breiten erfolgen.

Es empfiehlt sich, den Stoff beim Umwickeln spiralig nachzudrehen. Der Fadenabschluß wird verknotet.

Bei dieser Wickelung erhält das Tuch ein großes sonnenförmiges Muster. Man könnte auch verschiedene größere und kleinere Kreisformen einnähen und aufwickeln. Es können evtl. auch Perlen oder Steine eingebunden werden. Wir achten auf gute Verteilung der Muster.

Wir färben:

Die vorbereiteten Tücher können nun gefärbt werden. Es ist sehr günstig, wenn wir Gummihandschuhe benutzen. Das Farbbad sollte neben dem Spülbecken stehen, damit wir beim Herausnehmen nichts beschmutzen.

Die Dauer der Färbung können wir selbst bestimmen. Zarte Töne bleiben kurz im Bad, intensive Farbtöne sollten mindestens eine

40 Batikschal, 8. Klasse

Viertelstunde gefärbt werden. Für längere Färbung muß die Wickelung sehr stramm und exakt ausgeführt werden.

Wir spülen:

Der Stoff muß nach dem Färben so oft ausgespült werden, bis das Wasser klar bleibt. Nun werden die Wickel geöffnet, die Knoten aufgelöst. Wir lassen uns überraschen, welch schöne Muster entstanden sind.
Wir können auch mehrere Färbungen durchführen. Die Knoten bleiben dabei fest geschlossen. Es kann zusätzlich neu gewickelt werden. Jede Wickelung bringt einen anderen Farbton.
Sehr wichtig ist, daß wir all diese Techniken an einem Musterläppchen ausprobieren.

Wir bügeln das fertige Tuch sorgfältig und nähen einen schmalen Rollsaum.

Auftrag

1

Färben nach Wachsauftrag – Batik

Ziel

Schal oder Stoff
Bildgestaltung

Durch Auftrag von Wachs werden der Grundton und die aufgesetzten Farbtöne isoliert. Die Art des Wachsauftrags und die Wachsbrüche bestimmen wesentlich die Bildgestaltung.

Material

2

Dünner Baumwollstoff ohne Appretur, reine Seide, dünner Nessel

Wachstopf mit Wasserbad, Pinsel und Tjanting (Arbeitsbogen Seite 130), Batikwachs, Farbbäder, Aufhängevorrichtung zum Trocknen, Bügeleisen, Batikrahmen, Zeitungspapier zum Abbügeln

Verfahren

3

Der Stoff wird aufgespannt:

Auf einen einfachen Keilrahmen oder auf Holzleisten wird der Stoff mit Reißnägeln aufgespannt, so daß eine straffe Fläche entsteht. Diesen Rahmen legen wir zwischen Tischrand und Stuhlkante, damit der Stoff frei liegt.

Wir batiken:

Das Wachs im Batiktopf muß so heiß sein, daß es beim Auftragen auf dem Stoff dunkel zerfließt. Wir versuchen auf einem Probeläppchen den Auftrag mit dem Pinsel und

41 Kinderarbeit, 2. Schuljahr

evtl. mit dem Tjantingkännchen. Wir merken dabei, daß wir schnell und entschlossen arbeiten müssen, da kalt gewordenes Wachs nicht in das Gewebe eindringt. Wir stellen weiter fest, daß durch Tropfen, Spritzen, breites Auftragen mit verschiedenen Pinseln, durch Fließen aus dem Tjantingröhrchen immer neue Wirkungen und Muster entstehen. Durch Eintauchen des Probeläppchens in Farbbäder erproben wir die gewünschten Farben.

Nach diesen Erfahrungen erst werden wir uns unseren eigentlichen Aufgaben zuwenden.

Schal oder Stoff [*40*]:

Die rechteckige oder quadratische Fläche wird sinnvoll aufgeteilt durch geometrische Formen oder durch fließende Linien und ornamentale Muster.

Bildgestaltung [*41*]:

Wir malen das heiße Wachs frei mit dem Pinsel auf. Dabei können wir nur arbeiten, solange das Wachs heiß ist. Beim Auftragen bedenken wir, daß der erste Wachsgang den Grundton festhält. Wir überlegen, welche Farbe wir betonen wollen.

Dieser erste Wachsauftrag wird durch eine Färbung deutlich sichtbar. Wir färben von Hell nach Dunkel.

Das Farbbad darf nur handwarm oder kalt sein, damit das Wachs sich nicht auflöst. Der Stoff muß sehr gut ausgespült werden, damit keine Farbe das nächste Farbbad verderben kann. Nicht wringen!

Nach dem Färben muß das Stück trocknen. Erst in absolut trockenem Zustand können wir die zweite Wachsschicht auftragen. Hierbei werden Teile der ersten Farbe abgedeckt. Wir können das Bild auch durch Muster, Tropfen, durch Linienspiele beleben und auflockern. Durch ein zweites und drittes Abdecken und Färben wird die Wirkung des Bildes gesteigert.

Soll der letzte Ton kräftig werden, muß der Stoff etwas länger im Farbbad bleiben (30 Minuten).

Bei Tüchern und Stoffen können im letzten Farbgang die Wachsbrüche (Krakeluren) verstärkt werden.

Nach dem letzten Spülen lassen wir leicht trocknen und bügeln mit Zeitungspapier ab. Wir decken den Bügeltisch mit einem alten Tuch und einer dicken Lage Zeitungen ab. Wir legen das Batiktuch auf, eine Zeitungslage darüber und bügeln heiß ab. Wir wechseln Unterlage und Auflage recht häufig.

Wachsrückstände können im Benzinbad entfernt werden.

Bei Wandbehängen steigert ein letzter Wachsrest die Farbwirkung und die Festigkeit des Gewebes.

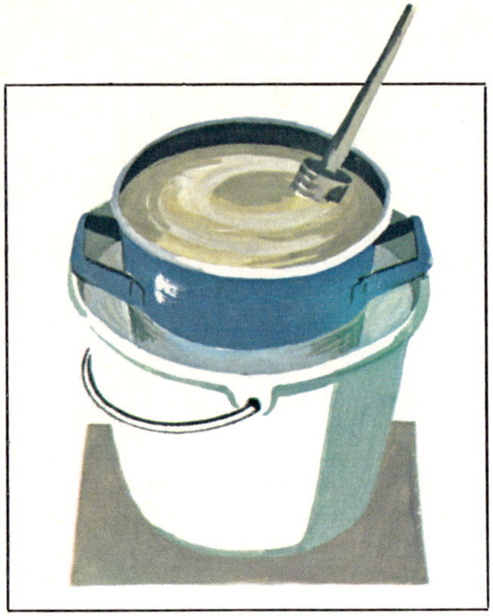

Wachstopf im Wasserbad

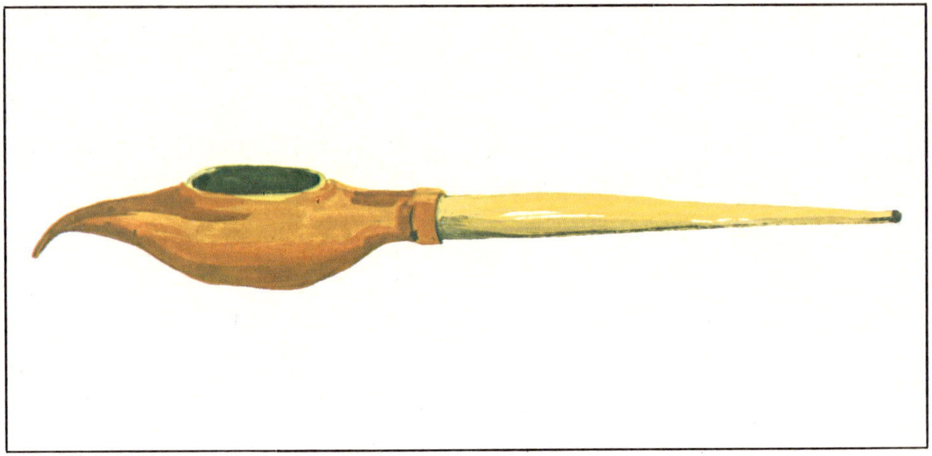

Tjanting (Wachskännchen)

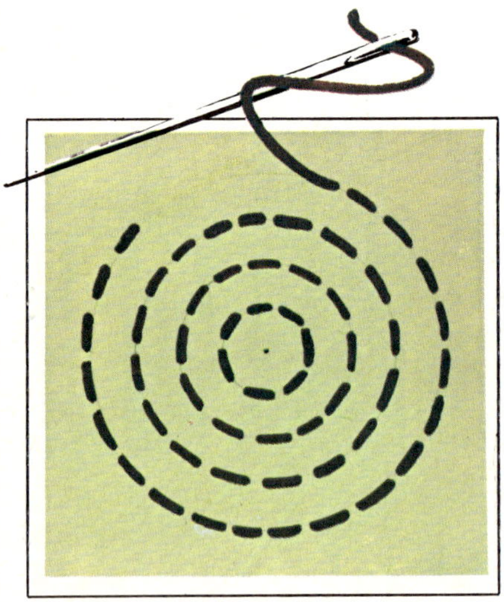

Abnähen

Umwickeln

Knoton

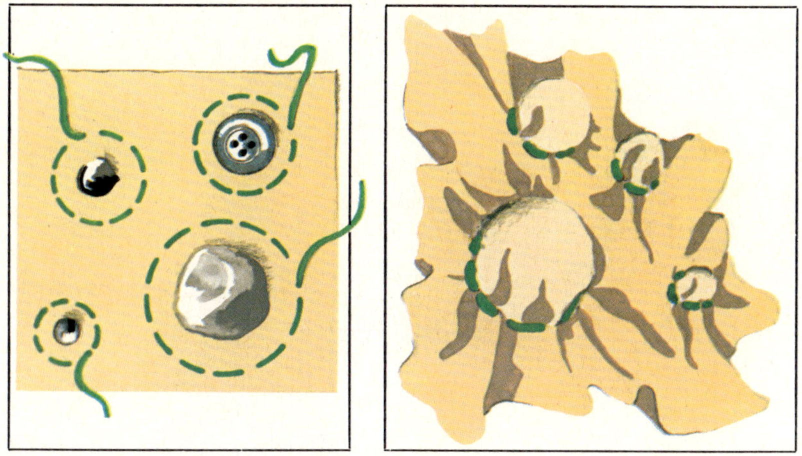

Einnähen von plastischen Gegenständen

Falten

Pressen, Abbinden

Musterbildung:

Karos

Diagonalstreifen

VON DER NÄHMASCHINE

Bis zur Mitte des 18. Jahrhunderts wurde fast ausschließlich mit der Hand genäht. Nach langen Bemühungen gelang es endlich, eine Nähmaschine herzustellen, die aber mit manchen Mängeln behaftet war. Erst im Laufe der Zeit wurden die Maschinen immer mehr verbessert, bis sie zur heutigen Form und Vollkommenheit gelangten.

Als Erfinder der Nähmaschine nennen
die Deutschen den Tiroler Madensperger 1807,
die Franzosen Thimonier 1830,
die Amerikaner Elisas Howe und J. M. Singer 1851.
1862 gründete G. M. Pfaff die erste Nähmaschinenfabrik in Deutschland.

Seit einigen Jahrzehnten setzt sich der Siegeszug der elektrischen Nähmaschine immer mehr durch. Die ersten Maschinen hatten Handantrieb, was natürlich den Nachteil hatte, daß zum Führen des Stoffes nur eine Hand frei war. Später bekamen die Maschinen Fußantrieb, was schon eine große Erleichterung bedeutete.

Heute werden hauptsächlich elektrische Maschinen verkauft, die immer funktioneller und formschöner werden.

Der Umgang mit der Nähmaschine erfordert von uns besondere Kenntnisse und Fertigkeiten. Wenn wir uns mit ihr vertraut gemacht haben, werden wir leichter, schneller und produktiver nähen können. Wir müssen unsere Maschine gut pflegen und entsprechend der jeweiligen Gebrauchsanweisung damit arbeiten.

Aufbau der Nähmaschine

Trotz der vielen Nähmaschinentypen, die wir kennen, sind die wesentlichen Teile fast aller Maschinen gleich.

Zum Unterbau der Nähmaschine mit Fußantrieb gehören: Gestell mit Trittbrett, Pleuelstange und großes Schwungrad. Bei der elektrischen Maschine werden diese Teile durch den Motor ersetzt.

Der Maschinenkopf sitzt auf der Grundplatte. Ein Lederriemen, der durch die Grundplatte geführt wird, verbindet unteres und oberes Schwungrad.

Antrieb der Nähmaschine

1. Tretmaschine:

Zwischen Trittbrett und großem Schwungrad sitzt die Pleuelstange. Wenn wir das Trittbrett mit den Füßen in Bewegung setzen, wird die hin- und hergehende Bewegung durch die Pleuelstange auf das Schwungrad in eine kreisförmige Bewegung übersetzt. Durch den Riemen wird diese auf das obere Schwungrad übertragen. Im Maschinenkopf wird diese kreisförmige Bewegung durch eine andere Pleuelstange in eine Auf- und Abbewegung der Nadelstange übersetzt.

2. Elektrische Maschine:

Der Hauptschalter wird eingeschaltet. Durch leichten Druck auf das Pedal des Fußanlassers setzt der Motor das Schwungrad in Bewegung.

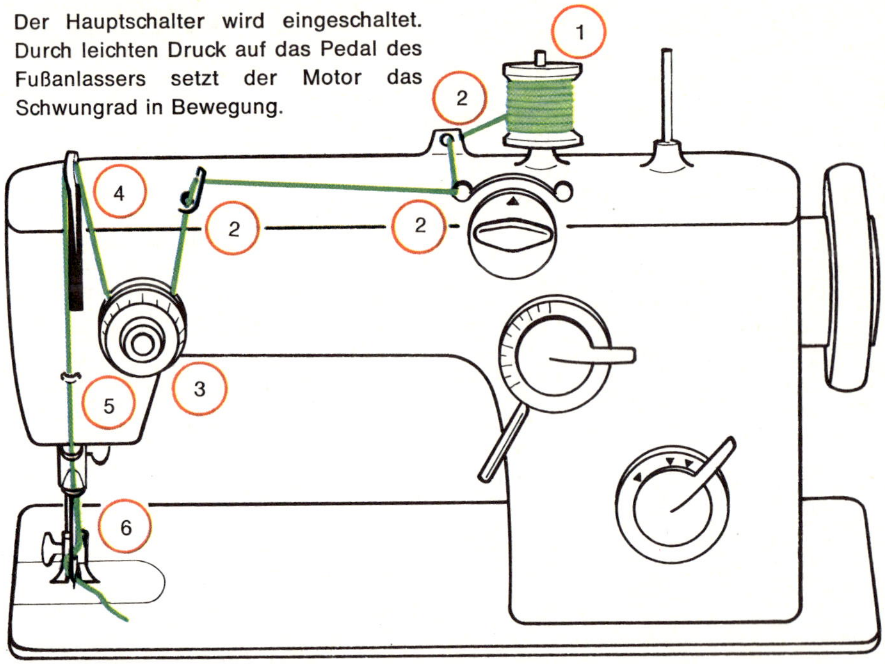

Einfädeln des Oberfadens (nach der Zeichnung!)

Von der Garnrolle ① läuft der Faden durch Führungsösen ② um die Fadenspannungsvorrichtung ③ nach oben durch den Fadengeberhebel ④, nach unten durch einige Ösen ⑤ bis zur Nadel, die in die Nadelstange ⑥ eingesetzt wird. Der Nähfuß ist mit einer Schraube an der Nähfußstange befestigt.

Unter der Grundplatte sitzt der Greifer, der die Spulenkapsel mit Spule aufnimmt. Vor dem Einsetzen der Spule erfolgt das Aufspulen des Unterfadens. Die Vorrichtung dazu ist entweder seitlich oder oberhalb des Maschinenkopfes angebracht (genaue Anweisungen in den Gebrauchsanweisungen, die jeder Maschine beiliegen).

Auf der Grundplatte sitzt die Stichplatte mit dem Transporteur oder Stoffschieber, der die Stichlänge bestimmt.

Nähvorgang

Jede Maschine braucht die richtige Nadel. Die verschiedenen Nadelstärken werden dem Stoff entsprechend ausgewählt.

Die Nadel durchsticht den Stoff und geht durch das Stichloch unter die Stichplatte. Beim Hochgehen der Nadel bildet sich eine Schlaufe, in die der Greifer hineinfaßt und den Spulenfaden mit dem Oberfaden verschlingt. Ein Stich ist gebildet. Der Transporteur (Stoffschieber) schiebt den Stoff nach jedem Stich ein Stück weiter. Die gewünschte Stichlänge kann durch Einstellung gewählt werden.

Einsetzen der Maschinennadel

Bei der Maschinennadel unterscheiden wir den Kolben und den Schaft. Es gibt Nadeln mit Flachkolben und solche mit Rundkolben, die für die entsprechenden Maschinentypen bestimmt sind.

An einer Seite des Nadelschaftes befindet sich eine Rille, in der der Oberfaden laufen soll. Auf der anderen Seite liegt um das Nadelloch eine kleine Ausbuchtung, an der die Schlaufe zur Stichbildung unter der Stichplatte entsteht. Daher muß diese Ausbuchtung immer dem Greifer zugewandt sein. Die Lage des Greifers ist bei den einzelnen Maschinen verschieden. Dementsprechend muß die Nadel eingesetzt werden. Man fädelt immer zum Greifer hin ein.

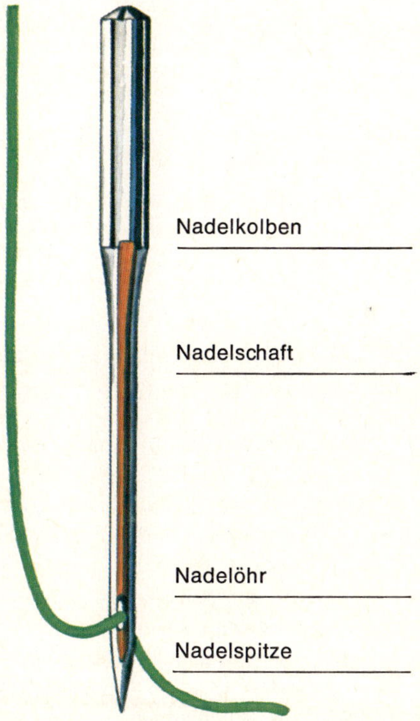

Stichbildung

Der Maschinensteppstich wird von zwei Fäden, dem Ober- und dem Unterfaden gebildet. Beide müssen die richtige Spannung haben, damit die Verschlingung von Ober- und Unterfaden in der Mitte des Stoffes geschieht.

Die Fadenspannung soll möglichst an der Spannscheibe des Oberfadens reguliert werden!

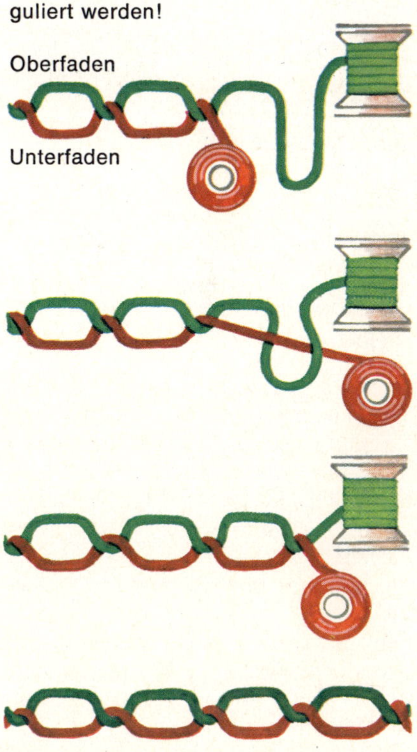

42

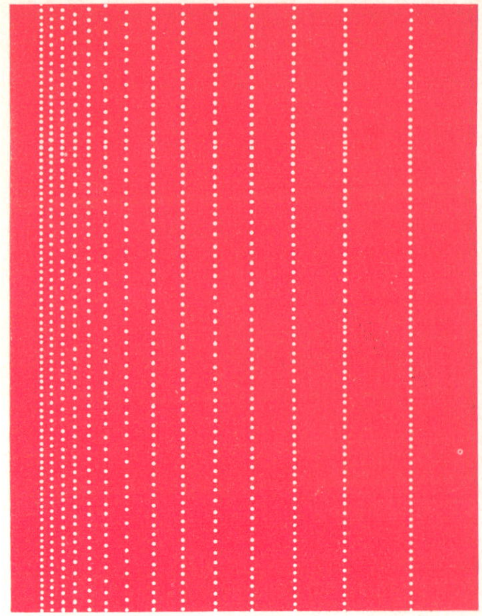

43

Auftrag

Steppübungen ohne Faden auf Papier

Bei den Steppübungen werden die Punkte zu Linien, die Linienmuster werden in allen Richtungen und in verschiedenen Abständen durchgeführt.

Material

Farbiges, festes Papier, schwarzes Papier mit weißer Abseite, Übungsbogen der Nähmaschinenfirmen

Verfahren

Wir haben die Funktion der Nähmaschine besprochen. Wir wissen, wie der Stich bei der Nähmaschine entsteht. Wir wollen ohne Faden erkunden, wie aus diesen Stichen Linien entstehen.

Bevor wir beginnen, üben wir das richtige Treten oder die Bedienung des Fußpedals. Nun schieben wir das Papier unter und beobachten, wie der Transporteur dieses in regelmäßigem Rhythmus weiterschiebt. (Bei ausgeschalteter Nadel!) Als nächstes beobachten wir die Tätigkeit der Nadel beim Nähvorgang. Die Punkte, die sie in das Papier einsticht, ergeben die Stichlinien. Wir können die Bewegung der Linien steuern: Unser Fuß bringt die Maschine in Bewegung, die Hände dirigieren die fortlaufende Bewegung des Übungsblattes.

Wir machen Versuche:

- in freiem Linienspiel [42],
- in senkrechter Richtung [43]
- mit verschiedenen Abständen,
- in waagerechten und senkrechten Linien (Labyrinth) [44, 46],
- in Überschneidungen mit Diagonalen [45, 47].

Aus diesen Möglichkeiten erfinden wir Musterfelder. Bei den Übungen mit dem gespannten Faden haben wir ähnliche Vorgänge erfahren.

44

45

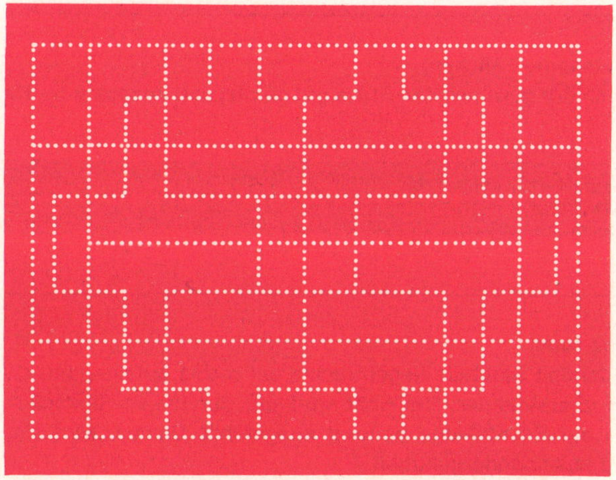

46

47

Werkprobe:
Nähen auf der Maschine

1. **Steppsaum mit Universalfüßchen**
Einschlag 0,5–0,8 cm, Umschlag 0,7–0,9 cm.
Einschlag und Umschlag kräftig falzen und knappkantig aufsteppen.

2. **Steppsaum mit Spezialsäumerfüßchen**
Einfalzen des Ein- und Umschlags erübrigt sich. An der einzulegenden Ecke wird die Schnittkante etwas abgeschrägt und sorgfältig eingeführt.

3. **Biesen (nadelfeine Fältchen)**
Der Stoff wird an der gewünschten Stelle gut gefalzt und knappkantig abgesteppt.

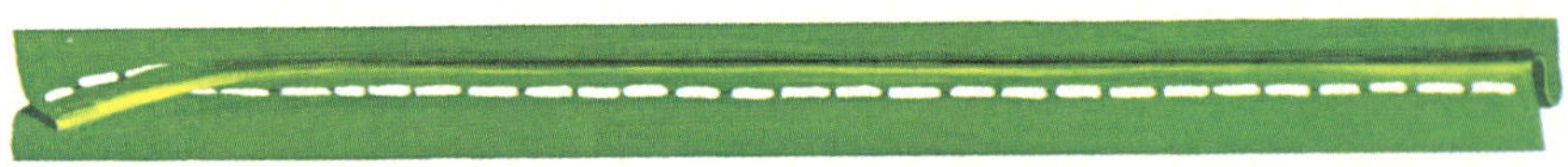

4. **Die einfache Naht**
Die zu verbindenden Stoffteile liegen rechts auf rechts aufeinander, die Schnittkanten genau übereinander. Die Naht wird auf der linken Stoffseite ungefähr 1–1,5 cm von der Schnittkante entfernt ausgeführt. Danach wird sie gut ausgestrichen und auseinandergebügelt.

5. **Die Rechts-Links-Naht (französische Naht)**

Sie ist eine versäuberte Naht, bei der die Schnittkanten verdeckt und somit gesichert sind. Sie hat zwar im Gegensatz zur einfachen Naht zwei Arbeitsgänge, kann aber bei der Wäsche nicht ausfransen.

Die zu verbindenden Stoffteile liegen zunächst links auf links, Schnittkante auf Schnittkante übereinander und werden rechtsseitig knapp von der Schnittkante entfernt abgesteppt. Die Naht wird gut ausgestrichen, gewendet und so geknif- fen, daß die Naht direkt auf dem Bruch liegt. Dann wird die Naht linksseitig füßchenbreit abgesteppt.

6. **Die Flachnaht (Kappnaht)**

Sie ist die haltbarste Naht und ist im Gegensatz zur Rechts-Links-Naht flach. Die Stoffteile liegen rechts auf rechts so aufeinander, daß die Kante des unten- liegenden Teils an der rechten Seite ungefähr 4 mm vorsteht. Dieses über- stehende Stück wird so auf das darüberliegende umgefalzt, daß dessen Schnitt- kante im Bruch des gefalzten Unterteiles liegt. Vom rechten Bruch wird die Naht füßchenbreit entfernt ausgeführt. Der Stoff wird auseinandergelegt, gut ausgestrichen und die Bruchkante ganz flach und knappkantig abgesteppt, so daß die Schnittkanten in der Naht verschwinden.

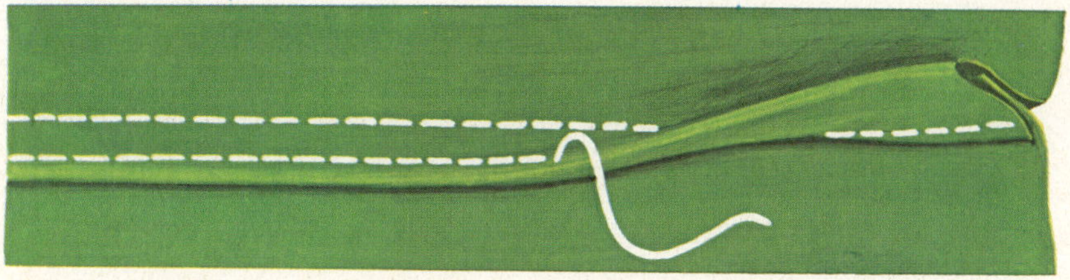

48

Auftrag

1

Handnähen und Maschinennähen

Schürze und Kopftuch

für den Hauswirtschaftsunterricht [*48*]

Zweck und Verwendung bestimmen den einfachen Schnitt und das gut durchdachte Arbeitsverfahren.

Material

2

1,20 m karierter Wäschestoff in hübschen Farben,

0,25 m unifarbener Stoff, evtl. auch passende Paspeln,

Nähgarn,

Reif für Kopftuch

Verfahren

3

Wir legen den Stoff im Stoffbruch auf und schneiden die Schürze nach dem angegebenen Schnitt zu. Der Nähvorgang geht sinnvoll in folgenden Schritten vor sich:

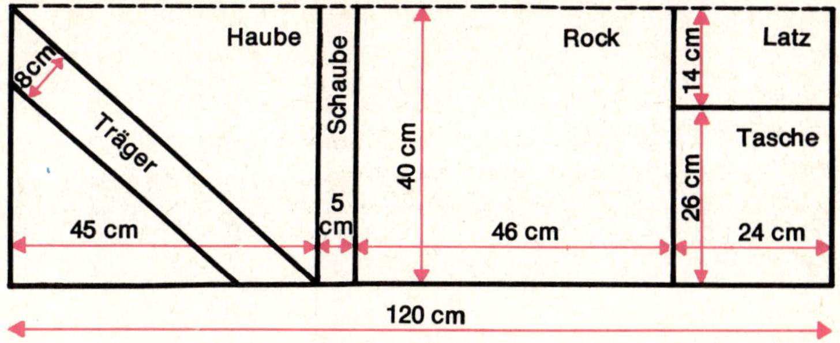

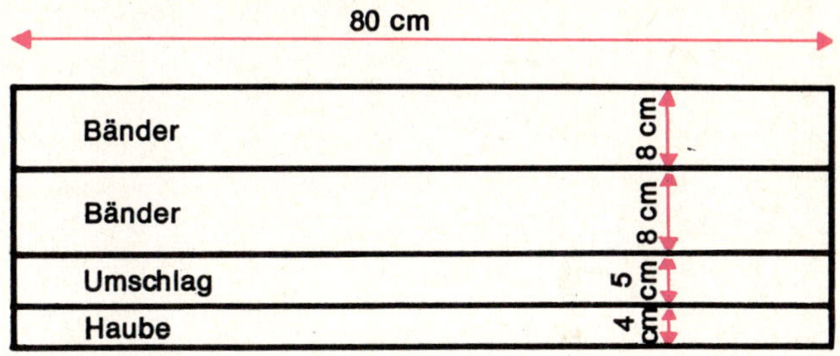

Arbeitsvorgang	Arbeitsmittel
1. Bindebänder zusammennähen	Maschine
2. Träger zusammennähen	Maschine
3. Bindebänder an der Längsseite zunähen	Maschine
4. Träger an der Längsseite zunähen	Maschine
5. Bindebänder wenden	Handarbeit
6. Träger wenden	Handarbeit
7. Bindebänder bügeln	Bügeln
8. Träger bügeln	Bügeln
9. Kopftuch an zwei Seiten Saum umbügeln	Bügeln
10. Kopftuch an 2 Seiten säumen	Maschine
11. Latzteil an 2 Seiten säumen	Maschine
12. Besatz an oberer Latzteilkante vernähen, Träger einlegen und festnähen	Maschine
13. Besatz von links an Tasche nähen	Maschine
14. Besatz von links an Kopftuch nähen	Maschine
15. Rockteil an 3 Seiten säumen	Maschine
16. Kopftuch bügeln und Besatz auf rechte Seite bügeln, Nahtzugabe einschlagen	Bügeln
17. Latzteil bügeln und Besatz auf rechte Seite bügeln, Nahtzugabe einschlagen	Bügeln
18. Besatz an Tasche auf rechte Seite bügeln, Nahtzugabe einschlagen	Bügeln
19. Besatz an Latz auf rechter Seite durchsteppen	Maschine
20. Besatz an Haube von rechts durchsteppen	Maschine
21. Besatz an Tasche von rechts durchsteppen	Maschine

Arbeitsvorgang	Arbeitsmittel
22. Tasche nach Markierungspunkten formgerecht aufstecken	Handarbeit
23. Tasche aufsteppen	Maschine
24. Tasche im Abstand von 0,5 cm nochmals aufsteppen und Mitte durchsteppen	Maschine
25. Schaube an Rock stecken, Latz mitfassen	Handarbeit
26. Schaube an Rock nähen, Latz mitfassen	Maschine
27. Schaube auf rechte Seite umbügeln, Nahtzugabe einschlagen	Bügeln
28. Schaube auf rechte Seite feststeppen	Handarbeit
29. Offene Seite des Bindebandes zunähen	Handarbeit
30. Bindeband durch Schaube ziehen	Handarbeit
31. Haarband in Kopftuch einziehen und befestigen	Handarbeit
32. Offene Seite des Kopftuchs zunähen	Handarbeit
33. Endbügeln	Bügeln

49

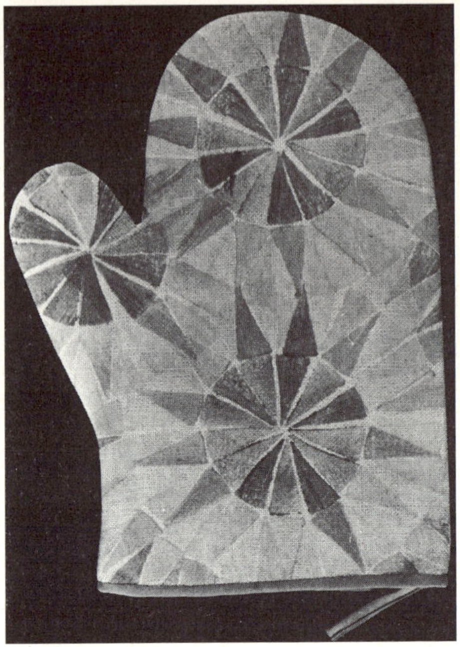

50

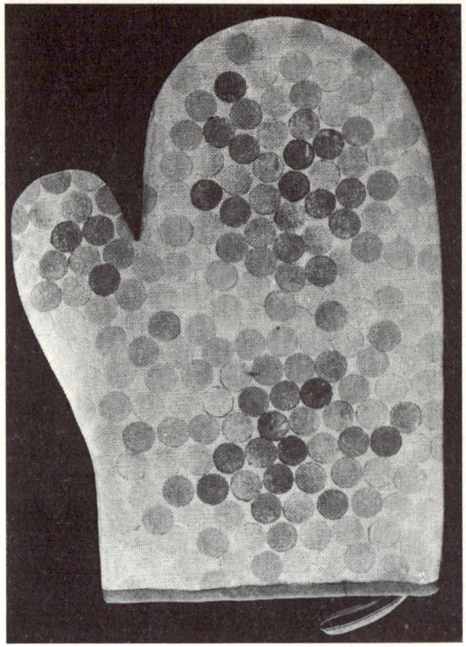

51

Auftrag

1

Nähen und Steppen auf Stoff

Topflappen (Kreis oder Quadrat) *[49, 52]*
Grillhandschuh (Handform) *[53]*

Schmucktechniken:
Drucken und plastisches Steppen *[50, 51, 53]*

Material

2

Kräftiger Waschstoff, Gminder Linnen, Frottee, Molton, Futterstoff, Maschinengarn

Verfahren

3

a) Sogar die Arbeit an einem einfachen Topflappen kann lustig und interessant werden, wenn wir hübsche Farben und großzügige Formen wählen. In der gewünschten Kreis- oder Quadratform werden 2 Stoffplatten geschnitten. Wir legen die Stoffstücke rechts auf rechts und steppen sie bis auf die kleine Öffnung zusammen. Wir verstürzen und heften die Kanten sauber ab.

Nachdem wir den Aufhänger eingefügt haben, schließen wir die kleine Öffnung mit unsichtbaren Stichen mit der Hand. Wir üben an einem Probestück das plastische Steppen. Durch die Dicke des Materials tritt der Stoff zwischen den Stepplinien plastisch hervor.

Beim Maschinennähen auf Papier haben wir schöne Flächenmuster erfunden, die wir jetzt anwenden können. Wir können die Steppereien auch in einer Schmuckfarbe gestalten oder kleine Stoffstücke mit Zickzackstich applizieren.

Garne und Stoffe sollen absolut farbecht sein, da ein Topflappen heiß gewaschen werden muß.

Die abgeschnittenen Fäden müssen immer sauber vernäht werden, damit die Stepperei in der Wäsche nicht aufgeht.

b) Beim Grillhandschuh ermitteln wir den Schnitt durch Auflegen unserer Hand auf Papier. Wir müssen reichlich Naht zugeben, damit die Hand beim Gebrauch Bewegungsfreiheit hat.

Wir arbeiten wieder mit 2–3 Stofflagen (Moltoeinlage). Das Futterteil verstürzen wir entgegengesetzt, damit die Nähte innen gleichzeitig versäubert sind.

52

Den Abschluß am Handgelenk können wir mit farbigen Schrägstreifen oder Borten arbeiten. Aufhänger nicht vergessen!

Wir können den Grillhandschuh entweder durch Steppen, Applizieren oder Drucken schmücken. Dies muß jedoch vor dem Zusammennähen geschehen. Die Schmuckform muß sich der Schnittform anpassen.

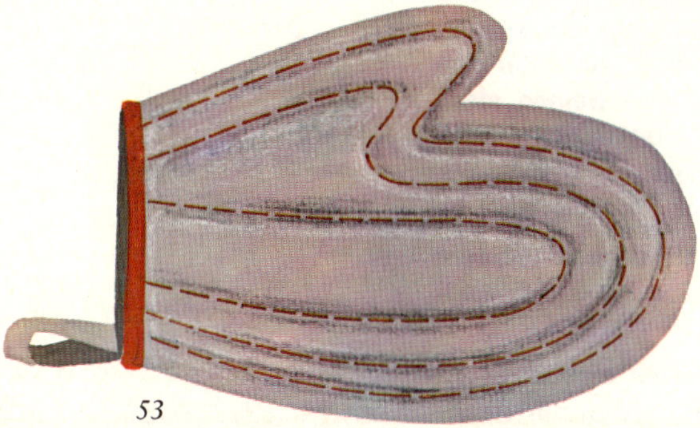

53

54 Säckchenpuppe

Auftrag

1

Nähen von Hüllen

Kissen in Puppen- und Tierform [*54*]
„Träumerle" als Säckchenpuppe

Die geschlossenen Schnittformen werden durch Füllungen plastisch geformt.

Material

2

Waschbare Stoffe in hübschen Farben und Mustern, Füllmaterial (Diolen-Fill oder zerschnittene Nylonstrümpfe), Futterstoff, Näh- und Stickgarn, Bändchen und Stoffreste, Stoffdruckmaterial

59

Kinderkittel mit Tasche: 1 Jahr

Zuschnitt:

Wir legen den Stoff doppelt, daß ein Stoffbruch entsteht. Vorder- und Rückenteil werden am Stoffbruch untereinander angelegt und festgesteckt. Falls wir das passende Höschen arbeiten wollen, wird dieser Schnitt daruntergelegt. Wir zeichnen die Konturen (Umrisse) der Schnitte mit Kreide und geben Nähte (ca. 2 cm) und Säume (4–6 cm) zu. Auf den Umrißkanten der Schnittmuster muß genäht werden, auf der äußeren Linie schneiden wir aus. Die Tasche schneiden wir aus dem Schmuckstoff.

Nähen:

Zuerst wird die waagerechte Einsteckkante des Puppenwagens (Tasche) mit kleinen Zickzackstichen versäubert. Die Tasche wird auf das Vorderteil gesteckt und mit sehr engen Zickzackstichen appliziert, wobei darauf zu achten ist, daß die Einsteckkante frei bleibt. Anschließend werden die Räder appliziert.

In das Rückenteil wird ein 10–12 cm langer Schlitz eingearbeitet, der Schlitzbelag wird eingeschlagen und aufgesteppt.

Die Seiten- und Schulternähte werden mit Doppelnähten (Flachnaht) geschlossen und ausgebügelt.

Der Halsausschnitt wird mit Schrägstreifen eingefaßt, wobei an beiden Enden etwa 20–30 cm des Schrägstreifens hängengelassen und knappkantig zusammengesteppt werden. Diese beiden Bändchen bilden den Schleifenverschluß.

Der Saum wird entweder gesäumt oder auch mit Schrägband versäubert. Für die Armausschnitte verwendet man ebenfalls das Schrägband, die Kante wird jedoch nach innen umgeschlagen und belegt. Das fertige Kittelchen wird gut gebügelt.

Das Höschen bekommt oben und an den Beinchen eine Schaube mit Gummizug.

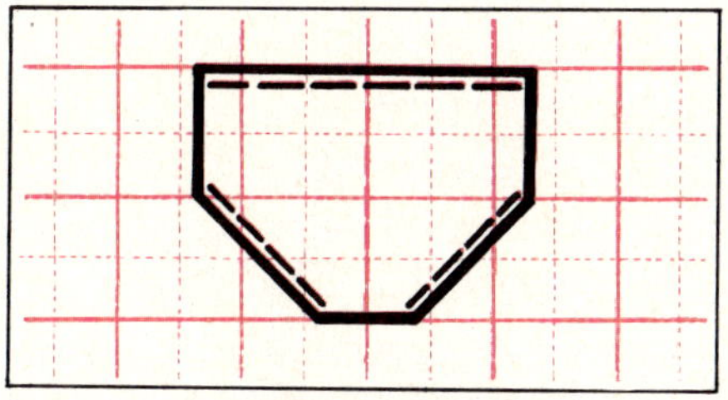

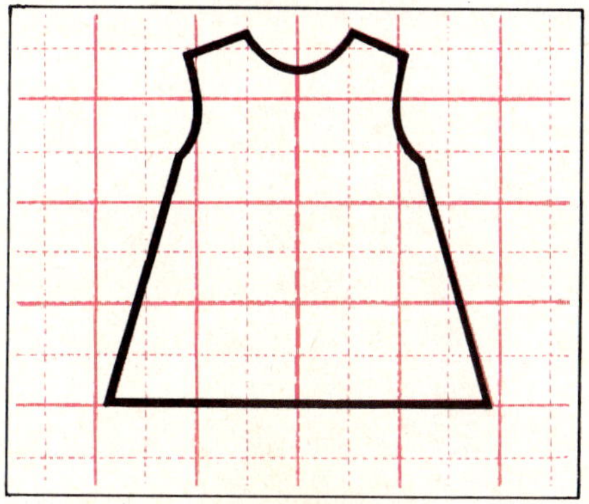

1 großes Planquadrat = 100 cm²

Trägerrock mit rundem Ausschnitt: 2 Jahre

Zuschnitt:

Wir legen den Stoff doppelt, daß ein Bruch entsteht. Vorder- und Rückenteil sind gleich und werden auf dem Stoffbruch angelegt. Wir stecken das Schnittmuster auf, umzeichnen mit Schneiderkreide, geben einen Saum zu und schneiden zu.

Nähen:

Wir stecken die Seiten- und Schulternähte des Vorder- und Rückenteiles zusammen und nähen. Die Hals- und Armausschnitte versäubern wir mit Schrägband. Zum Schluß wird der Saum gesäumt.

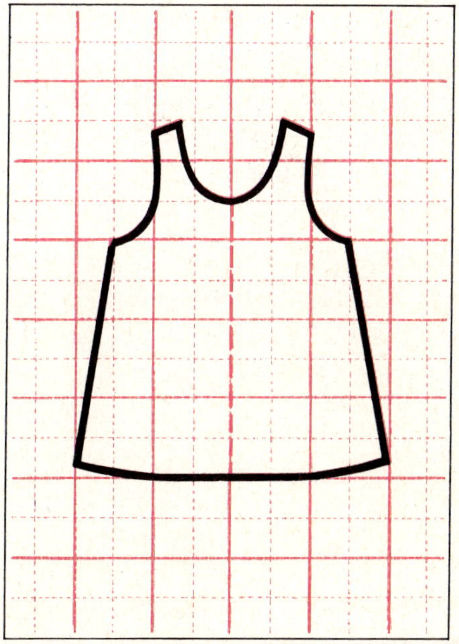

Trägerrock mit Reißverschluß: 7 Jahre

Zuschnitt:

Wir nehmen den Stoff doppelt, daß ein Stoffbruch entsteht. Das Rückenteil wird am Bruch angelegt und festgesteckt. Das Vorderteil wird an die offenen Kanten angelegt und festgesteckt. Wir legen das Schnittmuster auf, umzeichnen es mit Schneiderkreide und geben die Naht zu. Nun kann zugeschnitten werden.

Nähen:

Die Seitennähte des Vorder- und Rückenteils werden zusammengesteckt und geheftet. Dasselbe geschieht mit den Schulternähten. Diese Nähte werden mit der Maschine zusammengenäht.

In die vordere Kante arbeiten wir den Reißverschluß ein. Die Hals- und Armausschnitte werden mit einem Schrägband oder Schrägstreifen versäubert. Der Saum wird umgeschlagen und mit der Hand gesäumt.

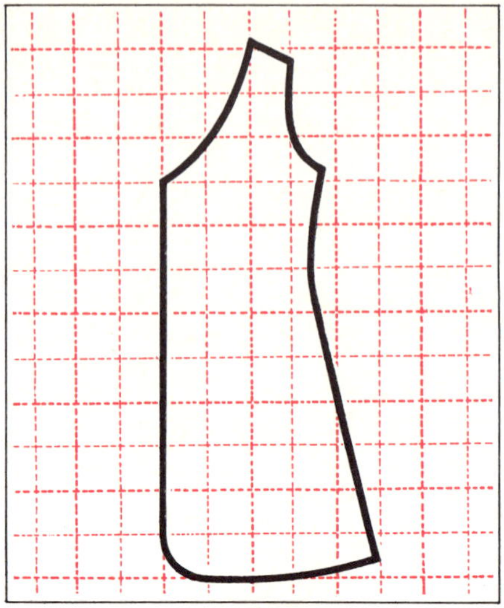

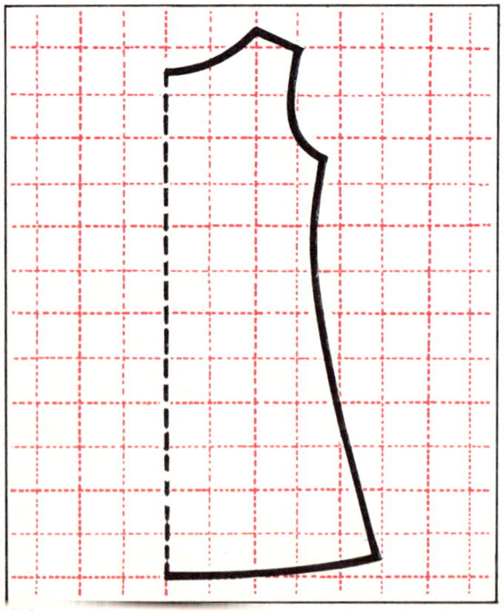

Leicht ausgestellter Rock: 14 Jahre

Schnittmuster:

Gerader Rock: Wir arbeiten nach unseren Maßen gemäß der Zeichnung [*1*].
$^1/_4$ Tw + 3 cm Abnäher ergeben die Taillenlinie, $^1/_4$ Hw 18 cm tiefer die Hüftlinie. Die vordere Mitte und die Seitenlinie werden ab Hüftweite gerade bis zur Rocklänge gezogen.

Ausgestellter Rock: Für den Schnitt des ausgestellten Rockes schneiden wir eine gerade Linie vom Rocksaum bis zur Abnäherspitze und die Kante des Abnähers weiter bis zur Taillenlinie. Wir kleben die beiden Schnitteile Abnäherkante auf Abnäherkante [*2*]. Dadurch vergrößert sich die untere Rockweite.

Wickelrock: Die beiden Vorderteile erhalten ein zusätzliches Stück für den Übertritt und den Knopfverschluß. Rückenteil wie beim ausgestellten Rock. (Vordere Mitte kein Stoffbruch!) [*3*]

Rock mit Sattel: Wir nehmen den Schnitt vom ausgestellten Rock und teilen in der Hüftlinie für den Sattel [*4*].

Zuschnitt: Vorder- und Rückenteil werden jeweils an den Stoffbruch angelegt und festgesteckt. Das Schnittmuster wird mit Kreide umzeichnet, die Naht wird zugegeben und der Stoff auf der äußeren Linie zugeschnitten. Das Futter wird in der gleichen Weise zugeschnitten.

Nähen:

Die Seitennähte des Vorder- und Rückenteiles werden zusammengesteckt, geheftet und genäht. Der Schlitz für den Reißverschluß bleibt offen (linke Seite!). Den Reißverschluß nähen wir mit der Hand ein. Die Seitennähte des Futters werden genäht. Die Aufhänger arbeiten wir aus Futterstoff.

Die obere Rockkante verstürzen wir mit dem Futter und fassen dabei die Aufhänger mit. Der Futterschlitz wird gegen den Reißverschluß genäht. Der Saum wird gesteckt und gesäumt.

1 Gerader Rock

Taillenweite Tw:	66	$^1/_4 = 16{,}5$ cm
Hüftweite Hw:	88	$^1/_4 = 22$ cm
Rocklänge	50	

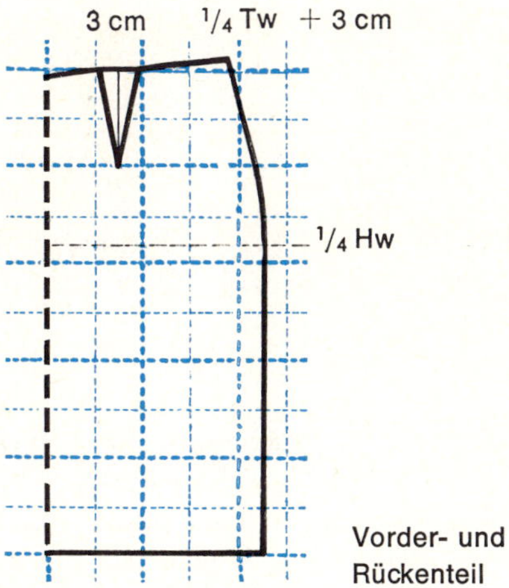

Vorder- und Rückenteil

3 Wickelrock

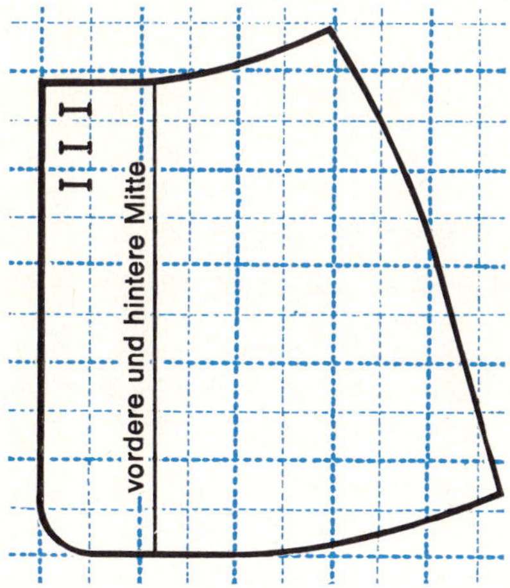

2 Ausgestellter Rock

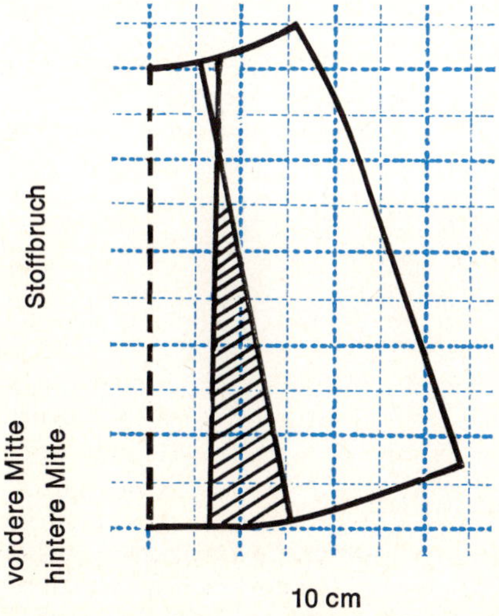

4 Rock mit Sattel

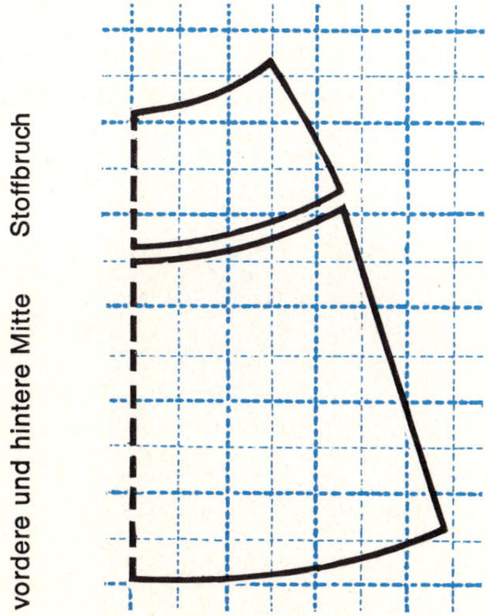

Karnevals- oder Theaterkostüme

aus dem einfachen Kittelschnitt entwickelt

1. **Indianer**

Auch Jungen können bei richtiger Anleitung sich ihr Kostüm selbst herstellen. Statt der Kordelapplikation ist eine Verzierung durch Stoffdrucke möglich (Kartoffelstempel). Der Kopfputz aus bunten Federn ist ohne viel Mühe zu gestalten.

2. **Russen- oder Bauernkittel**

Für die dekorative Gestaltung dieser beiden Kittel sind Besticken oder Aufsetzen von bunten Borten am geeignetsten. Eine weitere Möglichkeit ist auch das Bemalen mit Wachskreiden oder Stoffarben.

3. **Kleopatra**

Zur Gestaltung von Koller und Stirnband stehen viele Techniken zur Auswahl (Kartoffeldruck, Stoffmalerei, Applikation, Perlstickerei u. a.).

4. **Tanzkostüm**

Jede vorhandene Spitze, Tüllreste, Perlen usw. können zur Ausschmückung dienen. Ist kein textiles Material vorhanden, so kann ebensogut Kreppapier als Röckchen und Kopfputz verarbeitet werden.

5. **Charlestonkleid**

Möglichst glänzende und schillernde Stoffreste können dafür Verwendung finden und mit Perlen und Fransen verziert werden.

Das sind nur einige Vorschläge, während sich unzählige Kostüme aus Geschichte, Märchen, fremden Erdteilen zur Erarbeitung anbieten (Römer Griechen, Aschenputtel, Sterntaler, Zwerge, Eskimo, Araber, Chinesen, Japaner u. a.).

Indianerkostüm
in Rupfen *60*

WOHNRAUMGESTALTUNG

Jacques Lenor Larsen, ein Textilentwerfer unserer Zeit, sagte einmal: „Unsere Wohnungen leben davon, daß wir uns darin wohl fühlen. Es ist nicht wichtig, daß wir uns einrichten, wie sich alle einrichten, man sollte sich nur das kaufen, was einem wirklich Freude macht. So kann jeder seinen eigenen Stil entwickeln."

In den Fächern Textilgestaltung, Hauswirtschaft, Kunst und Werken ist das Thema „Wohnraumgestaltung" mit vielen Aufgaben angesprochen. Im Fach Textilgestaltung spielt die Auseinandersetzung mit dem Wohnen neben dem Bereich Mode und Kleidung die größte Rolle.

Alle Themen vom textilen Wandschmuck bis zum Teppich, vom Kissen bis zum Kaffeewärmer beziehen sich auf die Gestaltung unserer Wohnräume.

Dabei ist nicht nur die Herstellung dieser Gegenstände wichtig. Ein Großteil unserer Überlegungen richtet sich nach dem Zusammenspiel der Textilien im Raum mit den Dingen der Umgebung. Farben und Materialien werden aufeinander abgestimmt. Überlegungen betreff Funktion und Zweck bestimmen Form und Farbgebung.

Verschiedene Übungen sollen es uns möglich machen, die richtigen Textilien für unseren Wohnraum auszuwählen und einzuordnen. In vielen Zeitschriften werden mit allen Mitteln der Werbung, mit schönen Fotos Anregungen zum zeitgemäßen Wohnen gegeben.

Wir können diese Vorschläge in Mappen sammeln und nach kritischer Beobachtung im Hinblick auf Schönheit und Zweckmäßigkeit besprechen und auswerten. Einige spezielle Übungen werden unsere Beobachtungen und Erfahrungen vertiefen.

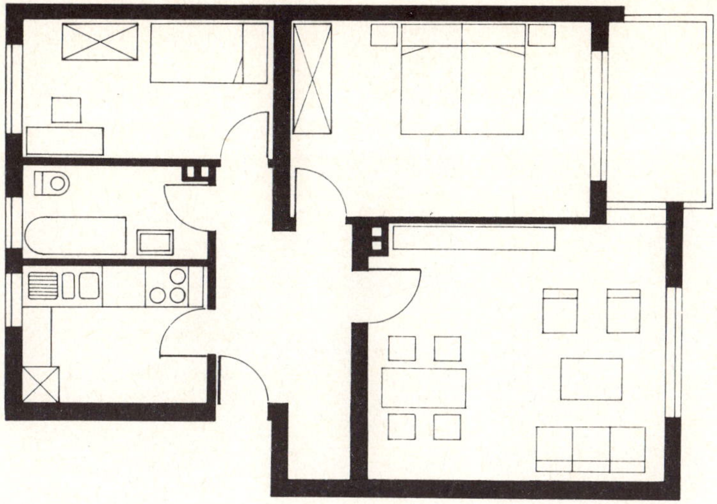

61

Auftrag

Information über zeitgemäßes Wohnen
(Gemeinschaftsarbeit)

Planspiele für Wohnräume

Modelle und Anschauungsmaterial vermitteln Zusammenhänge zwischen Wohnvorstellungen und Wohnbedürfnissen.

Material

1. Zeitschriften, Prospekte, Sammelmappen, Karton
2. Zeichenkarton, Millimeterpapier, Metermaß, Schere, Klebstoff

Verfahren

1. Wir besichtigen Schaufenster, Möbeletagen in Kaufhäusern, evtl. Museen, und besprechen:

   Was der Mensch beim Wohnen braucht
   Was der Handel anbietet
   Wie wir wohnen möchten

   Wir sammeln Bilder aus Zeitschriften, Prospekten und Katalogen und wählen aus, was uns persönlich gefällt. Gemeinsam überlegen wir, wie unsere Traumvorstellungen mit der Wirklichkeit übereinstimmen könnten. In einer Bildermappe stellen wir die Fotos zusammen. Als Gemeinschaftsarbeit fügen wir die Teilbereiche Haus, Wohnräume, Wirtschaftsräume, Möbel, Textiles im Raum, Geschirr, der gedeckte Tisch, zu einer umfassenden Informationsmappe zusammen.

2. Wir zeichnen den Grundriß eines Zimmers (eigenes Zimmer) [*61*] mit Fenstern und Türen auf Millimeterpapier (auch Zeichenkarton) im Maßstab 1 : 10. Auch die Flächenformen der Möbel werden maßstabgerecht auf Karton gezeichnet und ausgeschnitten.

   Nun schieben wir die Möbel auf unserem Plan so lange hin und her, bis wir eine sinnvolle Lösung gefunden haben. Teppiche können mit zarten Linien eingezeichnet werden. Wir besprechen die Pläne und vergleichen mit unseren Einrichtungsfotos.

Wenn das Spiel Freude macht, können wir ein ganzes Haus planen.

62

63

Auftrag

1

Textiles Material und Farbe im Wohnraum Materialcollage als Modell für ein Zimmer

Das Textile wird im Zusammenhang von Farbe und Material auf die Gegenstände und Farben des Raumes abgestimmt.

Material

2

Stoffreste, Buntdruckpapier, Holzfurniere, Tapetenreste, Kunststoffolien, Teppichreste, Karton, Farben, Klebstoff, Schere, Lineal.

Verfahren

3

Wir überlegen, welche Textilien wir für unseren geplanten Raum wählen wollen (Teppiche, Gardinen, Bezüge, Kissen, Dekken). Dabei bedenken wir die Zweckmäßigkeit ebenso wie die Übereinstimmung mit den Gegenständen des Raumes, mit den Farben und dem Material der Möbel, mit der Farbe und den Mustern der Tapeten, der Wände, der Fußböden.

Aus unserer Materialsammlung wählen wir nun Stoffe, Teppiche, Leder usw. aus, die unseren Vorstellungen entsprechen. Mit Tapeten, Furnierhölzern, aufgemalten Wandfarben, Kunststoffen stellen wir die Studie zusammen. Wir schneiden kleine Stoffelder aus und fügen sie mit den anderen Materialien zu einer Collage. Wenn Farben und Strukturen harmonisch übereinstimmen, kleben wir auf.

Jeder Plan wird so einen völlig anderen Eindruck vermitteln, da die Eigenart eines jeden Zimmers mit der Auswahl von Farbe und Material eine ganz persönliche Note bekommt.

So könnte die **Küche** als modernes, nüchternes Kochzentrum geplant, oder durch Farbe und Material zur gemütlichen Wohnküche umfunktioniert werden.

Beim **Kinderzimmer** sind die Überlegungen von der jeweiligen Altersstufe abhängig. Wir wollen vor allem unser eigenes Zimmer oder wenigstens eine Ecke für uns planen und nach unserem Geschmack einrichten.

Das **Schlafzimmer** wird heute gern wohnlich ausgestattet, damit es auch bei Tag genutzt werden kann. Die Bettdecke, der Teppich und die Vorhänge werden entsprechend ausgewählt.

64

62–65 Materialkollagen

65

Das **Wohnzimmer** bietet ganz besonders schöne Möglichkeiten, Textilien mit Möbeln, Büchern, Bldern und Blumen zu kombinieren. Bei allem Bemühen um harmonisches Zusammenfügen sollten wir uns zuerst fragen:

Möchte ich in diesem Zimmer immer sein?

Könnte sich eine Familie darin wohlfühlen?

Dürften auch Kinder in das Wohnzimmer kommen?

Könnte ich Gäste darin haben?

Wir überlegen und probieren verschiedene Möglichkeiten aus:

Kostbares Material wie Seide, Samt, Edelhölzer, Florteppiche, Tapeten, rustikales (bäuerliches) Material wie Tannenholz, Leinen, Rupfen, Stroh, Schafwollteppiche, Felle usw., moderne Materialien wie Kunststoffe, Folien, Glas, Leder, Metall usw.

Vor allem aber experimentieren wir mit der Farbe:

Ton in Ton – Wirkung der Materialstrukturen,

Kontraste von Farben und Material,

Kontraste: ruhige Flächen – lebhafte Muster usw.

In manchen Wohnzeitschriften finden wir Farbsucher, die uns bei der Farbauswahl helfen. Wir stellen einige Kombinationen nach dem Farbkreis zusammen und probieren mit unserem Material aus.

Auftrag

1

Der gedeckte Tisch

Decken, Sets, Tischläufer

Die Form und die Maße von Tisch und Geschirr bestimmen Form und Maß der textilen Auflagen.

Material

2

Farbige Papiere, Transparentpapier

Verfahren

3

Wir haben in unserem Buch einige Beispiele für Decken, Sets, Servietten genannt, die wir in textilem Material arbeiten und ausschmücken können.

Beim Einkauf stellen wir oft fest, daß wir nicht sicher sind, was für unseren Tisch passend und richtig ist.

Um dem abzuhelfen, probieren wir an Papiermodellen die Wirkung aus.

Wir messen:

Jeder Tisch hat eine andere Form. Wir bestimmen Länge, Breite und Höhe, ebenso die Form der Tischplatte.

Wir schneiden ein Papiermodell der Tischplatte im Maßstab 1 : 10.

Wir arbeiten Modelle für Sets oder einen Läufer.

Rechteckige Formen auf rechteckigem Tisch

Im Maßstab 1 : 10 werden in andersfarbigem Papier die Grundformen ausgeschnitten. Wir probieren Rechtecke, Kreise und ovale Formen aus. Wir bedenken dabei die Formen unseres Geschirrs. Die Maße dieser Formen sollten zum Maß des Tisches in guter Beziehung stehen. Je nach der Anzahl der Gedecke verändert sich die Anordnung auf der Grundfläche. Gleichzeitig mit der Abstimmung der Maße könnten wir auch die Anordnung unserer Muster skizzieren.

Tischläufer können auf dem Tisch aufliegen, sie können aber auch einen Überhang haben. Der Überhang sollte das Maß der Schmalseite des Tisches betragen.

Das Experimentieren spielt bei dieser Aufgabe eine große Rolle und wird uns viel Spaß machen und mehr Sicherheit in der Planung geben (S. 160).

Wir arbeiten Modelle für Tischdecken:

Die Tischdecke sollte auf keinen Fall zu knapp sein. Im Augenblick sind sogar weit überhängende Decken sehr beliebt. In jedem Fall ist der Unterbau des Tisches zu bedenken.

Weil die im Handel angebotenen Decken nicht immer in unsere Räume passen, müssen wir oft eine Decke aus Meterware arbeiten. Dies hat den Vorteil der Billigkeit und der gezielten Auswahl. Außerdem haben wir die Möglichkeit, das Dekor der Decke mit dem Geschirr abzustimmen.

Rundes Set, unifarben, zu Dekorgeschirr

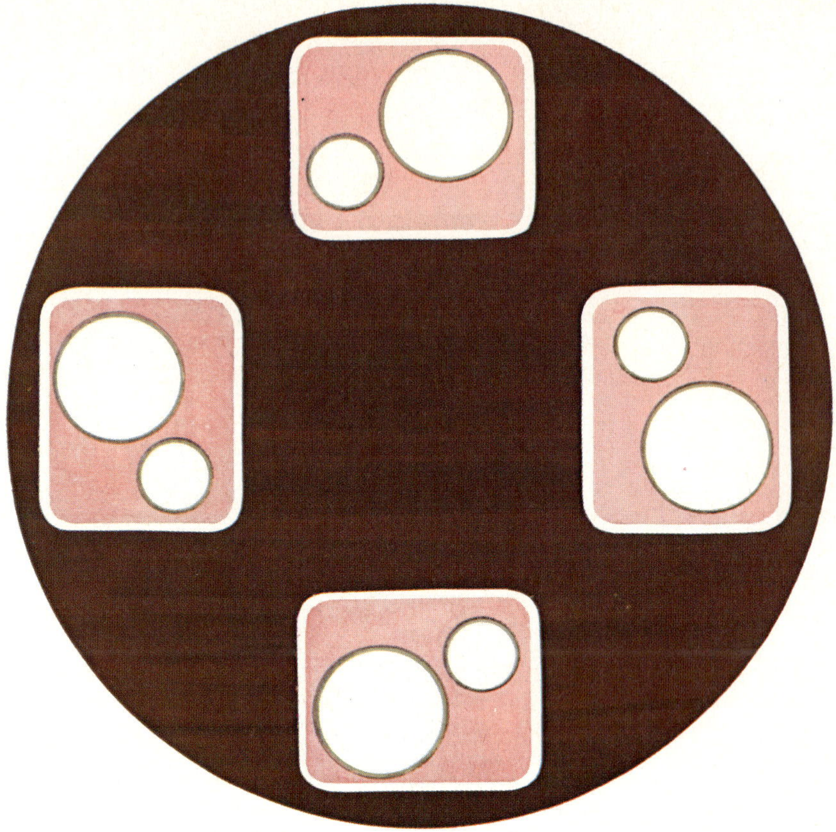

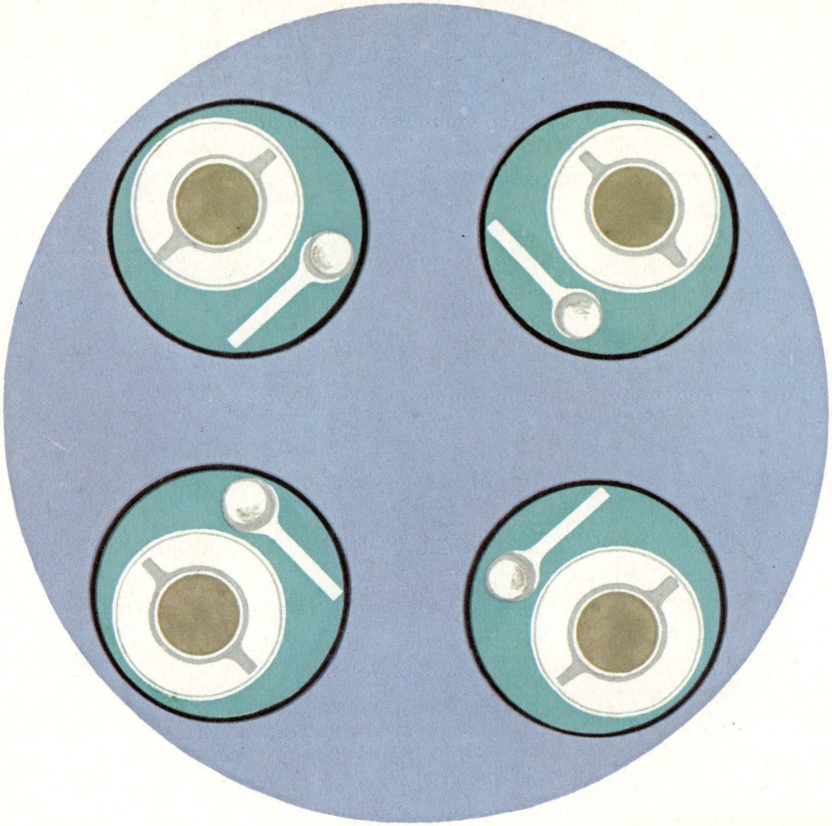

Übungen mit verschiedenen Flächenformen und verschiedenen Größen.

EINFÜHRUNG IN DIE ARBEITSWELT

Eine große Industrie befaßt sich damit, Textilien für unseren Lebensbereich zu erzeugen und zu verarbeiten.

Wir kennen die Garnerzeugung, das Spinnen mit der Spindel, mit der Düse oder durch die Seidenraupe,

die Flächenerzeugung, das Weben, Stricken, Wirken, Häkeln, Rascheln und Tuften,

und die aus diesen Flächen erzeugten Gebilde, das Gewebe, Gewirke, Gestricktes und Vlies.

Besondere Industriezweige führen die Weiterverarbeitung der Textilien zur Fertigware durch.

Die Bekleidungsindustrie befaßt sich mit der Kleidung, andere Industrien stellen Raumtextilien her.

Wir überlegen, welche männlichen und weiblichen Berufe sich mit Textilien befassen; in der Produktion, im Vertrieb und Verkauf, in der Gestaltung.

Bei einem Besuch in einem Textilbetrieb lernen wir ganz andere Arbeitsbedingungen und Arbeitsprozesse kennen als bei unserer eigenen Arbeit. Die Verfahren dort sind rationell durchgeplant, damit mehr Ware zum günstigeren Preis produziert werden kann.

Mit einer besonderen Übung können wir uns eine Vorstellung vom planmäßigen Ablauf eines rationalen Arbeitsverfahrens machen.

Wir wählen ein textiles Programm, das wir schon durchgearbeitet haben (S. 140) und lassen es wie eine Fließbandarbeit gemeinsam abwickeln.

Auftrag

1

15 Schürzen und Kopftücher für den Hauswirtschaftsunterricht im Fließbandverfahren

Ein Arbeitsplan legt die einzelnen Arbeitsgänge folgerichtig fest. Bei der Durchführung wird die Arbeit in bezug auf Raumplan und Arbeitsverteilung aufeinander abgestimmt (S. 164, 165).

Material

2

18 m karierter Stoff
3,75 m uni Stoff
8 Rollen Nähgarn
15 Haarreifen

Verfahren

3

Den Arbeitsplan erarbeiten wir gemeinsam. Die Schnittkonstruktion übernehmen wir von S. 141. Wir stellen einen Raumplan auf (S. 164) und besprechen die Arbeitsverteilung (S. 165).

Eine Fließbandleiterin beaufsichtigt die Reihenfolge der Aufträge. Die benötigten Arbeitskräfte stellen sich folgendermaßen zusammen:

eine Fließbandleiterin
vier Büglerinnen
acht Maschinennäherinnen
drei Handnäherinnen

Berechnung der Kosten und der Zeit.

Kostenaufstellung wie im Versuch:

Stoff kariert	54,— DM
Stoff uni	11,25 DM
Nähgarn	3,20 DM
Haarreifen	7,50 DM
	75,95 DM : 15 = 5,06 DM

Der Endpreis einer Schürze mit Kopftuch ist 5,06 DM.

An Zeit werden 3–4 Doppelstunden genügen.

Der Sinn des „wirtschaftlichen Prinzips" besteht darin, mit dem geringstmöglichen Aufwand den höchstmöglichen Gewinn zu erzielen.

Wir vergleichen Fließbandarbeit und Einzelarbeit und beachten rationelle Zeit- und Arbeitseinteilung, Einkauf im großen und Kalkulation (Berechnung) der Arbeitszeit und der Kosten.

Raumplan

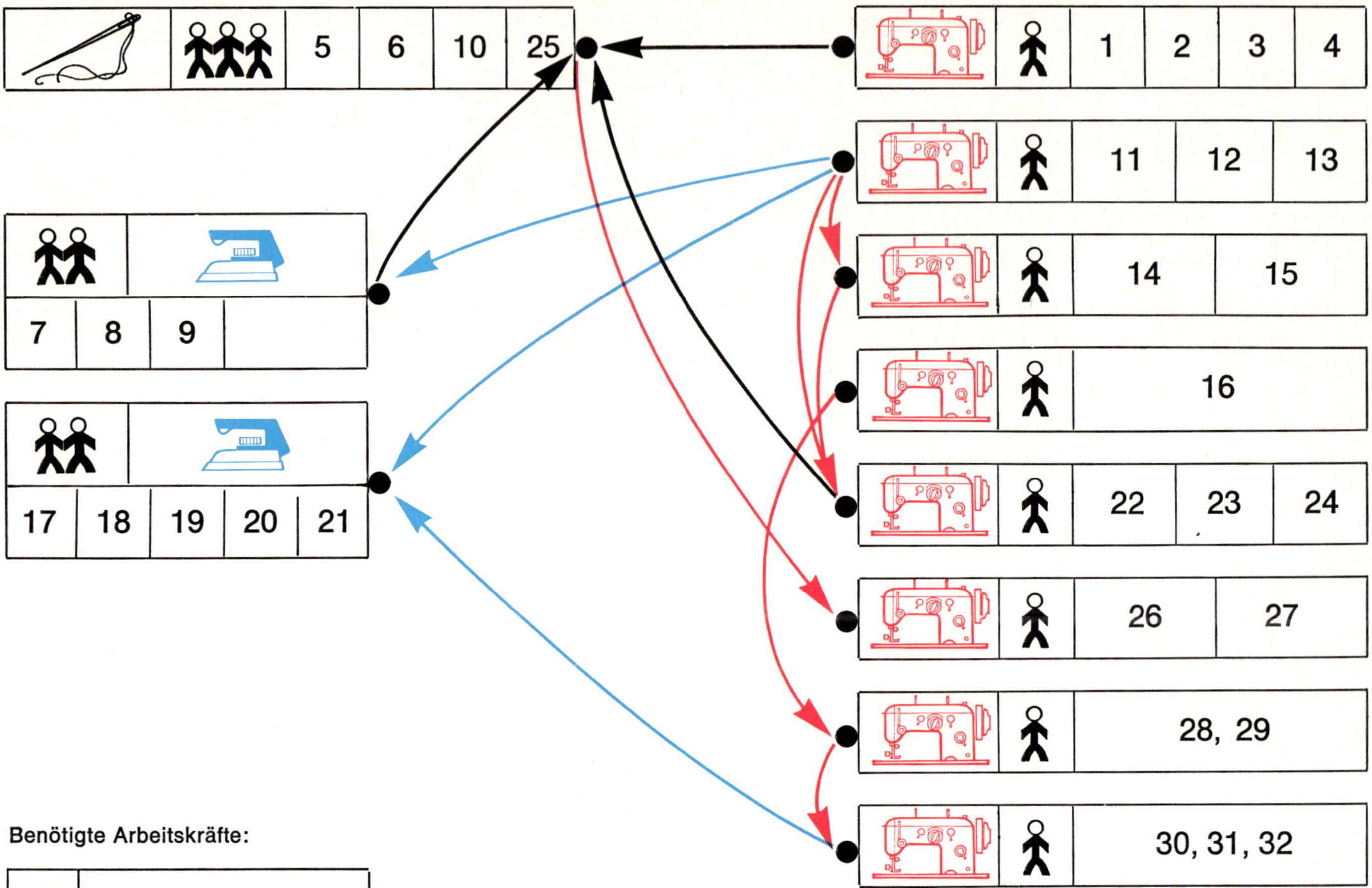

Benötigte Arbeitskräfte:

eine	Fließbandleiterin
vier	Büglerinnen (an 2 Tischen)
acht	Maschinen-näherinnen
drei	Handnäherinnen

1	Bindebänder zusammennähen	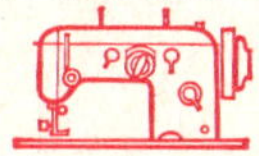
2	Träger zusammennähen	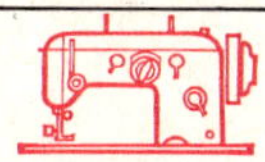
3	Bindebänder an der Längsseite zunähen	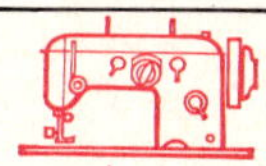
4	Träger an der Längsseite zunähen	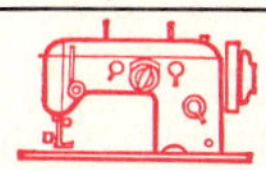
5	Bindebänder wenden	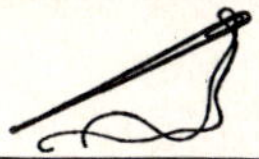
6	Träger wenden	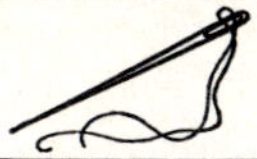
7	Bindebänder bügeln	
8	Träger bügeln	
9	Kopftuch an zwei Seiten Saum umbügeln	
10	Offene Seite des Bindebandes zunähen	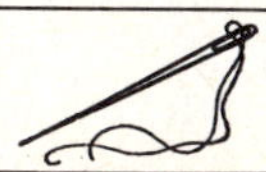
11	Kopftuch an zwei Seiten säumen	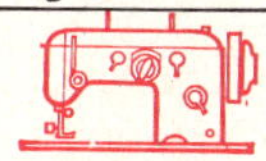
12	Latzteil an zwei Seiten säumen	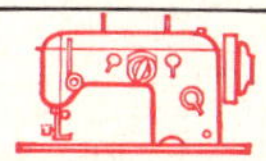
13	Besatz von links an Tasche nähen	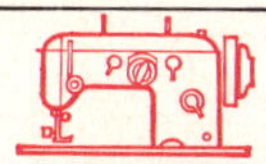
14	Besatz an oberer Latzteilkante vornähen	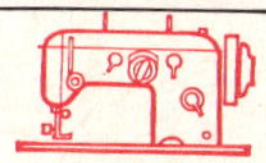
15	Besatz von links an Kante nähen	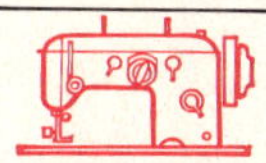
16	Rockteil an drei Seiten säumen	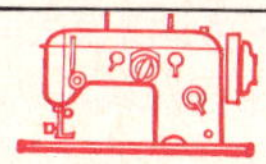
17	Kopftuch bügeln und Besatz auf rechte Seite bügeln, Nahtzugabe einschlagen	
18	Latzteil bügeln und Besatz auf rechte Seite bügeln, Nahtzugabe einschlagen	
19	Besatz an Tasche auf rechte Seite bügeln, Nahtzugabe einschlagen	
20	Schaube auf rechte Seite umbügeln, Nahtzugabe einschlagen	
21	Endbügeln	
22	Besatz an Latz auf rechter Seite durchsteppen	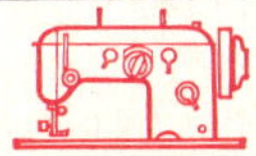
23	Besatz an Kopftuch auf rechter Seite durchsteppen	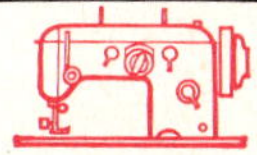
24	Besatz an Tasche auf rechter Seite durchsteppen	
25	Tasche nach Markierungspunkten formgerecht aufstecken	
26	Tasche aufsteppen	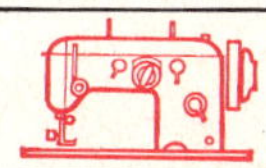
27	Tasche im Abstand von 0,5 cm nochmals aufsteppen, in der Mitte durchsteppen	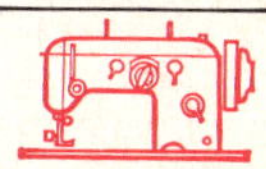
28	Schaube an Rock steppen, Latz mitfassen	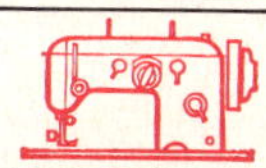
29	Schaube an Rock nähen, Latz mitfassen	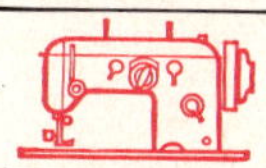
30	Schaube auf rechte Seite feststeppen	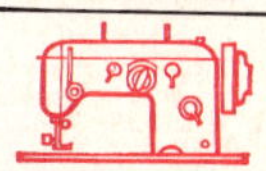
31	Bindeband durch Schaube ziehen	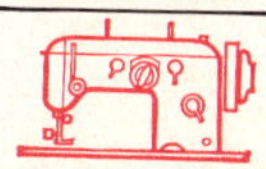
32	Haarband in Kopftuch einziehen und befestigen	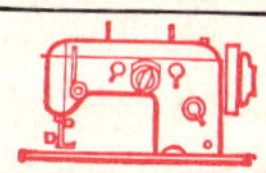

EINFÜHRUNG IN DIE KONSUMWELT

Wir haben das Textile kennengelernt,
wir sind spielerisch damit umgegangen,
wir haben es gestaltet.

Wir haben durch Schnittkonstruktion und Nähen Dinge für unseren Bedarf hergestellt. Wir haben Einblick genommen in die Welt der Industrie. Mit all den Fähigkeiten, die wir erworben haben, wollen wir für die Welt des Konsums vorbereitet sein.

Was ist „Konsum"? Es ist der Gebrauch und Verbrauch von Gütern. Wir und unsere Familie als Teil der Volkswirtschaft geben eine Menge Geld für textile Waren aus. Die Kenntnisse, die wir durch Arbeit und Anschauung erworben haben, helfen uns, die Qualität der Waren abzuschätzen.

Unsere Erfahrungen bewirken, daß wir sinnvoll und zweckmäßig auswählen. Wir kaufen die Textilien in Material und Farbe passend zu uns und unserer Umgebung.

Wir informieren uns vor dem Einkauf in Zeitschriften, im Schaufenster, auf Werbeplakaten. Wir lassen uns nicht von billigen Werbesprüchen und schlechten Prospekten beeinflussen.

Wir wählen mit Überlegung und Geschmack aus. Trotz des großen Angebots der Konfektion werden wir auch Textiles mit eigener Arbeit herstellen. Wir können so mit geringeren Geldmitteln einen guten und persönlichen Stil für Kleidung und Wohnung finden.

REIN LEINEN

GÜTEZEICHEN · RAL · SCHAUMSTOFFMATRATZEN

Indanthren®

GÜTEZEICHENGEMEINSCHAFT MEDIZINISCHE GUMMISTRÜMPFE

Reine Schur-Wolle

NATURFASER BAUMWOLLE

Auftrag

1

Sammeln von Gütezeichen und Pflegevorschriften

Qualitätsbestimmung und Behandlung von Textilien für den Konsum

Material

2

Stoffsammlung und Arbeitsmappe.

Verfahren

3

Wir erweitern unsere Materialsammlung, suchen Stoffe und ordnen nach der Art der einzelnen Materialien.

Wir informieren uns über:
- Warenzeichen
- Symbolzeichen
- Gütekennzeichen
- Pflegevorschriften.

Wir kleben die passenden Kennzeichen und Pflegevorschriften ein.

Wir lernen Qualitätsbestimmungen kennen.

Wir machen Versuche (Reißen, Brennen, Bügeln, Waschen) und vergleichen unsere Beobachtungen mit den Pflegevorschriften der Fabrikate.

Wir sammeln Informationsschriften und heften sie in unsere Mappe.

Wir untersuchen unsere Kleidungsstücke, ob wir ähnliche Gütezeichen und Pflegevorschriften finden. Diese Erfahrungen werden uns für den Einkauf nützlich sein.

Chemisch reinigen	Reinigungs-trommel	Ⓐ	Ⓟ	Ⓕ	
	Erläuterung	allgemein übliche Lösungs-mittel	Perchlor-äthylen oder Benzin	nur Benzin	nicht chemisch reinigen

Der Kreis sagt dem Verbraucher, daß chemisch gereinigt werden muß bzw. werden kann. Die Buchstaben sind lediglich für die Reinigungsanstalt bestimmt und stellen einen Hinweis für die in Frage kommende Reinigungsart dar.

Pflegekennzeichnungen:

Waschen	Wasch-bottich				
	Erläuterung	Koch- bzw. Weißwäsche	Heißwäsche (Buntwäsche)	Feinwäsche	nicht waschen

Bügeln	Bügeleisen			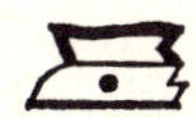	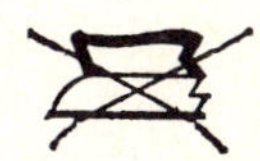
	Erläuterung	starke Einstellung	mittlere Einstellung	schwache Einstellung	nicht bügeln
		Baumwolle Leinen	Wolle Seide	Perlon, Nylon, Rayon (Kunstseide) Zellwolle	

Die Punkte werden jetzt eingeführt, und zwar kombiniert mit den durch Rohstoffangaben gekennzeichneten Temperaturbereichen, wie sie die Skala der Bügeleisen aufweist. Diese Angaben sind zwar nicht einheitlich, überwiegend sind sie aber abgestellt auf: Baumwolle, Leinen, Wolle, Seide, Perlon, Nylon, Rayon (Kunstseide), Zellwolle.

Durch diese Erläuterung ist gleichzeitig ersichtlich, welche Punkt-Zahl mit welcher Rohstoffangabe identisch ist.

TEXTILES ABC

Woher kommt die textile Faser?

Die textilen Rohstoffe werden entweder von der Natur geliefert oder auf chemischem Wege künstlich hergestellt. Wir unterscheiden also Natur- und Chemiefasern.

Die Naturfasern entstammen dem Pflanzen- oder Tierreich. Man spricht darum von pflanzlichen bzw. tierischen Fasern.

Pflanzliche Fasern	Samenfasern (Baumwolle) Stengelfasern (Flachs) Blattfasern (Sisalhanf) Fruchtfasern (Kokosfasern)

Tierische Fasern	Wolle (Schafwolle) Haare (Roßhaar) Seide (Maulbeerseide)

Die Chemiefasern können dem Pflanzen- oder Tierreich entstammen, ihr Rohstoff kann auch vorwiegend dem Mineralreich entnommen sein.

Chemiefasern	Zellulosebasis (Zellwolle, Reyon) Eiweißbasis (Kaseinwolle) Kohleprodukte u. a. (Vollsynthetische Fasern: Perlon, Nylon, Dralon u. a.)

Basis – Grundlage

Von den Naturfasern

1. Pflanzliche Fasern:

a) Baumwolle

Die Baumwolle ist der mengenmäßig bedeutendste und billigste textile Rohstoff. Der Baumwollstrauch wächst in den Ländern der tropischen und subtropischen Klimazonen.

Die Oberfläche der Samenkörner dieses Strauches ist von hauchzarten Samenhaaren der Baumwolle bedeckt.

Bei der Ernte werden die Samenfasern mit den Samen aus den aufgeplatzten Fruchtkapseln herausgepflückt und in großen Maschinen von den Samenkörnern getrennt. Die Fasern werden zu harten Ballen gepreßt und in die Spinnereien geschickt. Dort werden sie gereinigt, geöffnet, gekrempelt und zu Garnen versponnen. Dieses Garn wird in den Webereien zu reinen Baumwollstoffen oder mit Wolle, Flachs oder Chemiefasern zu Mischgeweben verarbeitet.

b) Flachs

Der Flachs gehört mit der Seide zu den ältesten Spinnfasern, die von Menschen verarbeitet wurden. Schon 3500 v. Chr. wurde er in Ägypten angebaut und versponnen. Er ist eine Stengelfaser, die in allen Ländern der gemäßigten Klimazonen gedeiht. In der Rinde der Pflanze, die eine Stengelhöhe von 1 m erreicht, liegen die Fasern zu Bündeln vereinigt.

Nach der Ernte wird die Faser aus dem Holz und der Rinde des Stengels gelöst und in einer Reihe von Arbeitsprozessen über das „Brechen", „Schwingen" und „Hecheln" bis zum Verspinnen geführt. In den Webereien wird das Garn zu „Rein Leinen", mit Baumwolle vermischt zu „Halbleinen" oder mit anderen Garnen zu Mischgeweben verarbeitet.

c) Hanf

Die Hanffaser ähnelt in ihrer Art sehr dem Flachs, nur ist sie größer, kräftiger, grober und zäher. Die Bearbeitung der Faser weist die gleichen Arbeitsgänge auf, die für die Aufbereitung des Flachses notwendig sind. Doch kommen wegen ihrer groben Struktur und Unregelmäßigkeit noch das „Reiben", „Klopfen" und „Quetschen" hinzu. Aus Hanf werden vorwiegend Seilerwaren, starke Zwirne, Gurte und grobe Gewebe hergestellt.

d) Jute

Jute wird vorwiegend in Indien und Pakistan angebaut und für Verpackungs- und Bespannungsstoffe verwendet.

e) Manila- und Sisalhanf

Manila- und Sisalhanf, häufig als Hartfaser bezeichnet, sind Blattfasern tropischer Pflanzen. Die Manilafaser ist roßhaarähnlich, stark glänzend, wasser- und wetterfest. Sie eignet sich darum besonders für Schiffstaue, Wäscheleinen, Matten, Läufer und Teppiche.

Die Sisalhanffaser ist geschmeidiger, fest und von hellgelber Farbe. Sie wird zu Seilerwaren, zu Säcken und Matten verarbeitet.

f) Kokos

Die Kokosfasern sind die Fruchtfasern der Kokospalme. Sie sind sehr elastisch und witterungsbeständig. Auch werden sie zu Fußmatten, Teppichen und Bürsten verarbeitet.

---

2. Tierische Fasern:

a) Wolle

Die feinen, weichen und gekräuselten Haare von Schafen, Ziegen, Kamelen und Kaninchen nennen wir Wolle. Der Hauptwollieferant ist das Schaf. Die für die Wollgewinnung wichtigste Schafrasse ist die der Merinos.
Je nach der Art der Gewinnung werden die verschiedenen Wollsorten bezeichnet (Schurwolle, Lammwolle u. a.).
Die abgeschorene Rohwolle wird in den Wollwäschereien gewaschen und nach gründlicher Reinigung in den Spinnereien versponnen.

Nach dem Verarbeitungsprozeß unterscheidet man Streichgarne und Kammgarne. Die kurzen, stark gekräuselten Wollen werden zu Streichgarnen, die langen, weniger gekräuselten Fasern zu Kammgarnen verarbeitet. In den Webereien wird die Wolle häufig mit Baumwolle, Zellwolle, Seide oder synthetischen Fasern zu Mischgeweben verarbeitet. Mohair- oder Angorawolle erhalten wir von der Angoraziege. Angorakaninchenwolle ist die Wolle des weißen Angorakaninchens. Kaschmirwolle ist die Wolle der Kaschmirziege aus dem Himalajagebiet. Kamelwolle ist die weiche Flaumwolle des Kamels, die meist ungefärbt verarbeitet wird.

Roßhaar ist wesentlich starrer, gröber und steifer als die weichen Wollen, aber es ist außerordentlich haltbar und elastisch.

b) Seide

Die reine Seide ist der edelste und kostbarste textile Rohstoff. Man gewinnt sie aus den Kokons der Raupe des Maulbeerspinners, einer Schmetterlingsart, die schon seit 4 000 Jahren von den Chinesen für die Seidenherstellung gezüchtet wird.
Aus den Eiern der Raupe, die nicht größer als Mohnkörnchen sind, schlüpfen die 3 mm langen jungen Raupen. Die Tierchen sind so gefräßig, daß sie schon nach 30 Tagen eine Größe von 8—9 cm haben und spinnreif sind. Sie nehmen keine Nahrung mehr auf und spinnen sich ein. Sie pressen dabei durch zwei Öffnungen unterhalb ihres Maules einen zähflüssigen Saft heraus. Diese beiden Strahlen vereinigen sich und erstarren. Aus den zwei Fasern ist ein Faden entstanden, die Seide.

In unermüdlicher 75- bis 80stündiger Arbeit spinnt sich die Raupe mit diesem Faden, der 3 000 m lang wird, vollkommen ein. Bei der Verarbeitung werden die Anfangsfäden von mindestens 3 Kokons miteinander vereinigt und zusammen abgehaspelt, damit der Faden zur Weiterverarbeitung widerstandsfähig ist.

Wilde Seiden werden aus den Kokons wild lebender Seidenspinner gewonnen; diese Stoffe kommen als Bast- oder Rohseide in den Handel und werden nach Herkunft als Honanseide oder als Schantungseide bezeichnet.

Von den Chemiefasern

Der ständig wachsende Bedarf an Textilien konnte mit den natürlichen Spinnfasern nicht mehr gedeckt werden.

Wissenschaft und Technik bemühten sich deshalb, Spinnfasern auf künstlichem Wege herzustellen. Ihre Erfindung am Ende des vorigen Jahrhunderts stellt einen bedeutsamen Fortschritt dar. Heute ist die Chemiefaser ein unentbehrlicher Bestand der Spinnstoffwirtschaft. Während sich früher wegen der hohen Anschaffungskosten nur ein verhältnismäßig kleiner Verbraucherkreis den Wunsch erfüllen konnte, schön und nach der Mode gekleidet zu sein, ist es heute durch die Chemiefaser möglich, auch der breiten Bevölkerungsschicht eine bessere Lebenshaltung in bezug auf Kleidung zu bieten. Die Erzeugnisse aus Chemiefasern haben die Kaufwerte reguliert.

a) Chemiefasern auf Zellulosebasis:

Die ersten Chemiefasern, die nach jahrelangen Forschungsarbeiten geschaffen wurden, waren Reyon und Zellwolle. Ihr Ausgangsstoff ist die Zellulose. Sie ist Hauptbestandteil sämtlicher pflanzlicher Zellwände.
Der fein zerkleinerte Zellstoff wird mit Chemikalien behandelt. Die Spinnlösung wird in der Spinnmaschine unter sehr hohem Druck durch die Spinndüsen gepreßt. In einem Fällbad erstarren die Strahlen zu Fasern.

Bei der Reyonherstellung werden die Fasern einer Düse zu einem Faden vereinigt und dann glatt und endlos lang aufgewickelt.

Bei der Zellwollherstellung werden die Fasern zu starken Kabellängen zusammengefaßt, gekräuselt und in Schneidemaschinen geschnitten.

b) Chemiefasern auf Eiweißbasis:

Neben der Zellulose kann auch das Eiweiß der Ausgangsstoff für künstliche Spinnfasern sein. Verwendet wird tierisches Eiweiß z. B. aus Magermilch oder Fisch oder pflanzliches Eiweiß aus Erdnüssen, Sojabohnen oder Mais.

Durch Behandlung mit Säuren und Laugen wird die Spinnlösung gewonnen und dann versponnen. Als Fällbad wird Schwefelsäure verwendet.

c) Vollsynthetische Chemiefasern:

Bei den Chemiefasern aus Zellulose oder Eiweiß geht man von einem von der Natur aufgebauten Rohstoff aus.

Bei den vollsynthetischen Fasern benützt man chemisch einfache Stoffe (Kohle, Kalk, Stickstoff, Wasser), die erst zu völlig neuen Stoffen aufgebaut und dann in Faserform gebracht werden müssen.

Die synthetischen Stoffe nennt man auch Polymere. Je nach den Ausgangsstoffen und den verwendeten Aufbauverfahren teilt man sie in verschiedene Gruppen ein:

Polyamide	=	Nylon, Perlon
Polyvinyle	=	Pe-Ce, Rhovyl
Polyacryle	=	Pan, Dralon, Orlon
Polyester	=	Diolen, Trevira

Die Eigenschaften der textilen Rohstoffe

Baumwolle:

Reiß- und scheuerfest, kochfest, gut färbbar, weich und geschmeidig, sehr saugfähig, nicht knitterfest, mottensicher, wenig dehnbar, gute Trageeigenschaften.

Flachs:

Sehr reiß- und scheuerfest, wenig dehnbar, kochfest, gut färbbar, glatt, glänzend, mottensicher, knitternd.

Wolle:

Wenig reiß- und scheuerfest, sehr elastisch, formbar, filzend, sehr stark wärmehaltend, luftdurchlässig, gut färbbar, sehr dehnbar, knitterfest, gegen Motten anfällig, hitzeempfindlich.

Seide:

Mäßig reiß- und scheuerfest, sehr fein, edel, glänzend, leicht wärmehaltend, knitterfest, gut färbbar, hitzeempfindlich.

Zellwolle:

Reiß- und scheuerfest, knitterarm, gut färbbar, gut wärmend, schmutzabweisend.

Reyon:

Wenig dehnbar, wenig elastisch, schmutzabweisend, leicht waschbar, gut färbbar, hitzeempfindlich.

Perlon, Nylon:

Außerordentlich hohe Scheuerfestigkeit, hochelastisch, besonders verschleißfest, sehr leicht, knitterfest, mottensicher, fäulnisfest, leicht waschbar, schnell trocknend, hitzeempfindlich.

Rhovyl:

Wollig, stark wärmend, unempfindlich gegen Sonnenlicht und Feuchtigkeit, fäulnisfest, antirheumatisch, nimmt kaum Feuchtigkeit auf.

Dralon, Dolan, Pan:

Pflegeleicht, gute Festigkeit, trockener, warmer, weicher, bauschiger Griff, ähnlich den Naturfasern, hervorragende Formbeständigkeit, leicht waschbar.

Diolen, Trevira:

Weich, geschmeidig, gefälliger Griff, angenehm im Tragen, außerordentlich gute Reißfestigkeit und Scheuerfestigkeit, knitterarm, hervorragende Bügelfalten- und Plisseebeständigkeit, leicht waschbar, bügelfrei, schrumpfbeständig, mottensicher.

Die Garne

Alle textilen Rohstoffe sind Fasern und müssen zu Fäden versponnen werden. Der Spinnvorgang umfaßt bei allen Faserarten zwei Hauptarbeitsgänge: das Vorbereiten der Fasern auf das Spinnen und das eigentliche Spinnen.

In den Spinnereien arbeiten komplizierte Maschinen, z. B. die Krempel-, Strecke-, Vorspinn- und Feinspinnmaschine.

Nach den versponnenen Rohstoffen werden die Garne als Woll-, Baumwoll-, Leinen-, Seide-, Zellwoll-, Perlon-, Dralon-, Mischgarn usw. bezeichnet.

Nach der Art der Fäden spricht der Fachmann von Garn oder Zwirn. Bei dem Aufdrehen des Zwirnes erhält man einzelne Fäden, bei dem Auflösen des Garnes Fasern. Im alltäglichen Sprachgebrauch wird kein scharfer Unterschied zwischen Garn und Zwirn gemacht. Es wird von Garn auch da gesprochen, wo es sich eindeutig um einen Zwirn handelt.

Nach der Verwendung der Gespinste unterscheidet man:

1. Web- und Wirkgarne,
2. Näh- und Handarbeitsgarne.

Rohstoffe, Stärke der Drehung und die Zahl der zusammengedrehten Fäden entscheiden über Güte und Eigenart des Garnes. Je länger, feiner, reißfester und elastischer die Fasern sind, um so glatter, widerstandsfähiger und wertvoller ist das Garn.

Die aus mehreren Einzelfäden zusammengedrehten Zwirne sind haltbarer, glatter und reißfester als einfache Garne.

Vliesstoffe

Vliesstoffe sind keine Gewebe, sondern vliesartig gelagerte Fasern von Baumwolle, Zellwolle, Reißwolle, Roßhaaren, die durch ein Plastikum zu einer filzartigen Folie verklebt sind.

Sie haben keinen Fadenlauf und können daher nach allen Richtungen zugeschnitten und verarbeitet werden. Da das Material nicht ausfranst, brauchen die Nähte nicht versäubert, die Kanten nicht umgeschlagen, die Röcke nicht gesäumt zu werden. Vliesstoffe eignen sich daher auch besonders gut für Applikationen.

Während Filze lange Zeit die einzigen textilen Vliesstoffe waren und sich Vlieseline als Einlagestoff den Markt erobert hat, sind die sogenannten Papierstoffe noch verhältnismäßig jung und vorwiegend in Amerika in den letzten Jahren verbreitet worden. Sie sind besonders preiswert und ihre Trageeigenschaften sind verhältnismäßig gut.

FREMDWÖRTERERKLÄRUNG

Ajour	durchbrochene Arbeit
Applikation	Aufnäharbeit
Assemblage	Aufnäharbeit nicht nur flächenhaft, sondern reliefartig
Batik	Färbeverfahren mit Verbindung von Wachs
Chemiefasern	Stoffasern, durch chemische Vereinigung mehrerer Elemente entstanden
Collage	geklebtes Materialbild
Dekor	farbige Verzierung, Ausschmückung
dekorativ	schmückend, durch Ausschmückung wirksam
Effektgarne	Garne mit besonderer Wirkung
Elastizität	Biegsamkeit, Dehnbarkeit
Experiment	Versuch
Folie	dünnes Blatt (Metall), aufgepreßte Farbschicht
Flor	aufrechtstehende Faserenden bei bestimmten Geweben, geschorene Seite bei Teppichen
Furnier	dünnes Edelholzblatt als Überzug auf einfaches Holz
Gobelin	Wandteppich mit eingewirkten Bildern
Graphik	Sammelbegriff für Holzschnitt, Kupferstich, Radierung und Handzeichnung
Kontur	Umrißlinie
Konsum	Verbrauch der privaten und öffentlichen Haushalte
Krakelüre	feiner Riß, der beim Trocknen des Wachses entsteht
Kultur	Gesamtheit der geistigen und künstlerischen Lebensäußerungen eines Volkes
Manufaktur	in Handarbeit hergestelltes Industrieerzeugnis
negativ	in den Farben und Formen gegenüber dem Original vertauscht
Patchwork	Arbeit aus zusammengesetzten Flicken
Passepartout	Umrahmung aus leichter Pappe zum Schutz von Bildern
Peddigrohr	geschältes spanisches Rohr
Plangi	Färbetechnik im Abbindeverfahren
Pikot	Mäusezähnchen
Poncho	ärmelloser Indianermantel
positiv	den richtigen Formen entsprechend
Proportion	Größenverhältnis, rechtes Maß, Gleichmaß
Schaube	kommt von „schieben"; Durchzugnaht, die man zusammenschieben kann
Schraffur	Zeichnung mit parallelen Strichen, um Schattenwirkung zu erzielen
Set	kleine Tischdecke
Serviette	Mundtuch
Struktur	Bau, Aufbau, innere Gliederung
Tapisserie	Wandteppich, Stickerei auf gitterartigem Grund
Textilien	gewebte, gestrickte oder gewirkte, aus Faserstoffen hergestellte Waren
textil	die Textilindustrie betreffend
Tjanting	Wachskännchen zum Batiken
Tritik	Färbeverfahren durch Abnähen
Vlieseline	gepreßter Faserstoff, verklebt zu einer filzartigen Folie

INHALT

VOM GEWEBE

VOM STOFF